脱贫地区乡村产业振兴
理论与实践

TUOPIN DIQU XIANGCUN CHANYE ZHENXING
LILUN YU SHIJIAN

何龙斌◎著

人 民 出 版 社

责任编辑：吴炤东
封面设计：王欢欢

图书在版编目（CIP）数据

脱贫地区乡村产业振兴：理论与实践/何龙斌 著. —北京：人民出版社，2023.1
ISBN 978 - 7 - 01 - 025077 - 9

Ⅰ.①脱… Ⅱ.①何… Ⅲ.①扶贫-成就-中国②农村-社会主义建设-中国
Ⅳ.①F126②F320.3

中国版本图书馆 CIP 数据核字（2022）第 176280 号

脱贫地区乡村产业振兴：理论与实践
TUOPIN DIQU XIANGCUN CHANYE ZHENXING LILUN YU SHIJIAN

何龙斌 著

人民出版社 出版发行
（100706 北京市东城区隆福寺街 99 号）

北京九州迅驰传媒文化有限公司印刷 新华书店经销

2023 年 1 月第 1 版 2023 年 1 月北京第 1 次印刷
开本：710 毫米×1000 毫米 1/16 印张：19.5
字数：230 千字

ISBN 978 - 7 - 01 - 025077 - 9 定价：88.00 元

邮购地址 100706 北京市东城区隆福寺街 99 号
人民东方图书销售中心 电话 （010）65250042 65289539

目　录

前　言

实施乡村振兴战略，是党的十九大作出的重大决策部署，是决胜全面建成小康社会、全面建设社会主义现代化国家的重大历史任务。习近平总书记指出，产业兴旺是解决农村一切问题的前提。能不能全面完成这一重大任务，重点在于产业振兴，短板在于落后地区特别是2020年新脱贫地区，这些地区往往是曾经的集中连片特困地区，是当前我国发展最不平衡不充分的区域，即使2020年之后这些地区全面脱贫摘帽，也仍然存在产业发展基础不牢、持续性差等问题，导致实现产业振兴相对艰难。因此，如何使脱贫地区实现产业振兴是一个迫切需要研究的现实问题。

与其他地区农村相比较，脱贫地区农村产业发展先天具有许多劣势。一是乡村产业发展的人才比较少。年轻及有能力的农村人才大多都会外出谋生，留下来的大多是老弱病残和妇女儿童。二是农村发展资金比较少。农民收入低，可抵押物价值低，所以可获得的贷款更少；而政府的财政收入低，可以提供的贷款担保金额也少。三是农村企业比较少。有利于耕作的土地少，大部分土地比较贫瘠，生产条件较差；而且市场环境也不利于农村创业和产业发展。四是贫困地区农村农业技术落后。一方面，科技人员下乡困难；另一方面，农民的观念落后，不愿意接受新科技新技术。五是农村农户居住大多比较分散，不利产业集聚和规模发展。六是农村产业政策支持力度相对更小，知晓率与落实率更低，有些政策出台几年农民都不知道，甚至存在政策出台而不能兑现的现象。与这些劣势相比，脱贫地区产业发展的最大劣势是农民思想观念落后，“落后是观念落后，贫穷是脑袋贫穷”，某种程度上讲，思想观念落后是这一地区落后的总根源。最终，农村与城镇的发展差距日趋扩大，农村“空心化”、农民“老龄化”、农业“边缘化”现象不断出现。

当然，脱贫地区农村产业发展也并非完全没有优势，独特的自然环境有利于发展文化旅游、休闲农业、特色产业，此外还有由产业扶贫推动形成的产业基础优势，以及为巩固脱贫成果的一些产业扶持政策加持。正是基于上述背景，本书认为脱贫地区发展乡村产业虽然困难重重，但只要敢于解放思想，找到正确的方向和思路，依然可以实现乡村产业振兴。

本书以脱贫地区，特别是曾经的深度贫困地区为研究对象，对这一地区在乡村振兴战略下产业发展问题进行了深度探讨，初步构建了脱贫地区产业发展的研究框架和理论体系，为新时期脱贫地区农村产业发展研究提供了新的研究视角和思路，成果对于丰富和完善中国特色扶贫理论体系、农村与农业发展理论体系均具有重要意义。脱贫地区曾经是我国扶贫攻坚的重点地区，必然也是实现乡村振兴的难点地区。因此，本书的研究不仅对脱贫地区巩固脱贫成果，防止“返贫”，以及如何开展乡村产业振兴工作具有较强的指导价值，而且对国家制定 2020 年全面脱贫后的农村产业持续发展相关政策提供了理论依据。

需要说明的是，本书所指的脱贫地区主要指 2020 年刚刚脱贫的一些此前深度贫困地区。根据2011年《中国农村扶贫开发纲要（2011—2020年）》，集中连片特殊困难地区是扶贫攻坚主战场，全国14个连片特困地区基本覆盖了全国绝大部分贫困地区和深度贫困群体，一般的经济增长无法有效带动这些地区的发展，常规的扶贫手段难以奏效，扶贫开发工作任务异常艰巨。这14个连片特困地区包括六盘山区、秦巴山区、武陵山区、乌蒙山区、滇桂黔石漠化区、滇西边境山区、大兴安岭南麓山区、燕山—太行山区、吕梁山区、大别山区、罗霄山区等区域的连片特困地区和已明确实施特殊政策的西藏、四省藏区、新疆南疆三地州。由于秦巴山区是14个连片特困地区中人口最多、面积最大的一个地区，加之笔者对这一地区比较熟悉和了解，2019年、2022年又先后获批了陕西省哲学社会科学基金项目"陕南贫困地区从产业扶贫到产业振兴的实现机制研究"、国家社科基金项目"秦巴山区生态产品价值实现助推乡村产业振兴研究"，所以本书在研究中更多以秦巴山区的陕南作为研究对象。

乡村产业这一概念是近两三年广见于媒体的一个新名词，是农村经济发展到一定阶段必然出现的时代产物。在此前，类似概念通常是农业产业、农村产业、三农产业、乡镇企业等。实际上这些概念都不能涵盖乡村产业的完整含义，乡村产业是立足乡村、围绕乡村资源发展起来的产业。根据2019年《国务院关于促进乡村产业振兴的指导意见》的定义，乡村产业是根植于县域，以农业农村资源为依托，以农民为主体，以农村一二三产业融合发展为路径，地域特色鲜明、创新创业活跃、业态类型丰富、利益联结紧密，是提升农业、繁荣农村、富裕农民的产业。乡村产业源于传统种养业和手工业，主要包括现代种养业、乡土特色产业、农产品加工流通业、休闲旅游业、乡村服务业等，具有产业链延长、价值链提升、供应链健全以及农业功能充分发掘、乡村价值深度开发、乡村就业结构优化、农民增收渠道拓宽等一系列特征，是提升农业、繁荣农村、富裕农民的产业。

对脱贫地区而言，乡村产业发展实际上包含两个阶段：一是2020年以前脱贫攻坚战略下的产业扶贫阶段；二是乡村振兴战略下的产业振兴阶段。因此，现有研究主要围绕这两大核心概念展开。

新中国成立以后，中央政府事实上就开始了减贫、扶贫工作。一般认为，虽然具有发展产业特征的开发式扶贫概念20世纪90年代已经出现，但学界普遍认为，产业扶贫这一概念的广泛使用及这一模式的大力推行实际始于近十年。特别是在2011年底，中央政府出台了“中国农村扶贫开发纲要(2011—2020)”，将反贫困问题提到了新的理论高度，强调产业扶贫的重要性，从此使产业扶贫问题研究成为学界热点。产业扶贫是贫困地区由“输血式”扶贫转向“造血式”扶贫的重要途径，是以市场为导向、经济效益为中心、产业集聚为依托、资源开发为基础，形成一种利益共同体的经营机制，通过产业化发展来推动区域扶贫的方式。产业扶贫的理论基础除了国外的经济学经典反贫困理论，还有从毛泽东同志到习近平同志五代中央领导集体提出的中国特色扶贫理论。借鉴和吸收这些理论，学者们探讨了产业扶贫的机制构建，如企业与农户之间的利益联结机制、产业扶贫的动力机制、产业发展的长效机制、政府部门的考核机制与奖惩机制等；从不同角度总结了产业扶贫的模式，如“政府＋龙头企业＋合作社”模式、资源产业扶贫模式、金融精准扶贫模式、特色旅游产业扶贫模式、瞄准型产业帮扶模式等。当然，作为一个解决现实问题的明确思路，学界对产业扶贫的研究大多还会涉及发展路径与对策建议。

自2018年1月2日《中共中央国务院关于实施乡村振兴战略的意见》发布并实施以来，国内关于乡村振兴战略的研究出现井喷之势。但大多集中于乡村产业振兴的理论逻辑和实现路径，研究认为，乡村产业振兴存在基于价值、主体、要素、功能、结构及其实现路径构成的理论分析框架和逻辑，以及通过有优化升级与三产融合、创新驱动、金融支持、资本下乡、职业教育服务等多种实现路径。推进产业振兴是实施乡村振兴战略的首要任务，产业振兴只有建立在乡村整体价值基础上并与乡村价值体系相结合才具有可能性，产业振兴需要制度创新，应优先发展现代农业，其次发展以特色加工、旅游等为代表的融合一二三产业的特色产业。对于脱贫地区，学者们也进行了较为丰富的探讨。一般认为，这些区域经济发展水平较低，应在特色农业发展的基础上实现产业融合发展。在最初的发展模式上，这类区域由于资源禀赋条件较差，宜采用外部诱发型发展模式。

总体来看，国内关于脱贫地区产业扶贫、产业振兴的研究成果明显丰富。但仍有不足，一是乡村产业振兴的研究尚缺乏相应的理论体系，已有的内容多以政策研究和案例分析为主。乡村产业发展既是一个宏观的课题，也是现阶段中国乡村发展面临的具体实践问题。乡村产业振兴实践是理论体系构建的来源，也是理论形成与发展的根本动力。因而，现阶段应在乡村产业振兴已有的实践基础上，总结出相应的理论体系，从而运用理论指导实践的原则，更好地指导中国乡村产业振兴发展。二是大多关于乡村产业振兴的研究集中于一般意义的乡村地区，而针对脱贫地区，由于乡村产业水平落后，现有研究多聚焦于产业扶贫，乡村产业振兴研究还比较少见。脱贫地区的产业振兴具有防止返贫和推动乡村振兴的双重作用，因此，现阶段非常有必要将产业扶贫与产业振兴结合起来开展系统研究，也有必要将脱贫地区乡村产业振兴作为重点开展研究。这也是本书写作的目的所在。

本书主要创新点如下：

一是系统性地构建了脱贫地区产业振兴的研究框架和理论体系。研究认为，乡村产业振兴的理论逻辑是有关乡村产业振兴主体、方向、路径、遵循、要素的相关理论集合，是实现乡村产业振兴的实践指引。乡村产业振兴的核心是依托新型经营主体，围绕四大产业领域，实现产业融合发展。乡村产业振兴的主体是农业产业化龙头企业、农民专业合作社、家庭农场、专业大户、农家乐等新型经营主体。乡村产业振兴的方向是围绕农产品加工业、乡村休闲旅游业、乡村特色产业和乡村新兴服务业四大领域，选择适合地方发展的相关产业构建现代乡村产业体系。乡村产业振兴的根本遵循是绿色发展和创新创业，乡村产业振兴的基本路径是一二三产业融合发展。乡村产业振兴的关键是构建产业发展的支撑平台，包括市场引导、金融支持、政策支持和技术支持。

二是完整构建了乡村产业选择与发展评价指标体系。在确定产业选择原则的基础上，将选择乡村产业要考虑的因素归类为资源禀赋、社会经济条件、产业基础、市场潜力、富民能力等5大类，据此构建了包含5个一级指标、21个二级指标的产业选择评价体系，并设计了打分方法。从乡村振兴战略下产业振兴的核心要义出发，将农村产业振兴发展评价指标归为农业高效发展、农业高质发展、产业融合发展、农业绿色发展、农业开放发展、农业集约发展等6大类，据此构建了包含6个一级指标、15个二级指标、27个三级指标的产业发展评价指标体系，并采用层次分析法对各项指标进行了赋权。

三是全面总结了国内乡村产业振兴的模式及其对脱贫地区的启示。研究认为，国内乡村产业振兴比较典型的模式有四种：其一是“旅游+”模式，代表性案例有大地艺术田园景观型——上饶市篁岭村、人文资源依托型——嘉兴市乌村、自然生态康养型——淄博市中郝峪村；其二是“电商+”模式，代表性案例有特色资源带动型——十堰市下营村、龙头企业带动型——丽水市北山村、绿色农产品集聚型——公主岭市十家子村；其三是特色产业模式，代表性案例有竹茶之乡——龙岩市培斜村、粉皮之乡——泰安市南赵庄村、社火文化之乡——许昌市霍庄村；其四是农业主导模式，代表性案例有水果产业——眉山市果园村、茶产业——杭州市径山村、果蔬产业——白银市三合村。这些不同模式、不同案例其产业特色与运作模式各异，给脱贫地区的启示也各有不同。

四是深入挖掘了脱贫地区乡村产业振兴的典型案例。通过深入调研对秦巴山区乡村产业振兴发展成效显著的四个案例进行了分析：其一是柞水县通过发展木耳产业、旅游产业和中药产业，助推乡村振兴；其二是平利县通过发展茶饮、中药材、生态旅游三大产业以及电子商务和社区工厂实现乡村振兴；其三是留坝县中西沟村通过“清、拆、建、管”四措并举，大力发展旅游业和特色农业，实现乡村振兴；其四是石泉县中坝村以发展旅游产业带动第三产业和农特产品加工业，实现乡村振兴。通过总结这些典型县、村发展乡村产业推动乡村振兴的主要做法、成效以及经验启示，对国内同类脱贫地区实现乡村产业振兴具有启发借鉴意义。

五是针对性地提出了脱贫地区产业振兴的发展路径与对策建议。研究认为，脱贫地区发展乡村产业的实现路径是做好乡村产业发展的顶层设计，加强乡村产业发展的组织保障，引导乡村产业实现动能转换，树立乡村产业发展的示范标准。并在乡村产业发展的主要方向、经营主体、融合发展、动能保障、金融支持、绿色发展等方面提出了具体的对策建议。

总体来看，本书推动了我国脱贫地区乡村产业发展研究的系统化，并在产业选择、产业方向、经营主体、三产融合、振兴模式等方面有一定深化，但仍存在一些不足：一是由于我国2020年以前存在的深度贫困地区在全国分布较为分散，本书选定的脱贫地区大多数情况下仅限于秦巴山区的陕南地区，其代表性有限。二是理论研究方法上，由于我国脱贫地区乡村产业发展的数据在统计上还不够完善，本书以定性分析研究为主，定量研究方法显得有些薄弱。三是由于乡村振兴在全国目前尚处于起步阶段，与脱贫地区情况相似的同类地区产业振兴成功案例数量有限，因此可以借鉴的案例数量不足。

本书的主要阅读对象为：（1）各研究机构学者、大学经济类相关专业师生；（2）各级政府部门的政策制定者、区域经济发展规划者；（3）对乡村产业振兴感兴趣的一般社会读者。期望本书能起到抛砖引玉之作用，为关注和思考脱贫地区乡村产业振兴问题的读者提供有益启发。

本书在写作过程中，得到陕西理工大学经济管理与法学学院有关领导的热心鼓励和大力支持，得到课题组所有成员的密切配合与协作。陕西理工大学经济管理与法学学院硕士研究生杨婉楹、冯然、赵晋、高思佳等参与了书稿部分章节的讨论、整理和撰写，李昕璇、李森森、陆尧怡等参与了书稿的校对工作。在出版过程中得到人民出版社吴炤东同志的悉心指导和大力帮助，他对书稿提出了很多宝贵的修改意见。在此，一并表示最诚挚的谢意！

本书完成过程中，查阅了大量的学术专著和文献资料，参考和借鉴了许多专家学者的研究成果和学术观点，虽然大部分已按规范格式予以标注和说明，但也可能由于疏忽没有一一指出，敬请谅解。虽然付出了巨大努力，囿于本人学术水平疏浅和时间精力有限，书中难免存在欠妥之处，恳请各位同仁批评指正。

何龙斌

陕西理工大学

2022 年 3 月

第一章　脱贫地区产业振兴的基本概念、政策梳理与基本思路

乡村产业是根植于县域，以农业农村资源为依托，以农民为主体，提升农业、繁荣农村、富裕农民的产业。脱贫地区乡村产业振兴始于产业扶贫。产业扶贫为脱贫地区产业发展奠定了良好的基础，产业振兴是产业扶贫的延续。脱贫地区实现乡村产业振兴既有国家产业振兴相关政策支持，更有乡村产业振兴的实现逻辑。本章在对产业振兴概念进行讨论的基础上，对产业振兴相关政策进行了梳理，并探讨了脱贫地区乡村产业振兴的实现逻辑，提出了基本思路，并以此作为本书的写作主线。

第一节　产业振兴

一、产业振兴的要义

（一）产业振兴的定义

产业振兴的本意是指通过大力发展产业，使产业更加兴旺。这里的产业并没有特指某一类产业，但随着 2018 年国家乡村振兴战略的出台，产业振兴更多的是指乡村产业的振兴。该战略指出，要按照产

业兴旺、生态宜居、乡风文明、治理有效、生活富裕的总要求，实现乡村振兴。严格地讲，从定义上产业振兴并不等于产业兴旺，产业振兴是手段，产业兴旺是目的。《国务院关于促进乡村产业振兴的指导意见》指出，产业兴旺是乡村振兴的重要基础，是解决农村一切问题的前提。乡村产业根植于县域，以农业农村资源为依托，以农民为主体，以农村一二三产业融合发展为路径，地域特色鲜明、创新创业活跃、业态类型丰富、利益联结紧密，是提升农业、繁荣农村、富裕农民的产业。因此，本书对产业振兴的定义为：依托农业农村资源，围绕发展现代农业，推动农村一二三产业融合发展，构建乡村产业体系，实现乡村产业兴盛发达，推动农民增收、农村富裕。宋洪远（2020）认为，乡村产业振兴是指与乡村发展有关的所有产业的共同振兴，既包括农业的振兴，也包括乡村二三产业的振兴，既包括农村传统产业的发展，也包括农村新产业新业态的发展，还包括农村一二三产业的相互融合发展。[①]乡村产业振兴强调以农业供给侧结构性改革、培育农村发展新动能为主线，推动农业农村发展提质增效，更好地实现农业增产、农村增值、农民增收，实现城乡融合均衡发展。

（二）乡村振兴战略下乡村产业振兴的要义

改革开放以来，我国农业发展虽然取得了巨大成就，不仅彻底解决了新中国成立后部分农村地区吃不饱饭的问题，而且总体上目前农业生产力处于历史上最高水平。但不得不承认，由于各种原因，与国外农业发达国家相比，我国农业的发展综合水平还不够高，甚至在某些方面还有很大差距。在一些农村地区，农业生产仅仅是农民赖以生

① 宋洪远：《产业兴村要紧盯市场》，《人民周刊》2020 年第 17 期。

存的一种出路，生产效率低、成本高、经济效益差，无法形成规模经济，更谈不上产业振兴，而且在这些地区的农村收入中农业加工与相关第三产业产值占比很小，产业融合、产业延伸无从谈起。究其原因，在于制约农村产业发展的因素很多，产业发展的动能严重不足。譬如，农业生产设施比较落后、农业技术相对传统、农村产业发展体制僵化保守、农产品流通困难附加值低等。因此，实现农村产业振兴必须打破制约因素，实现农村产业发展新旧动能转换。

相对于建设社会主义新农村的要求，党中央在实施乡村振兴战略的总体要求中，用“产业振兴”取代了“生产发展”，过去强调增产增收，现在强调提质增效；过去强调以农业生产为主，现在强调推进一二三产融合发展。[①] 显然，乡村振兴必须突破“乡村的产业就是农业”“农业的功能就是提供农产品”的传统思维模式，必须用现代产业发展理念和组织方式改造传统农村产业。其要义是农村产业发展实现新旧动能转换，为农村经济发展安装新引擎、切换新动力，实现高质量发展，其目标是构建现代农业经济体系，实现由农业大国向农业强国的转变。

1. 农业高质量发展是乡村产业振兴的核心要义

农业是农村地区的基础产业，也是最为重要的产业。乡村产业振兴，首要的是农业的转型升级。当前我国经济已由高速增长阶段转为高质量发展阶段，农业生产正由主要满足量的需求向更加注重满足质的需求转变，走质量兴农之路是走中国特色社会主义乡村振兴道路的重要途径。遵循这一原则，乡村产业振兴要求农业生产从过

① 熊小林：《聚焦乡村振兴战略，探究农业农村现代化方略：“乡村振兴战略研讨会”会议综述》，《中国农村经济》2018 年第 1 期。

去单纯追求产量向追求质量转变、从粗放型经营向精细型经营转变、从低端供给向高端供给转变，实现农业高质量发展，构建农业现代化经济体系。

2. 一二三产业融合发展是乡村产业振兴的内在要求

乡村产业振兴是为了补齐农业农村产业发展短板，构建增值空间大、辐射带动能力强、农民就业增收明显的农村现代经济体系。农村一二三产业融合发展是以农业为依托，以产业化经营组织为引领，以利益联结机制为纽带，通过产业联动、要素集聚、技术渗透、体制创新，促进农业产前、产中、产后以及休闲服务各环节的有机结合，大大延伸了产业链条，丰富了农村的产业形态，增加了农民的就业机会，拓宽了农业农村的增值空间，推进城乡经济融合发展。

3. 培育发展新产业新业态是乡村产业振兴的引擎和动力

乡村产业振兴既是农村产业规模和效益的大幅度增长，更是农村产业增长模式的转换，由以往要素投入带动规模增长转向以新产业新业态为驱动的发展。近年来，我国农村新产业新业态蓬勃发展，许多工商企业到农村投资兴业，大批农民、退役军人、大学生返乡下乡创业创新，为农业增效、农民增收、农村繁荣发展，注入了前所未有的新动能。这意味着新产业新业态已经成为农业农村经济新的增长点，也是当前我国深入推进农业供给侧结构性改革的重要内容。

（三）乡村产业振兴的具体表现

一是农业基础设施由落后转向先进。彻底改变农业生产基础条件，提高农业生产装备水平，完善农业产品流通条件，建设农业加工园区，从硬件上为农业产业发展提供新动能。

二是产业经营主体由个体转向组织。以农业龙头企业、农业合作社等农业集体组织引领农业发展，取代传统的农业经营以家庭个体为主分散经营的状态，提高农业生产组织化程度，形成适度规模经营，使农业经营方式由粗放转向集约。①

三是农业生产技术由传统转向现代。通过研究农业实用技术，推广农业科技成果，培育农业高新技术企业，推进物联网、云计算、移动互联等新技术在农业领域的应用，实现农业技术升级换代。

四是农村产业结构由单一转向融合。通过延伸农业产业链，推动农业加工业、服务业的发展，加快休闲农业和乡村旅游业的发展，实现以农业为核心多业并举的发展格局。

通过上述四个方面的新旧动能转换，推动农业生产产量规模、产品质量、生产效益、产出效率实现质的飞跃，农村产业发展水平大幅提升，最终表现为农业高效发展、农业高质发展、产业融合发展、农业绿色发展、农业开放发展、农业集约发展，这六大特征既是农村产业振兴实现的总目标，也是最终实施效果的评价标准。图 1.1 示意了乡村产业振兴的实现途径与目标。

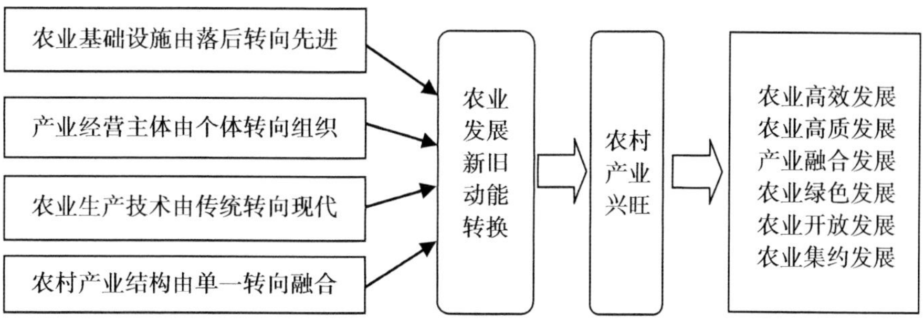

图 1.1　产业振兴的实现途径与目标

① 金婷、刘波、刘强、刘帅、徐定成：《粮食最低收购价政策对我国小麦种植面积的影响机理分析》，《南方农业学报》2018 年第 2 期。

二、产业振兴在乡村振兴战略中的地位与作用

农村产业振兴不是孤立的，是整个乡村振兴战略大系统中的一个子系统，是在整个乡村振兴战略实施中实现的，它与战略中生态宜居、乡风文明、治理有效、生活富裕四个系统具有相互影响、相互作用的关系，如图 1.2 所示。①

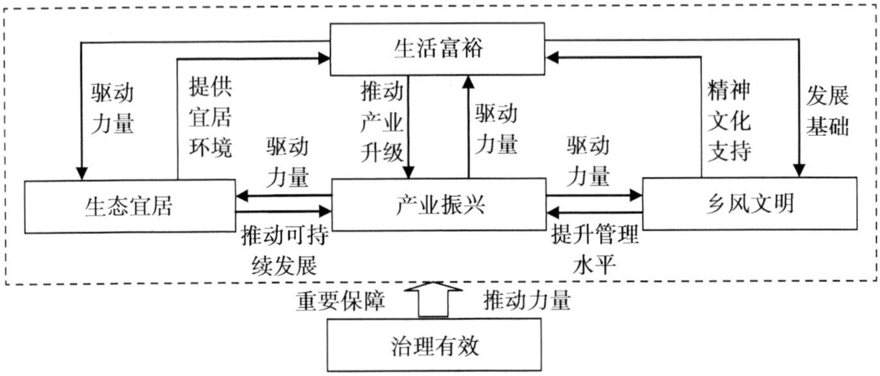

图 1.2　乡村振兴战略中五个子系统的内在逻辑关系

显然，产业振兴在乡村振兴战略中处于核心位置，产业振兴是实现乡村振兴最重要的动力因素与经济保障。产业发展带来农民收入增加，使农民生活富裕成为可能，产业振兴为生态环境保护、乡风文明建设提供了资金支持，为生态宜居、乡风文明奠定了经济基础。而生活富裕又可以进一步推动产业升级，生态宜居进一步推动产业振兴可持续发展。乡风文明是产业发展的重要软环境，它有利于推动产业（企业）提升管理效率。治理有效则为产业振兴、生态宜居、乡风文明、生活富裕的实现提供了重要保障，并受益于此而不断实现自我完善与提高。

① 何龙斌：《乡村振兴战略下农村产业兴旺的评价标准与实施路径》，《陕西理工大学学报》（社会科学版）2020 年第 2 期。

（一）产业振兴是党的基本路线的直接要求

乡村振兴战略的总要求，是整个国家经济、政治、文化、社会、生态五大建设在农业农村发展中的具体体现。关于整个国家的发展战略，党的十九大再次明确强调，以经济建设为中心，统筹推进五大建设。以经济建设为中心，是我国改革开放以来最关键的改革起点标志和目标方向，是党的基本路线的要求。乡村振兴战略中，把产业振兴放在首位，就是体现以经济建设为中心，落实党的基本路线。

（二）产业振兴是国家发展全局的重大要求

乡村振兴中的产业振兴，首要就是让农业兴旺。民以食为天。对于国家发展的全局来说，如何满足人民日益增长的美好食物需要，是基本要求，也是重大挑战。农业中的大田种植业、园艺业、养殖业等，都是为了解决好吃饭问题，都是为了让人民吃得饱、吃得好、吃得安全、吃得健康。即便是休闲旅游观光农业，也与吃饭问题相关，能够让人民吃得更加愉悦。

（三）产业振兴是农民增收的迫切要求

对于农民来说，产业振兴最大最直接的意义，是解决就业和收入两大问题。尽管有越来越多的农村年轻人离开农村到城市里去谋生，但是农业及其相关产业仍然是最大的就业部门。同时，尽管按全国平均计算，我国农民的收入中外出务工收入不断增加，所占比例已经达到最高，但是，农业收入仍然占据重要地位，尤其对仍然留守在农村里的人来说，仍然是最重要的收入。

（四）产业振兴是乡村全面振兴的根本要求

产业振兴会促进生态宜居。产业振兴会带动农民收入提高，就能更好地保护和提升生态环境质量。改革开放之初，很多地方的植被遭到破坏，一个重要的原因是农民收入低买不起煤，更用不起电，只能砍柴烧。落后的农业状态，对生态的破坏最大。产业振兴有助于乡风文明。物质文明不等于精神文明，但是如果物质文明低下，那么精神文明也好不到哪里去。产业振兴有利于乡村的有效治理。农民有活可干、有钱可挣，乡村秩序就更为稳定，乡村治理就更为平顺有效。产业振兴直接推动生活富裕。一方面，是农民自己的收入提高；另一方面，是包括教育、医疗、保障、基础设施等各种公共服务有了保障。

三、乡村产业振兴的特征

（一）产业内容多样，产业结构优

乡村产业振兴要求产业结构优化，有利于充分发挥产业结构的结构弹性效应、结构成长效应和结构开放效应，从而推进该产业和其他产业的持续快速发展。产业结构优的前提是产业的多样性。单一生产不能用兴旺来形容，因为兴旺所蕴含的生机与活力是通过多种产业的此消彼长或竞相发展体现和表达。产业的多样性有助于乡村资源的充分利用，有助于满足居民不同需求，有助于实现经济有机循环，有助于分散化解风险，更符合乡村特点和农民需要。

（二）产业关联度高，波及效应显著

乡村产业关联度高体现在产业之间的联系广度和深度上，以该产业为波及源，其产业发展变化通过一定的产业波及线路对其他产业产生影响。波及的其他产业越多，说明产业联系的广度越大；对其他产业的影响越深，说明产业联系的深度越深，产业波及的效果显著。乡村产业振兴要求产业关联度高，即要建立要素分配合理，各产业联系紧密、资源综合利用、效率高、协调性好的产业体系。如水稻，米可

以直接食用，加工产生的糠可作为畜禽饲料，秸秆可以用作饲料、燃料或手工艺品原料，与文化旅游结合还可以发展观光休闲农业，还可为禽畜的排泄物提供消化空间，实现种养业有机循环。

（三）产业组织完善，要素整体性强

产业主体主要包括企业、合作社、家庭农场、农户等，市场关系主要包括交易关系、行为关系、资源占用关系及利益关系等。完善的产业组织体现为产业主体具有多样性（种类和规模），能够适应市场需求的规模和结构的多样性、复杂性，能够实现规模经济，其资源配置能够满足消费者的需求并有利于提高自身的生产效率。产业组织协调性强，各主体分工协作、协调发展，通过实施纵向专业化协作和横向联合化生产能够增强产业组织的竞争力。同时，没有价格和产品的共谋，也没有对竞争对手的压制政策；市场绩效良好，存在不断改进产品和生产过程的压力。在农业产业中，就是要促进小农户和新型经营主体共同发展，充分发挥他们在不同领域和环节的作用。小农户是最基本单位，家庭经营在农业生产端发挥基础作用，大户和家庭农场在农业生产端发挥引领示范作用，合作社在产购销发挥组织和服务作用，农业龙头企业在加工销售等领域发挥带动作用。产业各主体之间利益联结紧密，利益共享风险共担，市场环境良好、竞争有序。

（四）产业布局科学，集群效应明显

科学的产业布局要求充分考虑地理位置、资源环境、社会经济、政策规划等各种因素，实现产业的最优组合和最优区位，并利用产业集聚带来的集群效应，促进产业分工与产业间协作，推进资源的综合循环利用和劳动生产率的提高。产业科学布局的一个显著表现是形成产业集群。产业集群能产生广泛的集聚经济效益，可以共用各种基础设施、信息服务、市场网络、生产性辅助企业等，可以减少能源和原料损耗，节约生产和运输成本，促进技术创新和扩散，加快经营管理理念转变等。产业集群一旦形成，会给整个产业和区域带来巨大的竞争优势，包括规模经济优势、交易成本优势、区域品牌优势、技术创新优势。近年来，我国大力推进“一乡一业”“一村一品”，形成了一些有鲜明特色的农业产业集群，如山东寿光蔬菜产业集群、甘肃定西马铃薯产业集群、宁夏中宁枸杞产业集群、浙江安吉竹产业集群等。这些特色农业产业集群的快速发展，使农业具有明显的竞争优势，已经成为当地的支柱产业。

第二节 乡村产业发展与振兴政策梳理与解读

一、乡村产业发展的政策演变

（一）有计划发展农村商品经济阶段（1978—1995年）

改革开放以前，农村实行统购派购制度，农村产品交易均由公营商业高度垄断，而资金、土地、劳动力流动又受到多重限制。农村经济迫切要求放松历史上多年形成的政府垄断、管制，及其他阻碍农民进入市场的规定，以利于发展商品生产，摆脱穷困。为克服传统体制弊端，推动我国农村走上有计划发展商品经济的轨道，中央对农村经济发展进行了重大体制创新。主要政策表现为：

一是实行家庭联产承包责任制。1982年1月1日，中共中央批转1981年12月的《全国农村工作会议纪要》，这也是我们通常所说的改革开放后第一个中央一号文件，其主要内容就是肯定多种形式的责任制，特别是包干到户、包产到户。明确“它不同于合作化以前的小私有的个体经济，而是社会主义农业经济的组成部分”。1983年1月2日，中共中央印发《当前农村经济政策的若干问题》，从理论上说明了家庭联产承包责任制“是在党的领导下中国农民的伟大创造，是马克思主义农业合作化理论在我国实践中的新发展”。

二是发展商品生产。《关于1984年农村工作的通知》中提出，延长土地承包期，土地承包期一般应在15年以上，允许有偿转让土地使用权；鼓励农民向各种企业投资入股；继续减少统派购的品种和数量；允许务工、经商、办服务业的农民自理口粮到集镇落户。1985年的中央一号文件《关于进一步活跃农村经济的十项政策》下发，明确提出，“从当年起，除个别品种外，国家不再向农民下达农产品统购派购任务，按照不同情况，分别实行合同定购和市场收购”。至此，30年来的农副产品统购统销制度被取消。

（二）贸工农一体化发展阶段（1995—2000年）

党的十一届三中全会后，农产品市场逐渐开放，农产品加工企业和销售企业不断增多。但长期以来，受传统的计划经济体制影响，我国农产品的生产、收购、加工以及进出口等环节相互脱节问题严重，导致许多农产品加工领域乱上项目、盲目竞争、粗放增长，造成农产品产销衔接不畅，“买难卖难”矛盾不断产生。基于此，党的十四届五中全会明确提出要“大力发展贸工农一体化经营”，将农产品生产、加工、销售等环节紧密联系起来，有效衔接生产和流通，实现农产品的多层次加工增值。贸工农一体化发展阶段，主要有两个发展重点：

一是支持大宗农产品进行贸工农一体化发展。1997年国家经贸委发布的《关于发展贸工农一体化的意见》中明确提出根据不同农产品生产、加工、流通的特点，加大对贸工农一体化的支持力度，主要选择两类农产品进行：一类是粮食、棉花、油料、糖料、烟草、生猪等种植、养殖面广的大宗农产品，重点探索加强产销衔接的办法；另一类是自然条件和技术条件要求高、产品附加值高的特色农产品，重点促进农产品生产与加工协调发展。

二是重点发展“贸工农”出口商品基地建设。乡镇企业产能巨大，但国内市场消费不足，为了推进乡镇企业与国际市场接轨，进一步提高出口创汇能力，根据1996年国家计委等部门联合发布的《乡镇企业“贸工农”出口商品基地建设专项贴息贷款项目管理办法》，“九五”期间安排乡镇企业“贸工农”出口商品基地建设专项贴息贷款，重点选择包括推动农业产业化、带动创汇农业发展在内的项目。

（三）农业产业化经营发展阶段（2000—2016年）

进入21世纪后，我国农业发展进入新阶段，加入世界贸易组织更是对我国农业带来新的机遇与挑战，国际农业竞争已经不是单项产品、单个生产者之间的竞争，而是包括农产品质量、品牌、价值和农业经营主体、经营方式在内的整个产业体系的综合性竞争，迫切要求对农业和农村经济结构进行战略性调整。农业产业化经营是在贸工农一体化的基础上，加入管理现代工业的办法来组织现代农业的生产和经营，不仅可以延长产业链，提高初级农产品的附加值，增加农民收入，而且有利于农业专业化、社会化、商品化的发展，提高农业的整体效益。

2000年农业部、国家发展计划委员会等部委发布了《关于扶持农业产业化经营重点龙头企业的意见》，意味着我国正式进入农业产业化经营时期。2006年农业部、国家发展和改革委员会等部门发布的《关于加快发展农业产业化经营的意见》是我国推进农业产业化经营的核心文件。农业产业化经营时期政策重点内容包括以下三个方面：

一是以龙头企业为重点带动农业产业化经营。龙头企业是发展农业产业化经营的关键，担负着开拓市场、技术创新、引导和组织基地生产与农户经营的重任。根据2000年《关于扶持农业产业化经营重点龙头企业的意见》要求，择优扶持一批有优势、有特色、有基础、有前景的重点龙头企业，在较短的时间内创造引导农业和农村经济结构调整的骨干力量，形成若干个和国外农产品加工企业能够抗衡、更具竞争力的企业集团。

二是加大农业产业化经营金融支持力度。财政部、中国农业银行、中国农业发展银行、国家农业综合开发办公室联合出台了《关于积极开展合作共同推进农业产业化经营的通知》《关于落实农业产业化经营贴息贷款项目的实施意见》《合作扶持农业产业化经营推进现代农业发展的意见》等政策文件，进一步为符合条件的农业产业化龙头企业所需收购资金提供供给，探索和完善政府与银行联手扶持龙头企业发展的区域合作模式。

三是探索土地经营权入股发展农业产业化经营。党的十八届三中全会提出允许农民以土地承包经营权入股发展农业产业化经营，对深度融合农业产业链上各参与主体、优化组合各类生产要素具有重大意义。在县级行政区和农村改革试验区开展经营试点后，2018年，农业农村部等部委（局）发布《关于开展土地经营权入股发展农业产业化经营试点的指导意见》，正式要求在全国范围内完善土地股份组织运行机制，加大土地经营权入股发展农业产业化经营的支持力度等政策保障。

（四）农业产业融合发展阶段（2016年至今）

2015年中央一号文件首次提出“推动农村一二三产业融合发展”。农村一二三产业融合发展突破产业化发展边界，将资本、技术以及资源要素进行跨界集约化配置，使一二三产业之间紧密相连、协同发展。国务院办公厅于2016年初正式发布《关于推进农村一二三产业融合发展的指导意见》，这也是最为重要的关于农村一二三产业融合发展的国务院行政规范性文件，标志着我国进入农村产业融合全面推进阶段。农村产业融合发展阶段政策主要包括以下五个方面重点内容：

一是制定发展目标和发展规划。2016年，农业部制定并发布了《全国农产品加工业与农村一二三产业融合发展规划（2016—2020年）》，对农产品加工业和农村产业融合的具体发展目标做了明确规定，根据各地资源禀赋和区域布局，因地制宜制定了规划布局和重大工程部署。2020年为进一步加快发展乡村产业，农业农村部印发《全国乡村产业发展规划（2020—2025年）》，在新的历史条件下，确定新的乡村产业发展规划，从提升农产品加工，拓展乡村特色产业，优化乡村休闲旅游业，推进农业产业化和农村产业融合发展等多角度促进乡村产业发展。

二是继续加大资金与金融支持力度。为解决农村产业融合发展融资难、融资贵等问题，国家发展改革委、农业农村部、中国农业银行、中国农业发展银行先后发布《关于金融支持农村一二三产业融合发展试点示范项目的通知》《关于政策性金融支持农村一二三产业融合发展的通知》《农业组织创新与产业融合发展项目资金管理办法》，对农村产业融合发展试点示范项目和主体加大资金和政策性金融支持，允许符合条件的农业产业化龙头企业申请发行农村产业融合发展专项债券。

三是积极推进农村产业融合园区化发展。农业园区利于集聚资源，产业链配套完善，对企业的吸引力更强，带动农民增收更便捷。2017年，农业部和国家发改委先后出台《关于支持创建农村一二三产业融合发展先导区的意见》和《国家农村产业融合发展示范园创建工作方案》，已在全国范围内认定多批农村产业融合发展先导区和农村产业融合发展示范园。

四是保障农村产业融合发展用地。为完善农村土地用途管制，加快推进农业农村现代化，做好农村一二三产业融合发展的用地保障，2017年，国土资源部、国家发展改革委联合发布的《关于深入推进农业供给侧结构性改革做好农村产业融合发展用地保障的通知》，优先安排农村基础设施和公共服务用地，乡（镇）土地利用总体规划可以预留少量（不超过5%）规划建设用地指标。引导农村二三产业向县城、重点乡镇及产业园区等集中集聚。

五是引导返乡下乡人员到农村创业创新。近年来，随着大众创业、万众创新的深入推进，越来越多的农民工、中高等院校毕业生、退役士兵和科技人员等返乡下乡人员到农村创业创新。2016年，国务院办公厅为此出台《关于支持返乡下乡人员创业创新促进农村一二三产业融合发展的意见》，多方面予以优惠举措。

二、乡村产业振兴的提出背景

改革开放至今已有40多年的历史，我国的农业、农村、农民工作都上了一个大台阶。从农业产业发展角度来看，粮食连续多年实现增长，2017年粮食总量已经达到了12358亿斤。从农民收入角度来看，2017年农村居民人均可支配收入13432元，这些年最大的变化就是城乡之间的收入差距越来越小。

多年来新农村建设所取得的成就、所积累的经验为实施乡村振兴战略创造了良好的基础和条件。一是农业的多功能性，过去是食品保障、原料供给、就业增收，现在是生态保护、观光休闲、文化传承。二是乡村经济的多元化发展，过去是农民居住、劳作，现在是游客旅游度假、投资开发。基于这两点，使得人们向往乡村，看好乡村，人们的乡村振兴意识已经觉醒。但是，由于主客观等各种因素的影响，我国乡村产业发展仍存在着农业生产方式仍显落后、农业的产业化体系不健全、经营管理方式还比较落后、产业运营机制也比较单一以及贫困地区产业扶贫的可持续性差等各种亟待解决的问题。正是在这一背景下，2018年中共中央、国务院审时度势，出台了《关于实施乡村振兴战略的意见》，乡村振兴正式提出。

三、乡村产业发展与振兴主要政策与法规要点解读

（一）2018年1月，《中共中央、国务院关于实施乡村振兴战略的意见》（以下简称《意见》）

一是指导思想上，强调产业兴旺是乡村振兴的基础和前提。《意见》在指导思想上明确提出，要按照产业兴旺、生态宜居、乡风文明、治理有效、生活富裕的总要求，建立健全城乡融合发展体制机制和政策体系，统筹推进农村经济建设、政治建设、文化建设、社会建设、生态文明建设和党的建设，加快推进乡村治理体系和治理能力现代化，加快推进农业农村现代化，走中国特色社会主义乡村振兴道路，

让农业成为有奔头的产业，让农民成为有吸引力的职业，让农村成为安居乐业的美丽家园。

二是目标任务上，明确提出乡村产业发展三阶段目标。到2020年，农业综合生产能力稳步提升，农业供给体系质量明显提高，农村一二三产业融合发展水平进一步提升；到2035年，乡村振兴取得决定性进展，农业农村现代化基本实现；到2050年，乡村全面振兴，农业强、农村美、农民富全面实现。

三是发展思路上，强调产业兴旺是乡村振兴的重点。提出必须坚持质量兴农、绿色兴农，以农业供给侧结构性改革为主线，加快构建现代农业产业体系、生产体系、经营体系，提高农业创新力、竞争力和全要素生产率，加快实现由农业大国向农业强国转变。并从夯实农业生产能力基础、实施质量兴农战略、构建农村一二三产业融合发展体系、构建农业对外开放新格局、促进小农户和现代农业发展有机衔接五个方面提出了具体的指导意见。

（二）2018年9月，《乡村振兴战略规划（2018—2022年）》（以下简称《规划》）

《规划》围绕着乡村产业振兴提出了26项重大工程、重大计划和重大行动。今后，要紧紧围绕这“三个重大”，动员和组织方方面面的力量，把乡村产业发展好。重点在四个方面推动落实：

一是夯实农业基础。扎实推进“藏粮于地、藏粮于技”的战略，进一步将国家粮食安全战略落得更实更牢。通过健全粮食安全保障机制、加强耕地保护和建设、提升农业装备和信息化水平等手段夯实农业基础。进一步优化农业结构，提高农业的国际竞争力，不断增加农民收入。

二是推进质量兴农。实施食品安全战略，加快完善农产品质量和食品安全标准、监管体系，加快建立农产品质量分级及产地准出、市场准入制度。加快编制《国家质量兴农战略规划》，启动实施农业高质量发展八大行动，完善乡村产业标准体系，加强质量安全监管，不断创新符合乡村产业振兴的组织形式，进一步构建现代农业产业体系、生产体系和经营体系。

三是抓好产业融合。把握城乡发展格局发生重要变化的机遇，培育农业农村新产业新业态，打造农村产业融合发展新载体新模式，推动要素跨界配置和产业有机融合，让农村一二三产业在融合发展中同步升级、同步增值、同步受益。将更多要素导入到县域经济发展平台上来，为乡村创造更多适合农民需要、适合各方面人才展示才华的广阔天地。继续推动现代农业产业园建设，推动农村一二三产业融合发展。

四是抓好特色产业。以各地资源禀赋和独特的历史文化为基础，有序开发优势特色资源，做大做强优势特色产业。推动特色农产品优势区建设，开展产业兴村强县行动、一村一品示范创建，发展具有民族和地域特色的乡村手工业。

（三）2020年7月，《全国乡村产业发展规划（2020—2025年）》（以下简称《规划》）

一是农产品加工业。《规划》提出，以农业农村资源为依托，提升农产品加工业。统筹发展农产品初加工、精深加工和综合利用加工，积极完善产业结构、按照“粮头食尾”“农头工尾”要求优化空间布局；以技术创新，特别是加工技术创新、加工装备创制为关键点促进产业升级。《规划》提出农产品加工业的发展目标为：农产品加工业持续壮大，农产品加工业营业收入达到32万亿元，农产品加工业与农业总产值比达到2.8∶1，主要农产品加工转化率达到80%。

二是乡村特色产业。《规划》提出乡村特色产业是乡村产业的重要组成部分，因此乡村振兴需要拓展乡村特色产业。首先，需要利用特色资源增强竞争力，利用加工流通延伸产业链、利用信息技术打造供应链、以生态丰富提升价值链等的方式构建全产业链。其次，乡村资源基础薄弱，只有聚集资源，集中力量，推进产业集聚，建设农业产业强镇、建设“一村一品”示范村镇、提升现代农业产业园、建设优势特色产业集群才能把乡村的潜力发挥到最大。再次，品牌的价值是无穷的，按照“有标采标、无标创标、全程贯标”要求，以质量信誉为基础，培育知名品牌，提高乡村产业市场影响力。最后，以产业的发展推动扶贫工作，促进脱贫攻坚与乡村振兴有机衔接。《规划》中提出，乡村特色产业深度拓展的发展目标为：培育一批产值超百亿元、千亿元优势特色产业集群，建设一批产值超十亿元农业产业镇（乡），创响一批“乡字号”“土字号”乡土品牌。

三是乡村休闲旅游业。首先，《规划》提出优化乡村休闲旅游业的发展。依据自然风貌、人文环境、乡土文化等资源禀赋，聚焦重点区域建设城市周边乡村休闲旅游区或自然风景区周边乡村休闲旅游区、民俗民族风情乡村休闲旅游区、传统农区乡村休闲旅游景点。其次，《规划》中提到，旅游区的建设需要注重品质的提升，坚持特色化、差异化、多样化等打造旅游产品；加强引导，加大投入，打造精品工程；旅游区的建设还需要提升服务水平，促进乡村休闲旅游高质量发展。《规划》中提出乡村休闲旅游业的发展目标是：农业多种功能和乡村多重价值深度发掘，业态类型不断丰富，服务水平不断提升，年接待游客人数超过40亿人次，经营收入超过1.2万亿元。

四是乡村新兴服务业。《规划》提出发展适应农村生产生活方式变化的乡村新型服务业。以扩大提升服务领域、提高服务水平来提升生产性服务业；以丰富服务内容、创新服务方式来拓展生活性服务业；以培育农村电子商务主体、扩大农村电子商务应用、改善农村电子商务环境来发展农村电子商务。《规划》还提出，发展乡村新型服务业的目标是农林牧渔专业及辅助性活动产值达到1万亿元，农产品网络销售额达到1万亿元。

（四）2021年2月，《中共中央 国务院关于全面推进乡村振兴加快农业农村现代化的意见》（以下简称《意见》）

一是构建现代乡村产业体系。《意见》指出，要依托乡村特色优势资源，打造农业全产业链，把产业链主体留在县城，让农民更多分享产业增值收益。加快健全现代农业全产业链标准体系，推动新型农业经营主体按标生产，培育农业龙头企业标准“领跑者”。立足县域布局特色农产品产地初加工和精深加工，建设现代农业产业园、农业产业强镇、优势特色产业集群。推进公益性农产品市场和农产品流通骨干网络建设。开发休闲农业和乡村旅游精品线路，完善配套设施。推进农村一二三产业融合发展示范园和科技示范园区建设。把农业现代化示范区作为推进农业现代化的重要抓手，形成梯次推进农业现代化的格局。

二是推进农业绿色发展。《意见》指出，实施国家黑土地保护工程，推广保护性耕作模式。健全耕地休耕轮作制度。持续推进化肥农药减量增效，推广农作物病虫害绿色防控产品和技术。加强畜禽粪污资源化利用。全面实施秸秆综合利用和农膜、农药包装物回收行动，加强可降解农膜研发推广。加强农产品质量和食品安全监管，发展绿色农产品、有机农产品和地理标志农产品，试行食用农产品达标合格证制度，推进国家农产品质量安全县创建。加强水生生物资源养护，推进以长江为重点的渔政执法能力建设，确保十年禁渔令有效落实，做好退捕渔民安置保障工作。发展节水农业和旱作农业。推进荒漠化、石漠化、坡耕地水土流失综合治理和土壤污染防治、重点区域地下水保护与超采治理。实施水系连通及农村水系综合整治，巩固退耕还林还草成果。

三是推进现代农业经营体系建设。《意见》指出，要突出抓好家庭农场和农民合作社两类经营主体，鼓励发展多种形式适度规模经营。实施家庭农场培育计划，把农业规模经营户培育成有活力的家庭农场。推进农民合作社质量提升，加大对运行规范的农民合作社扶持力度。发展壮大农业专业化社会化服务组织，将先进适用的品种、投入品、技术、装备导入小农户。支持市场主体建设区域性农业全产业链综合服务中心。支持农业产业化龙头企业创新发展、做大做强。深化供销合作社综合改革，开展生产、供销、信用“三位一体”综合合作试点，健全服务农民生产生活综合平台。

（五）2021年4月，《中华人民共和国乡村振兴促进法》

制定出台乡村振兴促进法，为全面实施乡村振兴战略提供有力法治保障，对于促进农业全面升级、农村全面进步、农民全面发展，全面建设社会主义现代化国家，实现中华民族伟大复兴中国梦，具有重要意义。

一是规范了产业发展的基本含义。各级人民政府应当坚持以农民为主体，以乡村优势特色资源为依托，支持、促进农村一二三产业融合发展，推动建立现代农业产业体系、生产体系和经营体系，推进数字乡村建设，培育新产业、新业态、新模式和新型农业经营主体，促进小农户和现代农业发展有机衔接。

二是规定了产业发展的土地红线。国家建立农用地分类管理制度，严格保护耕地，严格控制农用地转为建设用地，严格控制耕地转为林地、园地等其他类型农用地。

三是明确了乡村产业发展的范围。除了粮食生产，各级人民政府应当发挥农村资源和生态优势，支持特色农业、休闲农业、现代农产品加工业、乡村手工业、绿色建材、红色旅游、乡村旅游、康养和乡村物流、电子商务等乡村产业的发展。

四是明确了农业发展的方向。国家采取措施优化农业生产力布局，推进农业结构调整，发展优势特色产业，保障粮食和重要农产品有效供给和质量安全，推动品种培优、品质提升、品牌打造和标准化生产，推动农业对外开放，提高农业质量、效益和竞争力。

五是提出了促进农业发展的措施。包括国家加强农业种质资源保护利用和种质资源库建设，加强农业技术推广体系建设，促进建立有利于农业科技成果转化推广的激励机制和利益分享机制，国家采取措施加强农业科技创新，培育创新主体，构建以企业为主体、产学研协同的创新机制等措施。

（六）2021年9月，《“十四五”全国农业绿色发展规划》（以下简称《规划》）

一是深入贯彻习近平生态文明思想。《规划》把习近平生态文明思想贯穿于农业绿色发展的各个领域、各个环节、各个方面，细化为具体工作思路和重点任务，一项措施一项措施落实，一个区域一个区域推进。《规划》完整准确全面贯彻新发展理念，落实构建新发展格局要求，树立和践行“绿水青山就是金山银山”理念，以高质量发展为主题，以深化农业供给侧结构性改革为主线，以构建绿色低碳循环发展的农业产业体系为重点，明确提出到2025年农业绿色发展“五个明显”的定性目标，即资源利用水平明显提高、产地环境质量明显好转、农业生态系统明显改善、绿色产品供给明显增加、减排固碳能力明显增强。

二是聚焦绿色发展关键领域和薄弱环节。提出加强农业资源保护利用，加强农业面源污染防治，加强农业生态保护修复，打造绿色低碳农业产业链等“三加强、一打造”重点任务。《规划》坚持问题导向，要求强化政策扶持，突出工作重点，加强重点流域治理，构建长效机制，推进农业投入品减量化、生产清洁化、废弃物资源化、产业模式生态化。《规划》提出了稳数量、提质量、保生态的“三位一体”工作举措，严守18亿亩耕地红线，坚决遏制耕地“非农化”、防止“非粮化”；实施好耕地保护与质量提升行动，特别是要保护好东北黑土地这个“耕地中的大熊猫”；推动用地与养地相结合，力争到2025年受污染耕地安全利用率达到93%左右。

三是强化科技和制度两个动能。《规划》针对科技与政策两大制约短板，提出强化科技动能和制度动能。一方面，健全绿色技术创新体系，强化农业绿色发展科技动能。加快农业绿色发展科技自主创新，构建农业绿色发展技术体系，推进要素投入精准减量、生产技术集约高效、产业模式生态循环、设施装备配套齐全，推动农业科技绿色转型。另一方面，健全体制机制，增强农业绿色发展制度动能。建立农业绿色发展的目标责任、考核制度、奖惩机制，强化制度约束，完善

规模的扩大有非常重要的意义。政策具有调节农村生产关系、保证粮食安全、维护农业经济规律、确保农民整体利益等多重作用，也是乡村产业健康发展的根本保障，对脱贫地区给予政策支持尤为重要。技术支持是乡村产业振兴的强大动能，也是实现产业链、价值链延伸的基本保障。

二、脱贫地区产业振兴的实现路径①

（一）做好顶层设计

农业产业化经营是乡村产业振兴的特征之一，由于农业产业化的农副产品要在一定区域范围内相对集中生产，形成比较稳定的区域化的生产基地，以防生产布局过于分散造成管理不便和生产规模不经济。因此，脱贫地区产业发展必须从全国到地方不同层面考虑农业生产的分工布局，以实现农业产业集聚为目的制定具有指导性的产业发展战略规划。脱贫乡村要以区域产业振兴规划为指导，将产业扶贫融入到新的产业振兴战略之中。区域产业振兴规划主要内容包括指导思想、基本原则、发展目标、主要任务、重要举措、实施保障等，其中主要任务和重要举措是规划重点，不仅应包含对农业转型升级、农业生产力布局、农业结构调整和特色优势产业的具体要求和部署，还应包含对培育新型农业经营主体、新产业新业态、完善紧密型利益联结机制以及激发农村创新创业活力的具体措施。

（二）加强组织保障

实践证明，国家在实施扶贫攻坚战略中采用的组织保障体系是推

① 何龙斌：《脱贫地区从产业扶贫到产业兴旺：现实难点与实现机制》，《青海社会科学》2020 年第 4 期。

动这一战略顺利实施的重要因素之一。脱贫乡村要实现从产业扶贫到产业振兴的顺利过渡，必须继续借鉴这一成功经验。一是成立以地方政府党政一把手为组长的乡村产业振兴领导小组，对地方乡村产业振兴做出重大决策。二是以现有的地方专职扶贫工作人员构成为基础，调入农业农村管理相关人员组建乡村振兴办公室，取代原扶贫办公室，将工作重心由扶贫攻坚转换到乡村振兴上，以懂农村管理、懂农业技术的专业人才取代原驻村扶贫干部，通过人才下乡推动乡村产业振兴最终实现乡村振兴。三是以乡村振兴战略接棒精准扶贫战略，以产业发展替代农户脱贫进行政绩考核。各地政府应把乡村振兴战略规划实施成效纳入各级党委、政府及有关部门的年度绩效考评内容，将考核结果作为各级党政干部年度评优以及选拔任用的重要依据。

（三）引导动能转换

乡村振兴必须加快构建现代农业产业体系，突破“乡村的产业就是农业”“农业的功能就是提供农产品”的传统思维模式，用现代产业发展理念和组织方式改造传统农业农村产业，通过新旧动能转换实现产业兴旺。为此，脱贫地区地方政府在实施从产业扶贫到产业振兴的过程中，要注重引导经济发展的动能转换。一是引导农业基础设施由落后转向先进。彻底改变农业生产基础条件，提高农业生产装备水平，完善农业产品流通条件，建设农业加工园区。从硬件上为农业产业发展提供新动能。二是引导产业经营主体由个体转向组织。以农业龙头企业、农业合作社等农业集体组织引领农业发展，取代传统的农业经营以家庭个体为主分散经营的状态，提高农业生产组织化程度，形成适度规模经营，使农业经营方式由粗放转向集约。三是引导农业生产技术由传统转向现代。通过推广农业科技成果，培育农业高新技术企业，推进物联网、云计算、移动互联等新技术在农业领域的应用，实现农业技术升级换代。四是引导农村产业结构由单一转向融合。通过延伸农业产业链，推动农业加工业、服务业的发展，加快休闲农业和乡村旅游业的发展，实现以农业为核心多业并举的发展格局。

（四）树立示范标准

乡村振兴战略是国家2018年出台的一个新战略，产业振兴也是这一战略下的一个新的任务要求。因此，究竟怎样才算做到产业振兴目前还缺乏统一标准，各地需要根据实际情况，结合国家战略的总体要求制定产业振兴实施效果评价标准，以此标准树立具有示范作用的产业振兴示范村、示范镇。产业振兴实施效果评价标准体系可以从以下几方面予以构建：一是农业高效发展。主要体现在生产能力大幅提升、形成特色优势产业以及推动农业发展的基础设施建设明显改善。二是农业高质发展。主要体现在农产品质量提升和农产品品牌创建两个方面。三是产业融合发展。主要体现在形成产业集群、农产品加工业规模化以及形成新产业、新业态三个方面。四是农业绿色发展。主要体现在农药化肥使用的明显减少、有效利用农业废弃物等资源以及生态保护效果三方面。五是农业开放发展。主要表现在农产品出口额大幅提升，出现一定数量的农产品出口产业聚集区、出口农产品示范企业等。六是农业集约发展。主要体现为农业经营的组织化主体数量大幅增加以及农业集约发展带来产业效率的大幅提升。

第二章　脱贫地区乡村产业选择与发展评价

乡村产业振兴能否成功，在很大程度上取决于产业选择上是否成功。脱贫地区经济基础薄弱，人才与资金匮乏，承受风险能力差，产业发展务必稳中求进，因此产业选择尤为重要。在选择乡村产业的过程中，要顺应经济社会发展规律，统筹考虑各方面因素，以满足市场需求为导向，以乡村资源、产业基础、人文历史等优势为依托，因地制宜地选择适合本地的乡村产业。既要防止贪大求洋，避免产业不可持续，也要防止盲目跟风，避免形成“千村一面”的产业格局。本章将从脱贫地区产业发展的影响因素入手，分析产业发展的优势与难点，构建脱贫地区乡村产业选择定量评价指标体系和发展效果评价体系。

第一节　脱贫地区产业发展的影响因素

目前，脱贫地区各地乡村产业发展大多进入脱贫巩固期，只有极少数进入产业提升期。对产业脱贫巩固期的乡村必须进一步加大产业发展力度，这就要求在乡村产业振兴的过程中必须充分考虑影响产业发展的各种因素。脱贫地区产业发展受自然条件、基础设施、经济条件等客观因素的影响，同时也与脱贫地区的政府行为、脱贫人口的思想观念、劳动能力、致富愿望等主观因素密切相关。总体来说，影响脱贫地区产业发展的因素可以分为以下几类。①

一、自然条件因素

自然条件因素是影响产业发展的基础因素，直接影响到产业的生产成本和要素集聚能力。我国大多数脱贫地区自然条件恶劣，自然灾害频发，而恶劣的自然环境和自然灾害等自然条件直接阻碍了产业的发展。这些自然条件因素包括气候、地形地貌、地理位置等诸多方面。所以就脱贫地区产业而言，自然条件因素是影响产业选择和产业发展的基础因素。

二、基础设施因素

特别是对于地理位置不便、设施落后的脱贫地区，更需要优先发展基础设施，所谓“要致富先修路”强调的就是基础设施的重要性。因为基础设施建设具有所谓“乘数效应”，即能带来几倍于投资额的社会总需求和国民收入。脱贫地区的道路、农田水利设施、电信等基础设施主要影响产业发展的市场运作与销售链。公共交通直接影响农产品的外销价格，水利设施直接影响生产能力，信息建设直接影响了农产品的宣传渠道，同时影响信息的搜集和对市场动向的把握。能够带动脱贫地区工业、农业、旅游、物流等现代产业发展的高等级公路、铁路甚至航线还很欠缺，很多地方通讯设施还比较落后，信息化

① 全国扶贫宣传教育中心编写：《产业扶贫脱贫概览》，中国农业出版社2018年版，第48页。

水平低，不具备发展电子商务等新兴产业的条件。此外，一些脱贫地区的文化、商业服务等基础设施也不够完善，条件还比较简陋，导致一些公共服务难以有效开展。

三、经济条件因素

经济条件因素包括劳动力数量和质量、技术以及资金等方面，这三大生产要素直接影响脱贫地区产业发展。一是劳动力资源。脱贫地区地广人稀，人口资源相对缺少，而且受教育程度较低，普遍存在劳动力不足或劳动力素质偏低的问题，制约了乡村产业发展。二是技术。科技型产业成为乡村产业的未来趋势，由于大多数脱贫地区地理位置偏远，交通不便，很多地区近年来刚通路通电等，造成了这些地区的信息滞后和科技水平落后，无法适应现代化产业发展，缺乏持续增收能力。三是资金。产业资金的多少影响产业发展的规模和质量，脱贫地区融资难、融资贵的现象比较突出，制约了产业发展。而在过去的产业扶贫阶段，大多数地区进行了“输血式”扶贫，在扶贫资金分配和使用上，存在分散、细碎的现象，资金发挥效益和辐射功能的彰显力不够。

四、政府行为因素

在乡村产业发展过程中，政府通常扮演着双重角色。一方面，政府出台专门的产业发展政策和产业发展规划，引导企业、组织和农户参与到整个产业振兴进程中来，在市场条件下最终实现这种选定资源、产品和服务的产业化生产和产业链建设。另一方面，政府直接派驻驻村帮扶队伍，帮助脱贫乡村实施产业振兴。有的地方政府未摸清市场规律，没有突出地域性、特色性，产业同质化严重，缺乏竞争力；有的地方政府在引进产业龙头企业时，要数量不要质量，对一些高污染、高能耗等不利于地区长期发展的项目一律来者不拒，给当地遗留了严重的环境问题；有的驻村帮扶人员反客为主，打击了当地群众的积极性。这些都会影响乡村产业的健康发展，也无法真正落实乡村振兴。

五、思想观念因素

脱贫地区之所以发展落后，其中最重要的一个因素是人的思想观念因素。小富即安、“等靠要”的思想和畏难情绪在脱贫地区普遍存在，严重制约了乡村产业发展。主要表现为乡村产业发展过程中部分群众参与度不高。产业发展周期长、见效慢、风险大，一些地方干部群众思想僵化，因循守旧，怕担风险，恐惧失败，不愿在产业结构调整、发展特色产业上动脑筋、想办法、谋出路、图发展，即使发展，也是被动接受。由于认识不同，群众参与程度不同，导致产业发展在不同乡镇、村组、农户推进的速度与成效也大不相同。有的地方束缚在传统农业的圈子内，没有一个优势突出的、非常明确的主导产业，农民致富没有一条好的路子。

第二节 脱贫地区产业发展的难点与优势

一、脱贫地区产业发展难点

从产业扶贫到产业振兴本质上是农村产业发展水平逐步递进提高的过程，但对于2020年刚实现脱贫目标的脱贫地区而言这一过程是相对艰难的，主要体现在两个方面。[①]

（一）产业发展的基础仍然薄弱

根据对脱贫地区进行聚类分析，客观因素决定这些地区的产业发展面临很大困难，产业发展基础非常薄弱。一是资源禀赋差。我国大多数脱贫乡村位于山区，地貌类型以山地为主，平坝较少，土地资源不足，人均耕地远低于全国平均水平，农业就业容量小，经济发展受土地制约明显。有些地区虽然有一定的矿产资源分布，但种类少、数量小、品位低，开发潜力有限。二是地理位置偏。很多乡村处于偏远地区，远离区域经济中心，甚至远离县城和集镇，加上大山、大河阻隔，交通极为不便，有些农户从住所去村委会需要五六个小时时间。三是生存环境差。这些地区大多处于我国重要的森林生态功能区、草原湿地保护区、沙漠化治理区、石漠化治理区、生物多样性保护区、水源涵养区等各类生态功能区，属于限制开发区。四是人口素质低。脱贫乡村大多教育资源投入及师资严重不足，教学水平低，儿童失学现象较严重，人均受教育年限低于全国平均水平，劳动力素质整体偏低，经营管理人才及专业技术人员短缺。上述因素严重制约了当地产业发展，成为产业发展的难点，只有认识、攻克这些难点，因地制宜、精准施策，才能搞好产业发展，为实现产业振兴奠定基础。

（二）产业振兴的制约仍然较多

目前，脱贫地区通过多年产业扶贫，产业发展环境已经有一定改变，具备一定的产业发展基础，但持续长效发展仍面临许多问题。一是产业发展的脆弱性。从发展第一产业来看，过去的脱贫地区大多处

---

① 何龙斌：《乡村振兴战略下农村产业兴旺的评价标准与实施路径》，《陕西理工大学学报》（社会科学版）2020 年第 2 期。

于山区，山多地少，不利于集约化发展，农业现代化水平低，导致农业生产水平不高，农业产业难以形成规模。从发展第二产业来看，人口居住较为分散，人口密度较低，加之交通不便，小城镇发展缓慢且规模较小，工业集聚功能差，缺少工业园区和龙头企业。二是产业的相对封闭性。脱贫地区地形大多复杂多样，总体上以山地、丘陵为主，平坝很少。这样的地表结构，限制了区域内部和区域之间的经济活动，将区域经济活动分割化、碎片化，导致企业产业规模小且分散，难以实现集聚带来的规模经济效应。此外，往往还存在行政分割，隶属于不同行政区的农村地区各自为政，甚至“以邻为壑”，导致了产业发展的相对封闭性，严重影响了资源的优化组合，制约了产业的规模化、长效化发展。

二、脱贫地区产业发展的优势

脱贫地区虽然自然条件差、经济基础弱、贫困程度深，但是也并非完全没有发展产业的基础。但除少数自然条件极度恶劣、自然资源极度贫乏的地区外，仍然具有各自不同的比较优势。

（一）产业扶贫奠定的基础优势

对脱贫地区而言，产业振兴是产业扶贫的延续过程。大多数脱贫地区在2020年以前的扶贫攻坚阶段通过产业扶贫，已经形成了乡村产业发展的思路，积累了产业发展的经验，一些乡村通过产业扶贫已经争取到了一些发展项目和资金，这些都为乡村振兴奠定了良好的产业发展基础。

（二）大部分地区具有劳动力资源成本优势

近年来，受生活成本上涨的影响，我国东部地区工资水平提高很快，已经无法承载一些劳动密集型产业，出现劳动密集型产业向中西部乃至海外更低成本国家转移的现象。脱贫地区由于经济欠发达，属于工资水平洼地，具备发展劳动密集型产业的条件。可以说，将这些地区的自然资源、农业资源、人文自然景观和劳动力资源与发达地区对接从而带动产业发展，既是这些地区永久脱贫的坚实基础，也是乡村产业振兴的重要推手。

（三）部分地区具有矿产资源优势

虽然脱贫地区资源禀赋差，但仍有部分地区拥有较为丰富的自然资源储量。我国重化工业高增长时期已经结束，一些资源型行业处于产能过剩状态，但许多前景广阔的战略性新兴产业仍然需要矿产资源产业为其提供先进的原材料。例如，电动汽车的动力电池阳极材料需要的金属锂，绝大多数分布在青藏高原、四川西部地区，大多属于过去的深度贫困地区。

（四）个别地区具有特色农业资源优势

许多脱贫地区的自然环境虽然不适合大宗农作物生长，但却拥有独特的生物资源。由于产业特别是工业不发达，这些地区的动植物生长地处于近乎天然的状态，农产品属于绿色或有机产品。随着我国经济发展水平提高带来的消费升级，对纯天然农产品的需求量增长，使脱贫地区的农业资源优势凸显，具备了将绿水青山转变为金山银山的条件。

（五）少数地区具有人文自然景观优势

脱贫地区往往具有特殊的地形地貌、风土人情，如武陵山区就有享誉世界的张家界森林公园。乡村价值被重新认识以及国内居民收入的持续提高带动了近年来旅游热潮，使脱贫地区人文自然景观的旅游开发具备了条件。

第三节 脱贫地区乡村产业选择评价指标体系构建

产业振兴的目的是为乡村振兴提供物质基础，推动乡村全面振兴，因此，乡村产业选择的总思路就是以发展经济、富裕村民为根本，以提高农户自我发展能力和增收为出发点，充分尊重农民意愿，将产业选择与农民利益结合起来，选择群众最能接受、最受欢迎、最有特色、最有效果的产业。

一、产业选择的原则

（一）精准定位原则

产业选择首先必须对产业进行精准定位，综合考量影响本地区产业发展的人文环境、自然资源、传统优势、经济实力、政策扶持、市场需求等因素，发掘产业发展的独特优势，扬长避短，同时遵循产业发展的基本规律，精准选择适合自己发展的产业。

（二）特色引领原则

特色是发展的比较优势和竞争优势，一个地区的经济发展必须通过发挥竞争优势和比较优势来实现。从经济学的意义上来说，特色的产业组织表现形态就是垄断，自由竞争的长期利润等于零，垄断能够获得垄断利润。因此，产业选择必须谋求特色经济，坚持特色引领。

（三）市场主导原则

产业选择需要发挥市场作用，尊重市场规律。要深入研究市场，选择有市场需求的产业，引导乡村和发达地区各类生产要素跨区域合理流动，按市场规则运作，使市场在资源配置中起决定性作用。在尊重市场规律的前提下，发挥好政策的引导作用，寻求政策与市场的协同互动。

（四）有利融合原则

产业选择要有利于一二三产业融合发展、联农带农。要有利于形成全产业链、全价值链，促进把以农业农村资源为依托的二三产业尽量留在农村，把农业产业链的增值收益、就业岗位尽量留给农民。

（五）绿色优先原则

产业选择要绿色优先，践行“绿水青山就是金山银山”的发展理念，严守耕地和生态保护红线，节约资源，保护环境，促进农村生产生活生态协调发展。

二、指标体系与评价方法

每个脱贫地区都有独有的特征，产业选择不可盲目跟风，更不可“一刀切”，否则可能出现千村一面、恶性竞争。只有根据脱贫地区实际情况，扬长避短，找到那些水土服、有特色、有潜力、有前景的产业，力求“一村一品”“一村一业”，才能牵住产业发展的“牛鼻子”，打好产业振兴的基础。可以建立一套指标体系，把产业选择的主要影响因素纳入其中，作为脱贫地区乡村振兴选择产业的评价依据。

本书借鉴前人研究成果，在其基础上将选择乡村振兴产业要考虑的因素归类为资源禀赋、社会经济条件、产业基础、市场潜力、富民能力五个一级指标共21个二级指标，如表2.1所示。[①] 其中，资源禀赋包括用地满足程度、气候满足程度、水资源满足程度、独特资源、其他必需资源满足程度五个指标；社会经济条件包括道路通达性、交易

① 周保吉等：《产业选择、利益机制与精准扶贫》，《江苏农业科学》2019年第23期。

表 2.1 脱贫地区乡村产业选择评价指标体系

一级指标	二级指标	满分	各等次得分			
			优	良	中	差
资源禀赋	用地饱满程度	10	10	7	4	1
	气候满足程度	10	10	7	4	1
	水资源满足程度	10	10	7	4	1
	独特资源	10	10	7	4	1
	其他必需资源满足程度	10	10	7	4	1
社会经济条件	道路通达性	10	10	7	4	1
	交易市场距离	10	10	7	4	1
	政府支持力度	10	10	7	4	1
	人才与技术满足程度	10	10	7	4	1
	环境容量满足程度	10	10	7	4	1
产业基础	本地发展先例	10	10	7	4	1
	新型农业经营主体或经济能人带动程度	10	10	7	4	1
	产加销配套程度	10	10	7	4	1
市场潜力	销售渠道稳定性	10	10	7	4	1
	销售便利性	10	10	7	4	1
	市场风险	10	10	7	4	1
	市场竞争力	10	10	7	4	1
富民能力	群众参与意愿	10	10	7	4	1
	创造就业岗位能力	10	10	7	4	1
	带动农户增收能力	10	10	7	4	1
	对乡村振兴贡献能力	10	10	7	4	1

市场距离、政府支持力度、人才与技术满足程度、环境容量满足程度五个指标；产业基础包括本地发展先例、新型农业经营主体或经济能人带动程度、产加销配套程度三个指标；市场潜力包括销售渠道稳定性、销售便利性、市场风险、市场竞争力四个指标；富民能力包括

群众参与意愿、创造就业岗位能力、带动农户增收能力、对乡村振兴贡献能力四个指标。采用打分法对备选产业进行打分。每个指标都按优、良、中、差四个等次进行赋分，其中优为 10 分，良为 7 分，中为 4 分，差为 1 分，全部指标满分为 210 分。汇总综合得分越高，说明备选产业与脱贫地区越匹配，产业发展风险越小，发展潜在效果越好。得分大于 180 分（相当于百分制的 85 分）为非常适宜发展，125—180 分（相当于百分制的 60—85 分）为适宜发展，小于 125 分（相当于百分制的 60 分）为不适宜发展。需要注意的是，部分指标具有“一票否决”性质，如用地满足程度、气候满足程度、水资源满足程度、其他必需资源满足程度、环境容量满足程度、市场竞争力、群众参与意愿等，因此在选择产业时，必须最先进行一轮初步筛选，如果达不到产业发展的最低要求，则直接淘汰，不再纳入打分范围。本指标体系适于在所有满足基本发展要求的备选产业中进行优中选优。

三、指标解释

（一）资源禀赋

1. 用地满足程度

任何产业的发展都建立在一定的用地基础上，因此有必要的用地条件是脱贫地区产业入选的前提条件。须综合土地规模、连片程度、平整性、土壤肥力等因素，评判用地满足程度。

2. 气候满足程度

气候因素是选择种植业必须考虑的前提，对于种植业，须综合降水、日照、气温、无霜期等因素，评判气候满足程度。气候适应能力强的产业，可以直接给予优等次评分。

3. 水资源满足程度

水资源满足程度是指能提供的水资源与备选产业所需水资源的匹配程度。须综合水资源总量、年分布平衡性、输水灌溉设施等因素，评判水资源满足程度。

4. 独特资源

独特的资源是发展特色产业最有优势的资源。如独特的旅游资源、历史文化、地域特色农副产品的生产资源等等。

5. 其他必需资源满足程度

除了土地、气候和水，不同的产业还会对自然资源有不同的要求，如养鱼业必须有池塘，休闲农业必须有自然风光或人文资源，养蜂业必须有花源等。根据备选产业所必需的资源匹配程度进行评判。

（二）社会经济条件

1. 道路通达性

“要想富，先修路。”道路通不通，直接制约乡村产业的发展。需综合考虑项目地点作业道路情况、与主干道距离、道路等级等因素，评判道路通达性。

2. 与交易市场距离

一方面，产品只有通过销售变现，才能获得收益，交易市场、集贸市场是产品销售的最主要渠道，越靠近集贸市场越具有竞争力。另一方面，集贸市场也是农资、农业服务的最主要来源，靠近集贸市场有利于产业发展。根据项目地点距离集贸市场距离远近划分为不同等次进行打分。

3. 政府支持力度

政府对产业项目的支持是产业发展的外在优势表现。通过综合考虑备选产业是否在政府支持目录内、政府补贴资金多少等因素，评判政府支持力度。

4. 人才与技术满足程度

任何产业要在市场上取得竞争优势，都离不开人才与技术支撑，脱贫地区产业选择需要考量当地群众是否拥有人才、技术基础或能否通过短期培训掌握相应技术，公共服务部门或新型经营主体能否提供技术支撑。

5. 环境容量满足程度

环境容量是指在确保人类生存、发展不受危害、自然生态平衡不受破坏的前提下，某一环境所能容纳污染物的最大负荷值。一个特定的自然区域对污染物的容量是有限的，在“两山理念”的指导下，乡村产业发展必须以绿色发展为遵循，将环境容量满足程度作为一个重要指标。

（三）产业基础

1. 本地发展先例

新引进产业往往会面临水土不服问题，如果当地有过相同产业成功发展先例，则更容易取得成功，并吸引群众参与。

2. 新型农业经营主体或经济能人带动程度

因受发展条件限制，脱贫地区产业多是规模小、特色明显的产业，如果没有龙头企业带动，仅靠群众自身力量很难取得成功。如果有新型农业经营主体或“能人”在农资、技术、生产服务、产品销售等环节提供支持，则产业更易成功。

3. 产加销配套程度

产业如果作为产业链的一个环节，融入当地产加销产业链中，则更容易形成规模经济，实现产值最大化。通过考量当地相关产业在生产、加工、销售等方面的服务和设施发展现状以及可利用能力，评判产加销配套程度。

（四）市场潜力

1. 销售渠道稳定性

任何产品只有通过销售才能变现，稳定的销售渠道对产业发展的重要性毋庸置疑。可以考察备选产业是否有稳定的市场消费群体、是否已签订合作订单、是否有电商企业销售等情况，评判销售渠道稳定性。

2. 销售便利性

农产品有一部分是生鲜产品，不利于储存和运输，甚至没有销售网络。因此，必须评价产品的销售便利性。

3. 市场风险

农产品的市场价格波动很大，要评价是否存在因市场价格波动而导致的农户收入大幅下降甚至企业破产等风险。

4. 市场竞争力

主要从“三品一标”情况[①]、商标品牌注册情况和市场知名度、在同类产业中的优势等方面，评判产业（产品）市场竞争力。

（五）富民能力

1. 群众参与意愿

乡村产业要以带动农户致富为目的，群众愿意参与的项目，通过群众的劳动力、土地等要素投入更容易取得成功；相反，当地群众不认可、不参与的产业很难取得成功。

① “三品一标”指无公害农产品、绿色食品、有机农产品和农产品地理标志。

2. 创造就业岗位能力

选择乡村产业也要评估产业创造就业岗位的能力，创造的潜在就业岗位越多，产业的致富能力越强。通过综合考量当地劳动力数量、产业创造就业岗位数量等，评判创造就业岗位能力。

3. 带动农户增收能力

能不能致富，最终都需要通过农户收入增加幅度来评判。选择乡村产业，需要评估产业潜在产值、利润、支付乡村劳动力工资等能力。

4. 对乡村振兴贡献能力

通过产业发展，提升脱贫地区生活生产水平，带动乡村道路、水利、通信、电力等方面基础设施改善，使乡村更加宜居，也是产业乡村振兴贡献能力的重要表现。

第四节　农村产业振兴实现效果评价体系构建

一、构建农村产业振兴实现效果评价体系的意义

构建农村产业振兴实现效果评价体系对推动乡村振兴战略的实施具有重要的现实意义，主要表现在三个方面：

（一）有利于确定产业发展所处阶段

实施乡村振兴战略是中央针对全国农村提出的一项重大战略任务，但我国疆土辽阔，960 万平方公里的国土上分布着 10529 个乡、21116 个镇，行政村数量达到 585451 个。[①] 不同的农村地区农村产业发展水平参差不齐，所处阶段各异，只有明确自身所处阶段，才有利

① 文中乡、镇、行政村数量个数源于国家统计局统计数据，其中乡镇个数为 2017 年统计数据，行政村个数为 2014 年统计数据（2014 年以后无统计数据）。

于在产业振兴、生态宜居、乡风文明、治理有效、生活富裕各方面科学分配资源，有的放矢，实现乡村振兴总目标的实现。

（二）有利于寻找产业振兴发展差距

产业振兴的内涵非常丰富，《中共中央国务院关于实施乡村振兴战略的意见》乃至各地的战略规划也仅仅明确了重点任务和实现路径，但不同地区产业发展水平不同决定了各地发展策略的差异。而构建完整的农村产业振兴实现效果评价体系，有利于指导广大农村地区各级政府部门对照体系找差距，对照指标找问题，在此基础上针对问题实现精准施策。

（三）有利于对产业振兴实施量化考核

随着乡村振兴战略在全国范围内的深度实施，可以预见今后全国各地政府将把产业振兴战略规划实施成效纳入各级党委、政府及有关部门的年度绩效考评内容，将考核结果作为各级党政干部年度考核、选拔任用的重要参考。因此，各级政府也迫切需要构建一套既具有可操作性，又能全面反映国家战略要求的农村产业振兴实现效果评价考核体系。

二、农村产业振兴实现效果评价体系构建的原则

（一）政策性原则

实施乡村振兴战略是党中央新时期作出的一项重大决策部署，是一项关系全面建成小康社会、全面建设现代化国家宏伟目标的国家级战略。因此，必须坚持国家政策的导向性原则。《中共中央国务院关于实施乡村振兴战略的意见》（以下简称《意见》）是全国农村开展乡村振兴工作的总纲领，《意见》明确了实现乡村振兴战略的主线、基

本思路、实现路径和重点任务。这些意见也是本评价体系构建的基础和依据。

（二）科学性原则

农村产业振兴实现效果评价体系必须遵循经济发展规律和社会发展规律，以科学的态度、科学的方法选取指标，确定的指标以客观评价的定量指标为主，定性指标应有明确的结论，指标体系能客观、真实、全面地反映农村产业发展状况，从不同角度准确评价产业发展效果，而且指标数量合理，既不过多也不过少。

（三）系统性原则

乡村振兴战略是一个包含“产业振兴、生态宜居、乡风文明、治理有效、生活富裕”五大要求的系统工程，而产业振兴是这个大系统中的一个子系统，因此必须体现系统性。“系统性”要求指标体系要综合反映农村产业发展系统中各子系统、各要素之间的相互影响，是一个受多种因素相互作用、相互制约的体系。因此，必须把农村产业发展视为一个系统问题，并基于多因素来进行综合评估。

（四）层次性原则

层次性是指指标体系自身的多重性。农村产业振兴是受多个因素综合影响的，这些因素本身又包含许多因素，体现了一定的层次关系。因此评价体系也应具有层次性，从不同层次评价产业发展的实现效果。从整体层次上把握评价目标的协调性，逐层确定评价指标，以保证评价的全面性和可信度。

（五）合理性原则

农村产业振兴评价体系的评价对象是广大农村地区的农业以及相关产业，这些地区有相当一部分处于交通不便的偏远山区，生存条件恶劣、农民文化程度低，这决定了部分数据获取的相对困难性，因此，在设置评价指标时必须考虑到数据的可获取性、评价的可操作性、指标的可比较性。

三、农村产业振兴实现效果评价体系指标选取

关于产业振兴，中央明确指出："必须坚持质量兴农、绿色兴农，以农业供给侧结构性改革为主线，加快构建现代农业产业体系、生产体系、经营体系，提高农业创新力、竞争力和全要素生产率，加快实现由农业大国向农业强国转变。"基于对乡村振兴战略下产业振兴核心要义的理解，按照上述原则，本书从六个方面对农村产业振兴实现效果评价体系指标进行了选取。

（一）农业高效发展

人均耕地资源不足是我国的基本国情，而长期以来传统生产带来的农业生产成本高一直是困扰"三农"问题的主要因素，因此，农村产业发展必须以提高农业生产效率和农业经济效益为目的，将农业高效发展作为衡量产业振兴的重要指标。农业高效发展主要体现在三个方面：一是生产能力大幅提升，如粮食综合生产能力、农林牧渔业总生产能力以及现代高效农业增加值等大幅提升；二是形成特色优势产业，如特色农产品优势区数量增加，特色畜禽规模养殖比重提升，特色经济林规模扩大等；三是推动农业发展的基础设施建设明显改善，如高标准农田规模扩大、农业灌溉水有效利用系数提升等。

（二）农业高质发展

党的十九大报告指出，当前我国的主要矛盾是人民日益增长的美好生活需要和不平衡不充分的发展之间的矛盾。在农业生产领域，我

国农产品质量还有待提高，农产品还不能完全满足高层次的社会需求，农业供给侧结构性改革有待深化。农业高质发展可以推动产业振兴，农业产业振兴必须依赖农业高质发展。农业高质发展主要体现在两大方面：一是农产品质量提升方面，如无公害农产品、绿色食品、有机农产品和农产品地理标志的“三品一标”产品数量明显增加，农产品质量安全大幅提升。二是农产品品牌创建方面，如产生更多的农产品品牌，出现更多的农产品品牌基地和知名农业企业等。

（三）产业融合发展

产业融合发展是实现农村产业振兴的重要途径。当前，农村产业融合的程度低、层次浅，产业融合发展的空间非常大，促进农村一二三产业融合发展，可激发农村经济发展的活力，提升农村产业竞争力，有利于形成农村产业发展新动能，为产业振兴提供新的动力支撑。农村产业融合发展主要体现在三个方面：一是形成产业集群，出现一定数量的农业产业园区、农村产业融合集群地等；二是农产品加工业形成一定规模，如农产品加工业产值与农林牧渔业总产值之比大幅提升、农产品加工转化率大幅提升；三是形成新产业新业态，如农业观光游、乡村休闲游、田园生态游、民俗村寨游等乡村旅游消费（产值）大幅提升，此外，还包括通过淘宝、京东等互联网电子商务平台实现的农产品网络零售额大幅提升。

（四）农业绿色发展

党的十九大报告指出：“坚持人与自然和谐共生，建设生态文明是中华民族永续发展的千年大计。”绿色是农业可持续发展的必要条件，也是农村产业振兴的必要条件。乡村振兴战略下的农业绿色发展主要体现在三个方面：一是农药化肥使用的明显减少，可表现为农作物统防统治覆盖率大幅提升以及新增水肥一体化面积规模明显扩大等；二是大量利用农业废弃物等资源，例如主要农作物秸秆综合利用率、畜禽粪污综合利用率等均得到大幅提升；三是生态保护效果明显，如湿地保护率、农村绿化率、水源优质率大幅提升。

（五）农业开放发展

对外开放是国家繁荣发展必由之路，也是我国的基本国策。近年来，随着经济全球化、区域经济一体化进程的不断加快，互联网技术、现代物流技术的不断突破，开放型农业面临难得的发展机遇。农业开放发展是我国农业发展走出国门，参与全球市场竞争，获取全球农业竞争力的重要手段，也是衡量农村产业振兴的重要标准。农业开放发展主要表现在农产品出口额大幅提升，出现一定数量的农产品出口产业聚集区、出口农产品示范企业，以及出口产品利润上升等。

（六）农业集约发展

以家庭为单位的土地承包制在改革开放初期有效地提高了农村劳动生产率，但是，受这一制度束缚导致土地难以流转，导致一些地区的农业生产效益低下，甚至出现土地抛荒。农业集约发展就是在土地自愿流转的基础上建立起专业的农业生产合作组织进行农业生产，其目的是从单位面积的土地上获得更多的农产品，不断提高土地生产率和劳动生产率，由粗放经营向集约经营转化。农业集约发展主要体现在两大方面：一是农业经营的组织化主体数量大幅增加，如规模以上龙头企业数量、农民合作社等数量大幅增加。二是农业集约发展带来产业效率的大幅提升，如土地经营规模化率、农业科技进步贡献率、农作物耕种种收综合机械化率明显提升。

表 2.2 为农村产业振兴综合评价指标体系。

表 2.2　农村产业振兴综合评价指标体系及权重

目标层	领域层	准则层	指标层	权重	总排序权重
农村产业振兴综合评价指标体系 P	农业高效发展水平 A_1	生产能力 B_1	粮食综合产量 C_1	0.5499	0.0393
			农林牧渔业总产量 C_2	0.2402	0.0171
			现代高效农业生产增加值 C_3	0.2098	0.0150
		优势产业 B_2	特色农产品优势区个数 C_4	0.5000	0.0567
			特色畜禽规模养殖比 C_5	0.2500	0.0283
			特色经济林面积 C_6	0.2500	0.0283
		基础设施 B_3	高标准农田面积 C_7	0.5000	0.0225
			农业灌溉水有效利用系数 C_8	0.5000	0.0225
	农业高质发展水平 A_2	农产品质量 B_4	“三品一标”产品数量 C_9	0.7500	0.0862
			农产品质量安全指数 C_{10}	0.2500	0.0287
		农产品品牌 B_5	农产品品牌数 C_{11}	0.3333	0.0383
			农产品品牌基地数 C_{12}	0.3333	0.0383
			知名农业企业数 C_{13}	0.3333	0.0383
	产业融合发展水平 A_3	产业集群 B_6	农业产业园区个数 C_{14}	0.5000	0.0620
			农村产业融合集群地数 C_{15}	0.5000	0.0620
		农产品加工 B_7	农产品加工业产值与农林牧渔业总产值比 C_{16}	0.5000	0.0341
			农产品加工转化率 C_{17}	0.5000	0.0341
		新产业新业态 B_8	乡村旅游消费（产值）C_{18}	0.3333	0.0125
			农产品网络零售额 C_{19}	0.6667	0.0250
	农业绿色发展水平 A_4	农药化肥使用 B_9	农作物统防统治覆盖率 C_{20}	0.5000	0.0201
			新增水肥一体化面积 C_{21}	0.5000	0.0201
		农业废弃物利用 B_{10}	农作物秸秆综合利用率 C_{22}	0.3333	0.0134
			畜禽粪污综合利用率 C_{23}	0.6667	0.0268
		生态保护 B_{11}	湿地保护率 C_{24}	0.2500	0.0100
			农村绿化率 C_{25}	0.2500	0.0100
			水源优质率 C_{26}	0.5000	0.0201

续表

目标层	领域层	准则层	指标层	权重	总排序权重
农村产业振兴综合评价指标体系 P	农业开放发展水平 A_5	农产品出口 B_{12}	农产品出口额 C_{27}	0.4000	0.0185
			农产品出口产业聚集区数 C_{28}	0.4000	0.0185
			出口农产品示范企业数 C_{29}	0.2000	0.0093
		出口效益 B_{13}	出口产品利润率 C_{30}	0.6667	0.0155
			出口产品总利润 C_{31}	0.3333	0.0077
	农业集约发展水平 A_6	组织化主体数量 B_{14}	规模以上龙头企业数量 C_{32}	0.3333	0.0268
			农民合作社数量 C_{33}	0.3333	0.0268
			家庭农场数量 C_{34}	0.3333	0.0268
		集约发展效率 B_{15}	土地经营规模化率 C_{35}	0.5000	0.0201
			农业科技进步贡献率 C_{36}	0.2500	0.0201
			农作物耕种种收综合机械化率 C_{37}	0.2500	0.0201

四、农村产业振兴实现效果评价体系指标的赋权与结果计算

（一）指标权重的赋值

本书采用由美国运筹学家萨蒂（T.L.Saaty）创立的层次分析法（AHP）对各项指标进行赋权。其步骤如下：

1. 确定农村产业振兴实现效果指标体系的层次结构

本体系结构层级为 4 层，总目标层 P 为农村产业振兴实现效果，领域层 A 有 6 个指标，准则层 B 有 15 个指标，指标层 C 有 37 个指标。

2. 根据层次结构构建判断矩阵

判断矩阵中元素的值采用 1—9 及其倒数的标度方法①。通过专家两两比较后，对各个因子的重要程度进行打分，再取每个元素得分的

① 该方法规定，1 表示两个元素相比，具有同样的重要性，3 表示两个元素相比，前者比后者稍重要，5 表示两个元素相比，前者比后者明显重要，7 表示两个元素相比，前者比后者极其重要，9 表示两个元素相比，前者比后者强烈重要，2、4、6、8 表示上述相邻判断的中间值。若元素 i 和元素 j 的重要性之比为 a_{ij}，那么元素 j 与元素 i 的重要性之比为 $a_{ji}=1/a_{ij}$。

平均分作为其特征向量值，构建目标 A 对领域 B_i 的相对重要性判断矩阵，领域 B_i 对准则 C_i 的相对重要性判断矩阵，以及准则 C_i 对指标 D_i 的相对重要性判断矩阵。

3. 权重的计算

利用求和法得出其特征向量，即其权重。

4. 一致性检验

为确保计算结果合理，层次分析法要求对判断矩阵进行一致性检验，计算公式为 $CR=CI/RI$，其中，$CI=(\lambda_{max}-n)/(n-1)$。式中，$CI$ 是一致性特征数，RI 是随机一致性指标，其取值见表 2.3，λ_{max} 是判断矩阵的最大特征根，CR 是一致性比率，n 是成对比较因子个数。

表 2.3　随机一致性指标 RI 值

n	1	2	3	4	5	6	7	8
RI	0	0	0.58	0.90	1.12	1.24	1.32	1.41

如果 $CR<0.1$ 时，则该判断矩阵具有满意的一致性，即判断矩阵的构建符合数学逻辑，根据该矩阵进行计算的权重结果有效。否则，必须重新调整判断矩阵，再进行一致性检验，直至最终满足 $CR<0.1$。

通过上述计算，得出农村产业振兴综合评价指标体系及权重如表 2.2 所示。

（二）评价结果计算

对农村产业振兴实现效果评价体系指标赋权以后，通过各单项指标在各自对应层次的权重和单项指标的评分值计算各子系统的得分，然后在各子系统对总层次的权重的基础上，采用多因子综合评价方法得到综合评价分值。农村地区的产业振兴实现效果综合评价值即为各个指标对总目标的组合权重值与该指标值乘积之和。计算公式如下：

$$P=\sum_{i=1}^{a}\left[\sum_{i=1}^{b}\left(\sum_{i=1}^{c}C_iW_i\right)B_i\right]A_i \qquad (2.1)$$

式（2.1）中，P 为综合得分；C_i 为指标层第 i 个单项指标的分值；W_i 为指标层第 i 个单项指标的权重；B_i 为准则层第 i 个指标的权重；A_i 为领域层第 i 个指标的权重；c 为指标层的指标个数，本模型取 37 个；b 为准则层的指标个数，本模型取 15 个；a 为领域层的指标个数，本模型取 6 个。

式（2.1）中，对于单项指标的分值，可以对比全国农村产业发展先进地区的发展水平，按照大于 90 分、80—90 分、60—80 分、小于 60 分四个档位制定评价标准，再由专家进行量化打分。

本书基于《中共中央国务院关于实施乡村振兴战略的意见》，探索性、系统化地构建了乡村振兴战略下农村产业振兴实现效果评价指标体系，主要工作集中在评价指标的选取、利用层次分析法赋权以及确定评价结果计算方法上，更加深入的研究有待于今后进一步加以完善和提升：一是部分三级指标的界定有待于进一步完善和细化，以获取口径一致、真实有效的评价数据。二是各指标评价标准的确定方法有待完善，本书仅仅提供了确定评价标准的一种思路，而这一思路的有效性还需在实践中进一步检验。三是这一评价体系的适用范围主要应用于县级以上政府对行政区域内乡村振兴战略实施效果的评价，而对于乡、村等基层区域的评价需因地制宜，适度修正。总之，农村产业振兴实现效果评价指标体系构建的根本目的在于应用，因此下一步研究工作的重点应是积极采集相关数据进行实证研究，得出评价结果、分析评价结果、运用评价结果，并在此过程中对指标体系进一步完善。

第三章　脱贫地区乡村产业振兴的主要方向

全国乡村产业发展规划（2020—2025年）指出，乡村产业是提升农业、繁荣农村、富裕农民的产业，包括现代农业、农业加工业、休闲旅游业、特色产业和新型服务业等。农业是国之根基，农产品加工业提升农业价值，乡村特色产业拓宽产业门类，休闲农业拓展农业功能，乡村新型服务业丰富业态类型。因此，围绕上述产业大类，结合本地实际，发展某一个或几个细分乡村产业是脱贫地区产业振兴的主要方向。本章立足脱贫地区，重点围绕农产品加工业、旅游休闲产业、乡村特色产业和新型服务业，深入论述脱贫地区实现乡村产业振兴的主要产业方向。

第一节　农产品加工业

一、农产品加工业的定义与分类

（一）农产品加工业的定义

农产品加工是用物理、化学和生物学的方法将农业的主、副产品制成各种食品或其他用品的一种生产活动。农产品加工业是国民经济的重要产业。广义的农产品加工业是指以农、林、牧、渔产品及其加工品为原料所进行的工业生产活动。狭义的农产品加工业是指以人工生产的农业物料和野生动植物资源及其加工品为原料所进行的工业生产活动。农产品加工业从种养业延伸出来，是提升农产品附加值的关键，也是构建农业产业链的核心。

（二）农产品加工业的分类

农产品加工业主要涉及纺织业、服装及其他纤维制品制造业、食品加工业、烟草加工业、造纸及纸制品业等15个行业大类。本书所指主要包括粮食加工、植物油加工、果蔬茶加工、食用畜产品加工、水产品加工、其他食物类农产品加工、皮毛羽丝加工、棉麻加工、木竹藤棕草制品、橡胶制品、其他非食物类农产品加工。[①]

二、脱贫地区发展农产品加工业的条件分析

（一）发展的优势

1. 农产品加工业的资源优势

脱贫地区大多工业落后，有些地区因生态约束不能发展工业，因此农业等第一产业成了发展的重要产业，如种植、养殖业，这为农产品加工提供了丰富的原材料资源保障。以秦巴山区为例，该区域是我国生物多样性最为丰富的地区之一，是陕西省茶叶主产区，又是重要的油料、生猪生产基地，同时盛产蚕桑、柑橘、干杂果。按照《陕西集中连片特困地区特色产业精准扶贫规划（2016—2020年）》，应大力发展茶叶、生猪、柑橘、猕猴桃、食用菌、魔芋、蚕桑、干杂果、水产等优势特色产业。可见，脱贫地区在农业资源方面具有明显的相

① 张伟：《农产品加工业的内容和分类标准》，《农产品加工》2004年第2期。

对优势。

2. 农产品加工业的发展机遇

在当前新的历史发展阶段，脱贫地区特色农产品加工业的发展面临三大发展机遇：一是交通条件的改善。在改善农业生产条件的同时，脱贫地区不断健全农村物流网络体系，加大农产品加工、仓储物流、产地批发市场等辅助设施建设力度，逐步完善县、乡、村三级交通枢纽，以这三个物流节点为支撑发展农产品运输能力，促进了城乡交通互联互通和农产品的市场流通。二是互联网的普及。大数据、物联网、云计算、移动互联网等新一代信息技术与互联网的深度融合，推进了新型农业经营主体对接全国性和区域性农业电子商务平台，加快了脱贫地区农产品电子商务业务的开展，拓展了脱贫地区农产品的销售空间，使脱贫地区农产品面向全国销售变成可能。三是食品消费升级。人们消费的食品结构随着生活质量的提升而逐渐升级，健康是食品消费的必然追求，品质消费成为食品消费升级的重要方向，脱贫地区大多未遭工业污染，农产品生产环境更为健康。这些新的机遇将有力地促进农产品加工业资源优势转化为经济优势和竞争优势，推动农村农业及农产品加工业发展驶入“快车道”。

3. 农产品加工业的扶持政策

为贯彻落实党中央、国务院有关决策部署，发挥农产品加工业引领带动作用，推进农村一二三产业融合发展，根据《国民经济和社会发展第十三个五年规划纲要》有关部署要求，农业部印发了《全国农产品加工业与农村一二三产业融合发展规划（2016—2020 年）》。依据《国务院关于促进乡村产业振兴的指导意见》，农业农村部印发了《全国乡村产业发展规划（2020—2025 年）》，规划明确指出，农产品加工业是四大乡村产业之首。2016年国务院办公厅出台《关于进一步促进农产品加工业发展的意见》也明确指出，中央财政衔接推进乡村振兴补助资金重点支持培育和壮大欠发达地区农产品加工的特色优势产业，并逐年提高资金占比。这为进一步促进农产品加工业发展，深入推进农业供给侧结构性改革，不断满足城乡居民消费升级需求明确了方向。

（二）存在的问题

1. 农产品加工业经营规模较小

脱贫地区农产品加工企业数量少，规模小，大多为小型手工作坊式企业，小酒坊、小米厂、小油坊、小面厂、豆腐作坊等“五小”企业几乎村村都有，其加工技术水平较低，与现代加工企业发展要求相比差距很大，直接导致生产成本过高，产品附加值较低，从整体上影响了农产品加工业的发展。

2. 产品质量控制体系不健全

随着物质生活的丰富，食品的质量与安全问题越来越重要，而脱贫地区大多数企业农产品食品质量安全控制体系尚不健全，安全检测技术滞后，产出的农产品在经过食品加工时，由于缺乏合规的农产品质量监控系统，食品质量和安全得不到保障。

3. 产加销联结机制不完善

脱贫地区产销脱钩现象严重，农产品加工企业与农产品批发市场和商超之间缺乏有效合作机制，产销关系不稳定。许多专业合作社产、销衔接不紧密，合作社与社员的产销关系缺乏约束机制，没有形成真正意义上“利益共享、风险共担”的利益关系。农产品加工与生产分开进行，企业与农户之间虽属于买断关系，但订单履约率较低。

4. 农产品加工业技术水平不高

脱贫地区企业先进技术引进和开发不足，加工企业中高素质科技管理人才缺乏，自主创新能力不强，企业的设施和技术落后，缺少品牌创新和新产品研发。同时，农产品加工副产物综合利用率低，产品成本较高。据统计，国内发达地区农产品加工副产物综合利用率达到了 40%—50%，而脱贫地区的利用率不到 10%。[①]

三、脱贫地区发展农产品加工业的基本路径

脱贫地区要以安全、健康食品为主线，以市场为导向，以稳定农业和增加农民收入为目标，以畜牧、蔬菜、林果和杂粮四大主导产业发展为重点，因地制宜，依靠国内外先进技术，统筹发展农产品初加工、精深加工和综合利用加工，推进农产品多元化开发、多层次利用、多环节增值，加快提高农产品加工业的整体技术水平。

（一）拓展农产品初级加工范围

脱贫地区农产品加工发展不足，加工技术不过关，甚至有的地区还未出现农产品初加工。拓展农产品初加工，要鼓励和支持农民合作社、家庭农场和中小微企业等发展农产品产地初加工，减少产后损失，延长供应时间，提高质量效益。果蔬、奶类、畜禽及水产品等鲜活农产品，重点发展预冷、保鲜、冷冻、清洗、分级、分割、包装等仓储设施和商品化处理，实现减损增效。粮食等耐储农产品，重点发展烘干、储藏、脱壳、去杂、磨制等初加工，实现保值增值。食用类初级农产品，重点发展发酵、压榨、灌制、炸制、干制、腌制、熟制

① 李慧:《我国农产品及加工副产物综合利用率亟待提高》,《光明日报》2017 年 6 月 3 日第 6 版。

等初加工，满足市场多样化需求。棉麻丝、木竹藤棕草等非食用类农产品，重点发展整理、切割、粉碎、打磨、烘干、拉丝、编织等初加工，开发多种用途。

（二）提升农产品精深加工水平

促进脱贫地区农产品多次加工，加快全产业链、全价值链建设，形成农产品加工产业链，把以农业农村资源为依托的二三产业尽量留在农村，实现多次增值。推进深度开发，创新超临界萃取、超微粉碎、生物发酵、蛋白质改性等技术，提取营养因子、功能成分和活性物质，开发系列化的加工制品。

（三）推进农产品综合利用加工

引导大型加工流通、采购销售、投融资企业与脱贫地区联结发展，加快生物、工程、环保、信息等技术集成应用。鼓励农业企业和农产品加工园区推进加工副产物循环利用、全值利用、梯次利用，实现变废为宝、化害为利。采取先进的提取、分离与制备技术，推进稻壳米糠、麦麸、油料饼粕、果蔬皮渣、畜禽皮毛骨血、水产品皮骨内脏等副产物综合利用，开发新能源、新材料等新产品，提升增值空间。[①]

四、脱贫地区发展农产品加工业的对策建议

（一）积极优化产业布局

推进加工产能集聚发展，引导加工产能重心下沉，向脱贫地区重点乡镇、易地扶贫搬迁安置区集聚，建设县域农产品加工园。按照政策集成、要素积聚、企业集中的要求，推动科技研发、加工物流、营

① 农业农村部：《全国乡村产业发展规划（2020—2025年）》，2020年7月9日。

销服务等主体加快向园区集中，引导资金、技术、人才等要素向园区集聚，促进特色产业全产业链发展，形成“一业一园”格局。加快推进脱贫地区农业产业强镇、“一村一品”示范村镇建设，促进产村、产镇深度融合。

（二）推进实施品牌工程

指导脱贫地区通过建设粮食生产功能区、重要农产品生产保护区和特色农产品优势区，培育一批“大而优”“小而美”、有影响力的区域公用品牌。引导农业产业化龙头企业等新型经营主体通过建设标准化原料基地、清洁化加工车间，注入企业文化和价值理念，培育特色突出、特性鲜明的企业品牌。支持脱贫地区开展绿色、有机、地理标志农产品认证，积极推行食用农产品达标合格证制度。支持符合条件的脱贫地区区域公用品牌、产品品牌优先纳入中国农业品牌目录。加大脱贫地区农业品牌公益宣传，利用农（林）业展会、产销对接活动等广泛开展品牌营销。

（三）提升科技创新能力

推动农产品加工业科技创新不断发展。技术创新是农产品加工业转型升级的关键，脱贫地区要积极主动与国内高等院校和科研院所加强技术合作，针对农产品加工关键环节和瓶颈，加快技术创新，提升装备水平，促进农产品加工业提档升级。组织农业科研教育单位、产业技术体系专家等开展产业帮扶，继续在脱贫地区设立产业技术专家组，积极推动乡村振兴重点帮扶县建立产业技术顾问制度。全面实施农技推广特聘计划，在乡村振兴重点帮扶县探索实行农技推广人员“县管乡用、下沉到村”新机制。健全脱贫地区农民教育培训体系，加快创业致富带头人、现代农民和农村实用人才培育，提升农产品加工产业经营主体发展能力和生产经营水平。

（四）大力发展流通服务业

推进脱贫地区农产品流通骨干网络建设，优化县域批发市场、商品集散中心、物流基地布局，引导供销、邮政及各类企业把服务网点延伸到村。支持脱贫地区建设田头市场、仓储保鲜冷链物流设施，布局区域性冷链物流骨干节点。争取政策加大对脱贫地区农产品仓储保鲜冷链物流设施建设工程的支持力度。

（五）健全产加销联结机制

脱贫地区农产品“销售难”的现象不时出现，“丰产不丰收”现象时有发生，不仅损害了种植户的利益，打击了他们种植农作物的积极性，也不利于农村经济的发展，因此必须尽快建立农产品产销联结机制。一是“以销促产”，提高销量对生产的促进作用，推动产销双方形成利益共同体，加快形成优质优价市场机制。二是大力推动并支持大型农产品批发市场、商超和农民合作社向农产品生产和消费两端延伸经营链条，建立生产基地，发展委托生产、订单农业，积极开展“农批零对接”“农超对接”“农社对接”，建立稳定的产销关系。三是完善农业企业、农民合作社和贫困农户的利益联结机制，提高农户在农产品销售中的参与度，保障合理收益。

第二节　乡村旅游休闲业

一、乡村休闲旅游业的定义与分类

（一）乡村旅游休闲业的定义

乡村休闲旅游业是农业功能拓展、乡村价值发掘、业态类型创新的新产业，横跨一二三产业、兼容生产生活生态、融通工农城乡，发展前景广阔。[①]休闲农业与乡村旅游把自然、民族文化和农耕文化融入到传统旅游文化中，丰富了旅游业的内涵，是旅游业的一朵“奇葩”。随着旅游业与农村、农业的不断融合，将进一步带动农村各方面基础设施建设不断发展，成为拓展农业多功能性、促进资源高效利用、满足新兴消费需求的朝阳产业。

（二）乡村旅游休闲业分类

乡村休闲旅游业包括田园观光、农事体验、休闲度假、科普教育、健康养生、红色旅游、特色餐饮、民俗体验、乡村民宿、共享农庄、线上云游等多种业态。

二、脱贫地区发展乡村旅游休闲业的条件分析

（一）发展的优势

1. 政策支持优势

2021 年 5 月，农业农村部办公厅、中国农业银行办公室印发了《关于加强金融支持乡村休闲旅游业发展的通知》，支持发展乡村休闲旅游业。通知要求中国农业银行各级行要用好信用评价体系，综合客流量、人均消费额、项目现金流等因素，推进信用档案建设工作。将符合条件的农家乐、乡村民宿等小微企业、农户纳入白名单管理，努力做到应贷尽贷。

2. 自然环境优势

脱贫地区有很多属于少数民族地区和偏远边境地区，在这些地方

① 农业农村部：《全国乡村产业发展规划（2020—2025 年）》，2020 年 7 月 9 日。

发展传统工业和农业难以取得好的成效，而发展旅游业则可能具有某些优势。因为很多脱贫地区虽然交通闭塞，但具有优美的景观和良好的自然生态；虽然信息不畅、文化保守，但也因此保留下来很多传统的生活方式和多样的民族民俗文化，这些对于现代旅游爱好者来说恰恰具有很强的吸引力。良好的自然资源使旅游业已成为推动脱贫地区经济社会可持续发展的重要力量。

3. 未来市场优势

乡村旅游已成旅游市场的“热点”，成为中国居民的主要旅游方式。艾媒咨询数据显示，城郊或乡村成为都市人远离“城市喧嚣，放松身心”的首要选择，2020 年中国旅游用户最近一年或半年到城郊或省内乡村旅游的比例达七成，五成以上旅游用户一年多次到乡村旅游，18.12% 的旅游用户 1 月多次到乡村旅游。①2019 年，全国乡村旅游总人次为 30.9 亿次，占国内旅游人次的一半，乡村旅游总收入 1.81 万亿元。乡村旅游资源占全国旅游资源 70%，但目前旅游人数还只占国内旅游总人数的 30%，旅游消费还不到国内旅游消费总额的 20%，因此，我国乡村旅游的发展空间和增长潜力还很大。②

（二）存在的问题

1. 产品同质化

近年来，乡村旅游项目逐年增加，一些脱贫地区旅游基础不足，在开发乡村旅游资源的过程中缺乏长远考虑，急功近利，盲目模仿其

① 艾媒咨询：《2020 年中国乡村旅游消费者画像及行为分析》，2020 年 11 月 13 日，见 http://k.sina.com.cn/%20article_1850460740_6e4bca4402000q7h1.html。

② 新华社：《文化和旅游部：乡村旅游正在快速恢复》，2020 年 9 月 13 日，见 http://www.gov.cn/xinwen/2020-09/13/%20content_5543050.htm。

他地区的旅游模式，造成的结果便是同质化发展，使广大游客因感觉缺乏新意而难以保持故地重游的热情。

2. 资源开发各自为政

脱贫地区由于对乡村旅游文化狭义和片面的理解，加之经营者品牌意识淡薄，乡村旅游开发和经营中普遍存在各自为政的现象，资源与资金没有形成有效的合力，乡村旅游普遍存在规模小，片面强调对乡村自然资源的开发，多数乡村旅游处在“吃农家、住农家”的粗放阶段，忽视了乡土文化、乡村民俗等文化内涵开发，忽视了对农村其他资源的开发和利用。

3. 缺乏合理有效规划

脱贫地区在发展旅游产业的时候大多缺乏规划意识，在缺少规划的情况下，开发中只重规模，不讲质量，只考虑当前而不顾长远。更严重的是，许多乡村旅游开发项目忽视生态保护和土地红线，存在较大盲目性，造成生态环境的破坏和土地资源的浪费。

4. 专业人才非常匮乏

对脱贫地区来讲，旅游产业也是一个新兴产业，乡村旅游的开发和研究均处于较低层次上，许多农村旅游区由村干部或当地农民管理，缺少旅游专业人士导致乡村旅游的经营管理人员相对较少，也导致对乡村旅游从业人员缺乏系统有效的培训。乡村旅游的迅速发展与低素质乡村旅游经营管理人员和从业人员相矛盾，使乡村旅游处于粗放经营阶段，形成轻管理、低质量、低收入的恶性循环，这也制约了脱贫地区乡村休闲旅游业的发展。

三、脱贫地区发展乡村旅游休闲业的基本路径与开发模式

（一）基本路径

脱贫地区要依托田园风光、绿水青山、村落建筑、乡土文化、民俗风情等特色资源发展乡村旅游休闲产业，主要路径有四个：

1. 建设城市周边乡村休闲旅游区

依托都市农业生产生态资源和城郊区位优势，发展田园观光、农耕体验、文化休闲、科普教育、健康养生等业态，建设综合性休闲农业园区、农业主题公园、观光采摘园、垂钓园、乡村民宿和休闲农庄，满足城市居民消费需求。这一路径主要适合于距离城市比较近的近郊农村地区。

2. 建设自然风景区周边乡村休闲旅游区

依托秀美山川、湖泊河流、草原湿地等景区，在严格保护生态环境的前提下，统筹山水林田湖草系统，发展以农业生态游、农业景观游、特色农（牧、渔）业游为主的休闲农（牧、渔）园和农（牧、渔）家乐等，以及森林人家、健康氧吧、生态体验等业态，建设特色乡村休闲旅游功能区。这一路径主要适合于拥有独特的自然风景和生态资源的农村地区。

3. 建设民俗民族风情乡村休闲旅游区

发掘深厚的民族文化底蕴、欢庆的民俗节日活动、多样的民族特色美食和绚丽的民族服饰，发展民族风情游、民俗体验游、村落风光游等业态，开发民族民俗特色产品。这一路径适合于民族文化特色比较明显的农村地区。

4. 建设传统农区乡村休闲旅游区

依托稻田、花海、梯田、茶园、养殖池塘、湖泊水库、海洋牧场

等田园渔场风光，发展景观农业、农事体验、观光采摘、特色动植物观赏、休闲垂钓等业态，开发“后备箱”“伴手礼”等旅游产品。这一路径主要适合于农业资源相对丰富的一些农村地区。

（二）开发模式

1.“公司 + 农户”开发模式

这一模式通过引进有经济实力和市场经营能力的企业，进行公共基础设施建设和改善环境，指导村民开发住宿、餐饮接待设施，组织村民开展民族风情、文化旅游活动，打造具有浓郁特色和吸引力的乡村旅游产品，吸引和招徕旅游者。在这种开发模式下，充分考虑了农户利益，在村委会全方位的参与中带动了乡村经济的发展。在参与式乡村旅游的开发中，这种开发还可演化成“公司 + 村委会 + 农户”开发，公司先与当地村委会进行合作，通过村委会组织农户参与乡村旅游，公司一般不与农户直接合作，但农户接待服务、参与旅游开发则要经过公司的专业培训，并制定相关的规定，以规范农户的行为，保证接待服务水平，保障公司、农户和游客的利益。

2.“政府 + 公司 + 农村旅游协会 + 旅行社”开发模式

这一模式注重发挥旅游产业链中各环节的优势，通过合理分享利益又各司其职，政府负责乡村旅游的规划和基础设施建设，优化发展环境；乡村旅游公司负责经营管理和商业运作；农民旅游协会负责组织村民参与地方戏的表演、导游、工艺品的制作、提供住宿餐饮等，并负责维护和修缮各自的传统民居，协调公司与农民的利益；旅行社负责开拓市场、组织客源，避免乡村旅游开发过度商业化，保护本土文化，增强当地居民的自豪感，从而实现乡村旅游可持续发展。

3.“示范户＋农户”开发模式

这一模式是农民对企业介入乡村旅游开发有一定的顾虑，大多农户不愿把资金或土地交给公司来经营，他们更信任那些示范户，在示范户的带动下，农户们纷纷加入旅游接待的行列。这种开发通常投入较少，接待量有限，但乡村文化保留最真实，游客花费少还能体验最真的本地习俗和文化，是最受欢迎的乡村旅游形式。但受管理水平和资金投入的影响，通常旅游的带动效应有限。

4.股份制开发模式

这一模式在开发乡村旅游时，采取国家、集体和农户个体合作，把旅游资源、特殊技术、劳动量转化成股本，通过土地、技术、劳动等形式参与乡村旅游的开发，收益按股分红与按劳分红相结合，进行股份合作制经营。企业通过公积金的积累完成扩大再生产和乡村生态保护与恢复，以及相应旅游设施的建设与维护，通过公益金的形式投入到乡村的公益事业（如导游培训、旅行社经营和乡村旅游管理），以及维持社区居民参与机制的运行等，同时通过股金分红支付股东的股利分配。这一模式实现了农户的责（任）、权（利）、利（益）有机结合，引导农户自觉参与他们赖以生存的生态资源的保护，从而保证乡村旅游的良性发展。[①]

四、脱贫地区发展乡村休闲旅游业的对策建议

（一）要突出特色化发展

特色是旅游保持持久吸引力的前提，脱贫地区发展乡村休闲旅游

① 供销总社等：《关于推动脱贫地区特色产业可持续发展的指导意见》，2021年4月8日，见 http://www.chinacoop.gov.cn/news.html?aid=1706787。

业要坚持特色化发展，因地制宜，突出特色。一是开发特色资源，发掘农业多种功能和乡村多重价值，发展特色突出、主题鲜明的乡村休闲旅游项目。二是开发特色文化，发掘民族村落、古村古镇、乡土文化，发展具有历史特征、地域特点、民族特色的乡村休闲旅游项目。三是开发特色产品，发掘地方风味、民族特色、传统工艺等资源，创制独特、稀缺的乡村休闲旅游服务和产品。

（二）要突出差异化竞争

脱贫地区乡村休闲旅游要保持持久竞争力，必须差异竞争、错位发展。一是把握定位差异，依据不同区位、不同资源和不同文化，发展具有城乡间、区域间、景区间主题差异的乡村休闲旅游项目。二是瞄准市场差异，依据各类消费群体的不同消费需求，细分目标市场，发展研学教育、田园养生、亲子体验、拓展训练等乡村休闲旅游项目。顺应老龄化社会的到来，发展民宿康养、游憩康养等乡村休闲旅游项目。三是彰显功能差异，依据消费者在吃住行、游购娱方面的不同需求，发展采摘园、垂钓园、农家宴、民俗村、风情街等乡村休闲旅游项目。

（三）要突出多样化经营

脱贫地区乡村休闲旅游要保持持久生命力，须走多轮驱动、多轨运行的发展之路。一是推进业态多样，统筹发展农家乐、休闲园区、生态园、乡村休闲旅游聚集村等业态，形成竞相发展、精彩纷呈的格局。二是推进模式多样，跨界配置乡村休闲旅游与文化教育、健康养生、信息技术等产业要素，发展共享农庄、康体养老、线上云游等模式。三是推进主体多样，引导农户、村集体经济组织、农业企业、文旅企业及社会资本等建设乡村休闲旅游项目。

（四）要突出绿色化开发

保护环境和自然生态是乡村旅游发展的前提，没有良好的自然风光和环境为依托就没有乡村旅游的可能性。脱贫地区要加强乡村休闲旅游与生态环境的保护，贯彻对生态资源环境保护的原则，有序开发自然环境资源，形成可持续发展的态势。要坚持开发规划先行的原则，做好开发前的调研和可行性开发和可持续发展的论证工作。

（五）要突出品牌化运作

旅游品牌是乡村旅游的一种无形资产，它是一种超越产品以及有形资产以外的价值。旅游品牌资产源于它对旅游购买者的动员力，它能唤起旅游者对旅游品牌的信赖，可以维持和增加旅游者购买品牌产品的次数，从而延长该旅游产品的生命周期，保持旅游产品的市场份额。脱贫地区发展乡村休闲旅游业要建立品牌意识，加强品牌管理，加大品牌投入，实施乡村休闲旅游精品工程，打造休闲旅游精品景点。

（六）要突出网络化营销

脱贫地区要顺应时代潮流，树立网络营销意识，强化网络化营销。积极建设乡村旅游宣传网络平台，实现乡村旅游电子商务化运作，通过网络平台以文章、图片、视频、直播等互联网营销方式对外传播乡村旅游产品。

第三节　乡村特色产业

一、乡村特色产业的定义与分类

（一）乡村特色产业的定义

乡村特色产业是乡村产业的重要组成部分，是根植于农业农村特定资源环境，由当地农民主办，彰显地域特色、开发乡村价值、具有独特品质和小众类消费群体的产业，地域特征鲜明，乡土气息浓厚，发展潜力巨大。[①]

（二）乡村特色产业的分类

根据 2020 年全国乡村特色产品目录，乡村特色产业涵盖特色种养、特色加工、特色食品、特色制造和特色手工业等产业。特色种植产品主要包括特色粮薯豆、油料、蔬菜、果品、食用菌、道地中药材、茶、咖啡、棉麻、花卉苗木等。特色养殖产品主要包括特色畜禽产品和特色水产品。其中，特色畜禽产品包括特色草食畜、猪、禽、蜂、蚕茧等，以及列入《国家畜禽遗传资源目录》的特种畜禽产品等。特色水产品包括除青、草、鳙、鲢四大家鱼之外的特色水产品，不包括《国家重点保护水生野生动物名录》所列物种。特色食品主要包括经过特殊工艺加工，具有地域特点、文化内涵、独特风味的食品，含乡土卤制品、酱制品、豆制品、腊味、民族特色奶制品等。特色手工产品主要包括采用传统特色手工技艺生产的具有地域、民族、历史和文化特色的手工艺产品，含手工编织、刺绣、剪纸、段染、陶艺、雕刻等产品。

二、脱贫地区发展乡村特色产业的条件分析

（一）发展的优势

1. 生态环境优势

脱贫地区受经济条件限制，工业没有发展起来，化肥、农药用得

① 农业农村部：《全国乡村产业发展规划（2020—2025 年）》，2020 年 7 月 9 日。

很少，没有发达地区农业造成的面源污染，具有生产绿色有机食品的天然优势。这种特殊的生态环境与脱贫地区特殊的地理环境和气候条件结合，很适合生产特色种植产品和特色养殖产品。如食用菌、中药材、蜂蜜等。

2. 生物多样性强

脱贫地区由于各地方山区的地理环境、气候环境差异比较大，生态多样性强。以秦巴山区为例，动植物物种非常丰富，在占全国1.46%的国土面积上分布有占全国8.25%的脊椎动物和12.34%的维管束植物，是我国动物特有物种分布最集中的区域，也是中国特有植物种类数量最多的区域，经初步统计，区域内有野生脊椎动物550余种，包括国家Ⅰ级重点保护动物19种、Ⅱ级重点保护动物72种；高等植物4100多种，包括国家Ⅰ级重点保护植物6种、Ⅱ级重点保护植物26种。

3. 市场需求增加

随着我国经济发展和人民生活水平不断提高，为发展特色产品提供了市场。过去人们的基本口粮还没有解决时，特色农产品是没有多少市场的。现在城市高收入人群对特色农产品的需求将越来越多，农产品结构性过剩，越是低端的产品价格越低越不好卖，而绿色、有机的高档农产品卖得好，价格高。

4. 传统文化优势

脱贫地区往往具有传统文化优势。非物质文化遗产尤其是传统工艺具有带动贫困农户就近就业、居家就业的独特优势，是乡村振兴的重要抓手。我国少数民族及边远贫困地区手工艺资源丰富，工艺精湛且极富民族文化特色，由于交通相对闭塞，信息不够发达，传统手工艺资源没能充分推广应用及与现代生活结合，未能充分发挥应有的价值。

5. 产业政策支持

2021 年 4 月 7 日农业农村部联合国家发改委、财政部、商务部和文旅部等九部门印发了《关于推动脱贫地区特色产业可持续发展的指导意见》，旨在培育壮大脱贫地区特色产业，让脱贫基础更加稳固、成效更可持续。

（二）存在的问题

1. 生产规模小，成本高

脱贫地区经济发展水平不高，财政支持能力弱，特色种养、特色食品加工和特色手工产品生产以家庭为单位居多，手工或半机械操作为主，现代化农业龙头企业少，有的企业受制于原材料供应，有的企业受制于加工能力，总体上生产规模小、成本高。

2. 缺乏深加工，附加值低

相对于其他地区，脱贫地区很多特色产业还停留在产业初级加工水平，甚至初加工水平也不足。市场主体不完善，主体过于单一，产业链过短，消化能力不足，难以对价格波动起到“熨平”的作用，同时，产业链各主体协同效应差，缺乏产品深加工，特色产品附加值不高。

3. 营销力度小，品牌知晓率低

脱贫地区发展乡村特色产业总体上缺乏现代营销战略，特别是缺少专业化的营销组织和人才，一方面，导致产品营销力度小，品牌知晓率低，一些特色产品走不出本地市场；另一方面，导致不能围绕市场需求变化安排生产，贪大求多、片面求快，追求规模效应，出现产品过剩滞销和资源浪费等问题。

4. 物流发展落后，产品出区难

脱贫地区发展乡村特色优势产业还面临物流配送体系短板，特别是特色优势农产品生产基地的物流中转、仓储、分拨、配送和冷链等物流基础设施建设仍非常落后，严重制约了特色优势产业带动能力的进一步提升，限制了产品出区的程度，降低了脱贫地区农民增加收入和改善生活条件的可能，不利于实现乡村振兴。

5. 存在一定风险，收益不稳定

从产业和产品特征上看，以农产品为主的特色产业板块极易受内外部多种因素影响，如气候因素、市场因素、病虫害因素等，势必会引起农民减产减收，也会进一步影响农户的生产积极性。

三、脱贫地区发展乡村特色产业的基本路径

（一）依托特色资源发展特色产业

具有独特资源禀赋和历史文化的脱贫地区，可有序开发特色资源，做精乡土特色产业，因地制宜发展小宗类、多样性特色种养，加强地方小品种种质资源保护和开发，充分挖掘农村各类非物质文化遗产资源，保护传统工艺，开发乡土特色产业。也可围绕历史文化资源，发展带有地域特色的传统产业，如卤制品、酱制品、豆制品、腊肉腊肠、火腿等传统食品产业，以及竹编、木雕、银饰、民族服饰等传统手工业，提供消费者的“后备箱商品”和“伴手礼礼品”。

（二）依托农产品优势发展特色产业

具有特色农产品优势的脱贫地区，可积极发展多样化特色粮、油、薯、果、菜、茶、菌、中药材、养殖、林特花卉苗木等特色种养，推进特色农产品基地建设，建设规范化乡村工厂、生产车间，全

面提升特色农业的绿色化、标准化、品牌化发展水平。建设绿色化标准化生产基地，发展加工仓储物流等关键环节，加强质量控制和品牌培育，不断推进特色产业绿色循环、优质高效发展。

（三）围绕"一村一品"发展特色产业

目前全国"一村一品"示范村镇达到2409个，成为乡土特色产业品牌化、集群化发展的平台和载体。脱贫地区应激发自身农业资源和自然生态优势，围绕"一村一品"战略，按照人无我有、人有我优、人优我特的发展途径，推进整村开发、一村带多村、多村连成片，夯实产业基础，厚植区域经济发展新优势，不断将资源优势转化为产业优势、产业优势转化为经济优势。

（四）围绕乡土特色品牌发展特色产业

脱贫地区可按照"有标采标、无标创标、全程贯标"要求，制定不同区域不同产品的技术规程和产品标准，宣传推介乡村特色产品和能工巧匠，加强力度创响"土字号""乡字号"特色产品品牌。如四川郫县豆瓣酱、重庆涪陵榨菜、山东潍坊风筝、河北蔚县剪纸等一批乡土特色产业，承载着历史的记忆，传承着民族的文化，创造着独特的产业价值，增加特色品牌产品和个性服务供给，满足市场多元化需求，而且成为当地农民增收致富的优势主导产业，还保护了传统技艺、传承了民族文化。

四、脱贫地区发展乡村特色产业的对策建议

（一）大力培育品牌

推动脱贫地区培育四大品牌：一是区域公用品牌。根据特定自然生态环境、历史人文因素，明确生产地域范围，强化品种品质管理，

保护地理标志农产品，规范品牌授权管理，开发地域特色突出、功能属性独特的区域公用品牌。二是培育企业品牌。引导农业产业化龙头企业、农民合作社、家庭农场等新型经营主体将经营理念、企业文化和价值观念等注入品牌，实施农产品质量安全追溯管理。三是培育产品品牌。传承乡村文化根脉，挖掘一批以手工制作为主、技艺精湛、工艺独特的瓦匠、篾匠、铜匠、铁匠、剪纸工、绣娘、陶艺师、面点师等能工巧匠，创响一批“珍稀牌”“工艺牌”“文化牌”的乡土品牌。四是培育产业品牌。做好脱贫地区产业规划，寻求错位发展，加大产品创新和宣传力度，加强品牌整合与推介，打造具有竞争力的产业品牌。

（二）完善设施服务

加强农产品流通设施建设，推进脱贫地区农产品流通骨干网络建设，优化县域批发市场、商品集散中心、物流基地布局，引导供销、邮政及各类企业把服务网点延伸到村。推进建设田头市场、仓储保鲜冷链物流设施，布局一批区域性冷链物流骨干节点。

（三）推进标准生产

脱贫地区要按照产业布局和产业链建设要求，发展地域特色鲜明、乡土气息浓厚的特色种养业，建成一批绿色标准化基地。推进品种培优，发掘优异种质资源，提纯复壮地方特色品种，自主培育高产优质多抗的突破性品种，以特色赢得市场。推广绿色投入品，重点推广有机和微生物肥料、高效低毒低风险农药、兽药、渔药和生物农药等绿色投入品，规范使用饲料添加剂，推广病虫绿色防控技术和产品。净化农业产地环境，加强污染土壤治理和修复，以清洁的产地环境生产优质农产品，以品质赢得市场。引导企业按标生产，带动大规模标准化生产。

（四）实现产销衔接

脱贫地区要积极开展农产品产销对接活动，鼓励经营主体参加各类展示展销活动，推动农产品流通企业、电商、批发市场与脱贫地区特色产业精准对接。通过股权投资、订单采购等方式引导流通主体与生产主体建立稳定利益联结关系，打造产销共同体，优化提升特色产业链供应链。大力实施消费帮扶，继续开展脱贫地区帮扶产品认定，做大做实农产品销售专区专柜专馆和定向直供直销渠道，优化实施政府采购脱贫地区农副产品政策。依托全国公路、铁路、港口客运场站和高速公路服务区，开展脱贫地区特色农产品展示展销共同行动。实施“互联网＋”农产品出村进城工程，完善农产品产销对接公益服务平台。

（五）强化风险防范

把产业发展作为防止返贫动态监测的重要内容，对因自然灾害、病虫害、价格波动、产品滞销等出现产业发展困难的脱贫户，及时开展有针对性帮扶。脱贫地区要定期开展特色产业发展风险评估，将龙头企业、农民合作社等新型经营主体作为主要评估对象，聚焦生产、经营、联农带农和政策措施落实等重点，系统评估产业发展面临的主要风险。从技术援助、市场服务、保险减损、金融风险化解、绿色发展等方面，完善防范和处置风险的具体措施。

第四节　乡村新兴服务业

一、乡村新兴服务业的定义与分类

（一）乡村新兴服务业的定义

乡村新型服务业是适应新时期农村生产生活方式变化应运而生的

服务型产业，包括农业生产性服务业和农村生活性服务业。乡村新型服务业业态类型丰富，经营方式灵活，发展空间广阔，是促进农民增收、推进农村产业发展、振兴农村经济的一个有效途径。[①]

（二）乡村新兴服务业的分类

1. 农业生产性服务业

从世界范围看，农村地区分工分业都是一个不断深化的过程，一些国家在现代农业的发展过程中，催生出多种多样的农业生产性服务组织，促进了农业全产业链发展。据有关资料，美国农民只占全国总人口的1%多，而相关农业服务业就业人数却占总人口的17%—20%。我国有2亿多农户，随着农村社会结构和经济结构的发展变化，农业生产性服务业的市场需求将快速增长。必须适应这种要求，大力发展农业生产性服务业，推进农资供应、技术推广、农机作业、疫病防治、金融保险、产品分级、储存和运销等服务的社会化和专业化，为千家万户农民产前、产中、产后服务提供有力保障。

2. 农村生活性服务业

随着经济社会发展，无论农村人口还是城市人口对农村生活性服务业的需求都会显著上升。一方面，从农村看，随着城镇化深入推进，农村人口结构发生深刻变化，老龄化速度加快，高龄、失能和患病老人的照料护理问题日益突出。随着农民收入水平的持续提高，生活观念和方式的不断变化，农村的养老托幼产业、物品维修产业、批发零售业、电子商务、金融保险等生活性服务业大有可为。另一方面，从城市人口看，随着农村基础设施改善和生态环境建设的加强，美丽的

① 农业农村部：《全国乡村产业发展规划（2020—2025年）》，2020年7月9日。

田园风光、清新的空气和良好的人居环境，会吸引大量的城里人回归农村养老、康养、休闲、旅游，这为农村生活性服务业的发展提供了广阔的空间。

二、发展乡村新兴服务业的必要性

（一）促进经济有序运行的需要

与农业、工业相比，服务业属于低污染行业。建立服务业体系，明确以服务经济为战略重点，是现代社会在协调发展观下的必然选择，也是建设社会主义新农村的出路之一。农村地区在长期粗放型经济发展模式下，资源、环境、生态的正常循环模式被破坏，难以为经济进一步发展提供持续支持。为发展集约型、协调型经济，促进经济有序运行，有必要转变产业结构，增加服务业在农村地区所占比例。

（二）经济发展需要新的增长点

农村地区的农业发展目前正在或已经从传统农业向现代农业转变，而发展现代农村经济必须以建立服务业体系为前提。在农村经济发展到相当阶段，第一产业的增长速度将逐渐降低，资金、劳动力、技术等生产要素将进行产业转移，从而促进第三产业（服务业）的快速发展，服务业将成为经济发展的新增长点。

（三）消费重心转变的拉动

随着农村地区各项措施的落实和实施，农民可支配收入逐渐增加，农民消费重心日益改变，从农业经济时代以及工业经济初期的生活必需品，到工业经济时代的耐用消费品，到服务经济时代的服务消费。农民对服务消费需求的增加，是农民生活质量提高的反映，也是建立服务业体系，从而更好地满足农民需求的紧迫要求。

（四）社会分工细化的拉动

在竞争日益激烈的社会经济背景下，“大而全”的企业经营模式已不能适应发展要求，追求核心竞争能力才是企业的主要目标。在这一目标主导下，社会分工逐渐细化是必然趋势，农村地区企业将非核心业务外包，启动对生产服务的需求。建立服务业体系，提供优质的生产服务（如物流、金融等），能够有效提高农业产业化进程，从而促进农村地区经济的整体发展。

三、发展乡村新兴服务业的基本路径

（一）提升生产服务水平

适应农业生产规模化、标准化、机械化的趋势，支持供销、邮政、农民合作社及乡村企业等，开展农技推广、土地托管、代耕代种、烘干收储等农业生产性服务，以及市场信息、农资供应、农业废弃物资源化利用、农机作业及维修、农产品营销等服务。引导各类服务主体把服务网点延伸到乡村，鼓励新型农业经营主体在城镇设立鲜活农产品直销网点，推广农超、农社（区）、农企等产销对接模式。鼓励大型农产品加工流通企业开展托管服务、专项服务、连锁服务、个性化服务等综合配套服务。

（二）拓展生活服务领域

拓展生活服务内容，改造提升餐饮住宿、商超零售、美容美发、洗浴、照相、电器维修、再生资源回收等乡村生活服务业，积极发展养老护幼、卫生保洁、文化演出、体育健身、法律咨询、信息中介、典礼司仪等乡村服务业。积极发展订制服务、体验服务、智慧服务、共享服务、绿色服务等新形态，探索“线上交易＋线下服务”的新模式。鼓励各类服务主体建设运营覆盖娱乐、健康、教育、家政、体育等领域的在线服务平台，推动传统服务业升级改造，为乡村居民提供高效便捷服务。

（三）发展农村电子商务

引导电商、物流、商贸、金融、供销、邮政、快递等各类电子商务主体到农村地区布局，构建农村销售网络平台。依托农家店、农村综合服务社、村邮站、快递网点、农产品购销代办站等发展农村电商末端网点。在农业生产、加工、流通等环节，加快互联网技术应用与推广。在促进工业品、农业生产资料下乡的同时，拓展农产品、特色食品、民俗制品等产品的进城空间。实施“互联网+”农产品出村进城工程，完善乡村信息网络基础设施，加快发展农产品冷链物流设施。建设农村电子商务公共服务中心，加强农村电子商务人才培养，营造良好市场环境。

四、当前发展乡村新兴服务业存在的问题

（一）服务供给能力相对滞后

从生产性服务供给来看，环保型农资企业数量严重不足，农业生产托管服务推广程度低，农产品营销、包装及物流服务较为滞后，专业化的农业生产性服务信息供给和更新不及时；从生活性服务供给来看，服务企业激活新需求的动力不足，乡村居民在康复养老、休闲旅游等享受型、发展型服务方面的可获得性不高，城市丰富的生活性服务向乡村延伸度低，乡村生活性服务仍以传统商贸服务为主，服务质量参差不齐，甚至一味“重设施轻体验”。

（二）要素资源聚集存在短板

从人才要素层面看，技术型和管理型人才均较为缺乏，从业人员

掌握互联网技术的能力薄弱，部分服务业企业经营者尚不具备现代管理理念；从技术要素层面看，农业农村技术服务体系建设滞后，数字化技术与产业发展的融合度不高，如物流技术、电商平台与农产品流通产业的有机融合不够，关键技术研发推广与产业开拓的技术创新动力不足；从资本要素层面看，目前政策性财政金融支持力度相对不足，且由于社会投资者不甚了解乡村新型服务业，投资积极性不高。

（三）配套保障体系不够健全

从组织层面看，乡村新型服务业涉及的生产性服务、生活性服务等领域属于不同的行政管理部门，组织分散影响产业政策协调与互动发展；从制度层面看，缺少专门支持乡村新型服务业高质量发展的制度，尤其是乡村新型服务业监管制度、产权制度和市场准入制度；从法律法规层面看，已出台的部分地方性政策法规针对性和可操作性不强，落实起来可能会与其他行政法规不相协调或与实际发展情况有所偏离，针对乡村新型服务业发展过程中可能出现的安全、纠纷问题，缺少相应的法律法规进行约束与规范。

（四）宣传和认知不够充分

由于相关政策宣传不到位、政策解读不及时、政策执行力有偏差以及从业人员自身认知局限等问题，影响政策与法律法规实施的有效性与精准性，不仅造成经营者改造提升传统服务业的意愿不高，同时造成部分地区乡村新型服务业的新业态存在同质化现象，未能充分利用资源禀赋，甚至可能会导致经营状况不良，政府监管效果大打折扣，投资者望而却步。

五、脱贫地区发展乡村新兴服务业的对策建议

（一）加大政策支持力度

政府应根据脱贫地区农村经济发展现状与趋势，提高农村经济开放度，明确农村服务业的战略地位，制定鼓励农村服务业发展的政策措施，完善形成农村服务业价格机制，引导各金融机构和组织转变投资观念，转变农民的就业观念和消费理念，积极推动农村服务业的发展和社会主义新农村的建设。

（二）提升公共服务水平

根据脱贫地区区域特征，将提升农村公共服务水平放在乡村振兴与巩固脱贫攻坚成果的总体规划中，科学统筹规划布局，在综合考量群众共性需求与地方个性需求、民生发展与生态保护、基础需求与更高层次的民生诉求、城乡发展大循环等因素的基础上，明确建设医疗、教育、金融等公共服务体系的时间进度表、细化建设标准，稳步推进，满足脱贫地区群众对农村基本公共服务设施的需求。

（三）完善基础设施建设

顺应乡村地区工业、农业生产发展趋势与家庭居住需求，完善脱贫地区乡村基础设施和公共服务体系建设，尤其要加强物流运输、信息平台建设等服务供给，助推生产性服务和生活性服务效率提升。继续加大对脱贫地区基础设施建设的支持力度，重点谋划建设一批高速公路、客货共线铁路、水利、电力、机场、通信网络等区域性和跨区域重大基础设施建设工程。推进脱贫地区“四好农村路”建设，推动交通项目更多向进村入户倾斜，因地制宜推进较大人口规模自然村（组）通硬化路，加强通村公路和村内主干道连接，加大农村产业路、旅游路建设力度。统筹推进脱贫地区县乡村三级物流体系建设，实施

"快递进村"工程。

（四）强化服务业人才培训

建立以网络远程教育、农村职业教育为基础的教育创新体系，全面提升脱贫地区劳动力的素质，丰富他们的劳动技能，全方位、多层次地促进农村劳动力向第三产业就业，树立"以人为本"观念，形成尊重知识、尊重人才的社会风气，为科技成果的转化、农业的现代化经营和农村服务业的发展提供大量高素质的人力资源。健全专业型服务人才培养与引进体系，引导从业人员通过参加培训、自主学习等多种路径和方式提高自身综合素质，倡导有技术、会管理的专业型服务人才积极投身到乡村新型服务业的经营活动中，增强服务企业发展后劲。[①]

（五）鼓励社会资本投资乡村服务业

脱贫地区的建设需要大量的资本投入，因此应鼓励社会资本在脱贫地区投资乡村服务业。要进一步解放思想，创新投融资机制，降低准入门槛，营造良好营商环境，激发社会资本投资乡村服务业的活力。

① 李铜山、盛阳阳：《中国乡村新型服务业高质量发展研究》，《河南农业大学学报》2021年第4期。

第四章 脱贫地区乡村产业振兴的经营主体

国外经验表明，现代农业需要相适应的经营方式，集约化、规模化、组织化、社会化是现代农业对经营方式的内在要求。传统农业经营方式面临经营规模小、方式粗放、组织化程度低、服务体系不健全等诸多新挑战，传统农业经营主体在传递市场信息、普及生产技术、提供社会服务、组织引导农民按照市场需求进行生产和销售等方面存在很多弊端。培育新型农业经营主体，构建新型农业经营体系，有利于加快我国现代农业发展、推动乡村产业振兴。本章主要论述探讨新型农业经营主体及其产业化运作模式，以及脱贫地区乡村产业振兴发展新型农业经营主体的问题与对策。

第一节 新型农业经营主体

一、新型农业经营主体内涵

（一）新型农业经营主体的内涵

农业经营主体是指直接或间接从事农产品生产、加工、销售和服务的社会团体和个人，前者主要包括农民、农户、农业企业，而后者主要包括社区性服务组织、行业性服务组织以及农民自愿组成的合作经济组织（张义珍，1998），如农民合作社。[①]农业经营主体主要从事农业生产活动，或者是进行农业生产活动并且能够提供相关的农业服务的团体，是在农业活动中的认识者和实践者，同时也是静态实体组织与动态经济活动的统一（匡远配等，2005）。[②]

在农业经营主体中，新型农业经营主体是为了区别传统农业经营主体概念而提出的，是对传统农业经营主体的创新与发展。新型农业经营主体的形成与家庭承包经营制度相伴而生，也是在农业生产过程中不断专业化分工的产物，是实现现代农业和农村改革的重要推动力量。改革开放以前，我国农业经营主体主要表现为同质性的小农家庭作业，随着农村改革的发展，同质性的小农家庭经营逐步向异质性的规模化经营演变，出现了多元化的农业经营主体。以家庭农场、种养大户、农民合作社和农业企业为代表的新型农业经营主体，他们表现出较强的生命力和广阔的市场潜力（黄祖辉等，2010）。[③]

目前，学界对新型农业经营主体研究颇多，对新型农业经营主体的概念内涵也基本达成了共识。普遍认为新型农业经营主体以农业现代化为经营目标，具备规模化经营的特点，而且具有完善的生产技术和管理水平，通过组织化和集约化生产，并为社会提供相关的农产品服务。相对传统小规模和半自给农户而言，他们是“新型”的，具有较大的规模和规范的管理制度，是以农业产业为主业，从事较大规模农业经营、拥有先进的技术和物质装备、先进的经营管理方法，从而

① 张义珍：《我国农业经营主体的现状与发展趋势》，《新疆农垦经济》1998年第5期。

② 匡远配、曾福生：《经营主体创新与提高农业国际竞争力》，《小城镇建设》2005年第6期。

③ 黄祖辉、俞宁：《新型农业经营主体：现状、约束与发展思路——以浙江省为例的分析》，《中国农村经济》2010年第10期。

更能提高农业的生产效率和土地产出率，是当前我国现代农业发展的必然要求（张照新等，2013）。[①]

（二）新型农业经营主体的特征

新型农业经营主体是以市场化、商品化为主要目标，相对于传统农业经营主体而言，新型农业经营主体主要呈现出适度规模、集约化、专业化和市场化的特征。

1. 生产规模上是适度规模生产

传统农业经营主体多局限于家庭，规模较小，而新型农业经营主体则具有较好的物质装备条件，生产技术水平高，主要表现为规模化、集群化发展。

2. 经营方式上是集约化经营

传统家庭经营方式多停留在"靠天吃饭"状态，而新型农业经营主体具有现代经营管理意识，能够实现对资源要素的集约利用，劳动生产率、土地产出率和资源利用率都比较高。

3. 价值取向上是市场化经营

传统经营主体虽然也面向了市场，但因生产经营能力很低，多是被动地受市场行情影响状态，而新型农业经营主体的市场化程度高，能主动按照市场需求安排农业生产活动，绝大部分产品都要进入市场，能够和市场实现有效衔接，商品化率和经济效益明显高于传统农户。

4. 劳动素质上是专业化经营

尽管传统农业经营主体和新型农业经营主体都是农民，但前者素

① 张照新、赵海：《新型农业经营主体的困境摆脱及其体制机制创新》，《改革》2013年第2期。

质过低，而后者则职业化。

二、新型农业经营主体的类型

新型农业经营主体从事农业产业化生产、农业加工、休闲旅游、特色产业和新型服务业中的一切活动，从各个环节的经营主体来看，新型农业经营主体的类型主要可分为专业种养大户、家庭农场、农民合作组织、农业龙头企业、农家乐经营户和其他农村社会化服务组织。

（一）专业种养大户

农业专业种养大户实质上也是家庭农户，但是规模较一般农户要大，因此，有时也简称为专业大户，或者种养大户，是我国农业生产发展进程中必然出现的一种生产组织形式。种养大户相对小农户的主要特征是自筹资金能力较强、采用较新的农业经营方式、有适度的经营规模、产品定位符合市场需求、能带领其他农民增收致富、生产的产品科技含量较高，以及销售市场较为稳定（纪永茂等，2007）。[①]种养大户是推进现代农业发展的先进经营主体，不仅起到优化农业产业结构，而且在吸收离散土地、加快农村土地流转方面具有积极的作用。种养大户是具有企业家精神的现代农民、职业农民，是从事面向市场的规模化、专业化农产品生产，是中国农业先进生产力的典型代表（李瑾等，2013）。[②]

目前学术界对种养大户在种植、养殖规模上的界定仍没有达成统

① 纪永茂、陈永贵：《专业大户应该成为建设现代农业的主力军》，《中国农村经济》2007年第S1期。

② 李瑾、曹冰雪、阮荣平：《社会带动作用对新型农业经营主体盈利能力的影响研究——基于对全国3360个家庭农场与种养大户的调查》，《经济纵横》2019年第2期。

一标准。原因在于各地区之间生产力发展水平差异较大，收入水平和思想观念存在一定的异质性，自然气候条件也不尽相同。因此，种养大户的规模标准应实行因地制宜、因产业类型制宜。平原地区耕地面积较广，种养大户土地规模的认定标准可能要达到上百亩，而一些土地资源分散的山区，其土地规模认定只要达到十几亩即可。因此，制定全国统一的规模认定标准难度很大，但考虑到其实际意义，也没有必要统一规模标准，只需划定“大户”标准的幅度，使其可以在一定范围根据实际情况自由选择，让各地、各部门去灵活掌握，有利于弹性原则的实施。辨别“大户”的标准，主要看它是否具有示范、组织和带动功能。

（二）家庭农场

2013年“家庭农场”首次在中央一号文件中出现，党中央提出了大力培育家庭农场的战略发展号召。虽然家庭农场概念在我国出现得较晚，但是在西方国家，家庭农场早已被广泛应用于农业生产，并且取得了较好的效果。家庭农场可以将闲散的土地集中经营，更有利于机械化操作，同时，他们进行专业生产，努力提高作业技术和耕作水平，从而相比兼业农户来说，更有利于农产品生产的集约化生产（黄延廷，2013）。[①] 此外，家庭农场在农业技术采纳、成本节约、良种播种、机械装备、抵御风险等方面都要优于传统农户生产，大大增强了农产品市场竞争力，提高了农户的经济效益（杨建利等，2014）。[②] 然而，我国由于历史和生产力条件的限制，家庭农场的发展目前还处于

① 黄延廷：《现阶段我国农地规模化经营的最优模式：家庭农场经营》，《理论学刊》2013年第10期。

② 杨建利、周茂同：《我国发展家庭农场的障碍及对策》，《经济纵横》2014年第2期。

初级阶段。发展家庭农场需要满足两个基本条件：一是土地集中经营，二是机械化作业。我国目前已经具备了这两个基本条件，城镇化发展吸收了大量农村剩余劳动力，为土地集中经营创造了条件，国家制定了一系列的农机补贴制度，从而有利于农业机械化操作。

家庭农场目前并没有明确的概念和严格的界定，家庭农场与种养大户之间的概念有时候也存在交叉，家庭农场大多是由种养大户演变而来，种养大户与家庭农场在本质上并没有太大的区别，主要的区别在于家庭农场需要注册，可以享受到家庭农场应得的一些税收和补贴优惠政策。有些学者认为，家庭农场的规模要达到一定的程度才能称之为家庭农场，如认为一年两熟制地区土地经营面积达到3.33公顷；或一年一熟制地区土地经营面积达到6.67公顷以上（刘爽等，2014）。[①] 另外，家庭农场的规模标准也是因地制宜、合理把握、弹性管理。目前我国普遍认同家庭农场的内涵是，家庭农场的劳动力主要来自家庭，其从事的农业生产必须有一定的规模，并且收入的来源主要来自农业，而且其耕作方式是集约化、组织化和商品化，并且以市场为导向，在工商部门进行登记注册的一种农业经营主体。

（三）农民合作社

农民合作社又可简称为合作社，也有称为“农民专业合作社”，但是随着“农民股份合作社”的出现，把“农民专业合作社”和“农民股份合作社”都统称为“农民合作社”。国际上广泛使用的“农民合作社”与我国通常所说的“农民合作社”基本上是同一个概念。国际合作社联盟（ICA）对其的定义为，人们通过自愿联合、共同所有

① 刘爽、牛增辉、孙正：《家庭农场经营体制下的“适度规模”经营问题》，《农业经济》2014年第1期。

和民主管理等方式，来满足经济、社会和文化需求的一种自治组织。

我国目前采用较广的概念为，农民合作社是建立在家庭联产承包经营制度基础上的，以农民自愿参加为原则，以农户合作经营为原则，相关农户以增加成员收入为目的，实行的一种自愿联合、共同所有、民主管理的互助经济组织（许振华等，2008）。[①] 农民合作社是优化资源配置的一种有效组织方式，并且在抵御市场风险和自然风险方面具有一定的优势。农民合作社的服务对象是合作社内的社员，服务内容不仅包括农业生产资料的购买、农产品的生产、加工、运输、储藏、销售等环节，也包括农业生产过程中的技术咨询和信息等服务。对合作社概念的准确把握，目的主要有两方面：一是强调合作社是农民自主建立、自主经营，是一种组织；二是强调合作社活动主要从事农业生产、加工和销售为目的的市场经济活动。

（四）农业龙头企业

农业龙头企业主要是指从事农产品加工和流通业务，通过这些业务与农户之间建立了密切的联系，带动农户进入农产品市场，实现农产品的产业化经营，并且企业需要在规模和经营指标上达到相关标准，并经工商部门认定的企业（郑少红等，2012）。[②] 农业龙头企业具有现代一般企业的特征，即以商品交易活动为主，以盈利为主要目的，具有法人资格。因此，农业龙头企业可以解释为在农业产业化中，具有现代企业制度，与农户通过契约或股份等形式结成利益联结

① 许振华、廖冬如、聂纪萍：《浅析农民专业合作经济组织发展问题与对策》，《安徽农业科学》2008 年第 22 期。

② 郑少红、刘淑枝：《农民专业合作社运营绩效评价——以福建省为例》，《技术经济》2012 年第 9 期。

机制，依托农副产品生产基地建立的、规模较大的、辐射带动作用较强、资金力量相对雄厚的涉农企业。农业龙头企业在日益竞争激烈的农产品市场上显现出巨大的优势，能够适应当前多变的市场。作为农业产业化过程的重要主体，其能够为农产品生产、加工、运输和销售等各个环节提供相应的服务，能够建立与农户间的利益联结机制，是农户走向市场的桥梁。

个体小农户一般都是以家庭为单位进行分散经营，并且生产的农产品大多数为自家所用，剩余农产品才通过销售流入市场。初级农产品直接销售进入市场不利于农户的收入增长，因为农产品价格与工业品价格之间存在“剪刀差”，传统农户大部分都是直接销售自己的农产品，这样就降低了自己的收入水平；这时可以借助农业龙头企业的带动，对初级产品进行加工、包装或者运输，增加了农产品的附加值，从而提高了加工后的农产品价格，农民从中获得了更高的利润。另外，小农家庭经营规模较小，抵御市场风险的能力也较差，农产品市场竞争力不高，很难让农户家庭获得较高收入；而龙头企业可以利用自身的优势，采用先进的技术和管理水平，对市场信息进行搜集和预测，从而能更好地判断市场的趋势，降低市场风险，获得更高的收入。龙头企业销售的增加会带动对农户农产品的生产需求，可以让他们从事专业化生产，而且在专业化的过程中可以实现规模化和机械化操作，提高了农产品的生产效率。另外，通过农业龙头企业的带动，可以解决农产品难卖的难题，企业与农户建立了订单合同，化解了销售风险，更有利于农户的农产品生产。

（五）农家乐经营户

农家乐又称休闲农家，主要以农户为单元，以农家院、农家饭、农产品等为吸引物，提供农家生活体验服务的经营形态，是休闲农业四个基本形态之一。农家乐是一种回归自然从而获得身心放松、愉悦精神的新兴休闲旅游方式。“农家乐”经济是中国传统农业与旅游业相结合的一种新兴经济项目，它对促进新农村建设、农村产业结构调整、拓展农村就业和增加农民收入等起到了积极作用（牟秋菊，2008）。[①]一般来说，农家乐的业主利用当地的农产品进行加工，满足客人的需要，成本较低，因此消费就不高。而且农家乐周围一般都是美丽的自然或田园风光，空气清新，环境放松，可以舒缓现代人的精神压力，受到很多城市居民的喜爱。本书所指的农家乐经营户就是一种农民利用自家院落以及周围的田园风光、自然景点，以低廉的价格吸引旅游者前来吃、住、游、玩的农村家庭经营组织。

农家乐发展起来后，带来的不仅仅是消费收入，还有产品信息、项目信息和市场信息，为当地经济的发展提供了契机。农家乐成为农民了解市场的“窗口”，和城市与乡村互动的桥梁。各地游客为农村带来了新思想、新观念，使农民及时了解到市场信息，促使生产经营与市场需求相接轨。开办农家乐的农民经常到旅客中间调查市场需求，然后有针对性地开展生产，有的建起了无公害蔬菜基地，有的则做起农产品深加工的生意。因此，大力发展农家乐经营户，对促进乡村产业特别是休闲农业发展具有重要意义，是脱贫地区必须高度重视的一种新型农业经营主体。

（六）其他农村社会化服务组织

其他农村社会化服务组织是指除农民合作社等之外的农村社会

① 牟秋菊：《贵州省“农家乐”经济发展探析》，《贵州农业科学》2008年第5期。

商业性服务机构，主要是为农业和农民提供服务的第三产业企业，如经营生产资料、农产品加工和销售、从事农业工程的公司，也包括银行保险的分支机构、会计师和律师事务所等。这类机构虽然是以盈利为目的的，但却是农民进入市场不可缺少的服务组织。发展这一类农村社会化服务体系，有利于促进农业专业化、商品化、社会化，也有利于促进农村一二三产业融合发展，是现阶段乡村产业发展的重要一环，是把乡村产业引向市场的重要条件。

三、培育和发展农业新型经营主体的意义

积极发展现代农业，推动农村一二三产业融合发展，是我国乡村产业发展的重要目标。与工业化、信息化、城镇化发展相比，农业现代化相对滞后，是我国现阶段经济社会发展不平衡、不协调、不可持续的突出表现。随着工业化、信息化、城镇化、市场化、国际化进程不断加快，国内农产品需求刚性增长、质量安全要求不断提高的同时，农村劳动力大量转移、资源环境约束日益加剧、市场竞争压力不断加大，对我国以小农户精耕细作为主要特征的传统农业生产经营方式提出了双重挑战，迫切要求加快培育新型农业经营主体。

（一）是乡村产业振兴的客观要求

乡村产业振兴是以现代农业为核心的一二三产业融合发展。而现代农业是指运用现代的科学技术和生产管理方法，对农业进行规模化、集约化、市场化的生产活动。现代农业已经完全改变了传统意义上的单纯种植业和养殖业的农业状态，其发展不仅需要农业科技的支撑，还需要现代经营理念的指导，而这一切的实施都离不开专业大

户、家庭农场、农民专业合作社、农业产业化龙头企业等新型农业经营主体。目前，随着工业化、城镇化的快速发展以及现代农业建设的快速推进，大量农村劳动力转移到城镇和工业部门，农业兼业化、粗放化、农村空心化、务农老龄化的现象日益严重，农业后继乏人问题日益凸显，精耕细作的传统生产方式难以为继，“谁来种地”“地怎么种”，日益成为乡村振兴必须面对和解决的重大问题。要实现乡村振兴，必须大力培育专业大户、家庭农场、农民专业合作社、农业产业化龙头企业等新型农业经营主体，加快转变农业经营方式，不断提高农业生产的专业化、标准化、规模化、集约化经营水平。新型农业经营主体专心于农业生产，对土地和农业有深厚的感情，拥有较强资金、技术实力，具有发展现代农业的基本条件，拥有较为先进的市场意识、合作意识，能够承担起转变农业发展方式、推动现代农业建设的重要任务。因此，现阶段培育新型农业经营主体，填补传统农户分化造成的缺失，成为我国新时期乡村产业振兴的客观要求。

（二）是应对市场风险和国际竞争的必然选择

随着我国农业对外开放程度快速提高，国际供求和价格波动对国内市场的影响越来越明显。与此同时，农产品进出口规模不断扩大，尤其近年来大豆、棉花、玉米、油料等大宗农产品进口急剧增加，对国内农业生产的压力明显显现。以传统农户为生产主体、以众多分散农民经纪人为购销主力的农业经营体系面临着自然、市场和质量安全“三重风险”。农产品价格剧烈波动、谷贱伤农、菜贵伤民的现象愈发频繁。因此，加快培育龙头企业、农民合作社等新型农业经营主体，推进产加销、贸工农一体化程度，推动产前、产中、产后各环节深度融合，提高农业的组织化程度和农产品附加值，成为应对市场风险和国际竞争的必然选择。

（三）是转变农业发展方式的重要手段

我国的基本国情是人多地少，水土资源短缺，而城镇化、工业化的发展，必然要占用更多的土地和水资源，加剧了水土资源对农业生产的约束。与此同时，随着城镇化的增加、城乡居民食品消费结构的升级和农产品工业用途的开发，使我国农产品需求呈现刚性上涨趋势，保障粮食安全和重要农产品供给的压力明显增加。在资源环境约束加剧和粮食需求增长的双重矛盾制约下，我国农业发展方式必须加快由传统粗放式经营向集约化经营的转变，更多地采用先进科学技术和生产手段，增加技术、资本等生产要素投入，以提高土地产出率、资源利用率，增强农业综合生产能力和可持续发展能力。与传统小农户相比，专业大户、家庭农场等规模经营主体更容易接受和应用新品种、新技术，对现代生产要素需求更为强烈；专业合作社、龙头企业等则是先进生产要素的有效载体，并能为农户提供技术指导和支持。因此，大力培育新型农业经营主体，对推进农业集约化经营、加快转变农业发展方式意义重大。

（四）是保证农产品质量安全的有效方式

随着我国经济的飞速发展，城乡居民收入水平快速增加，消费能力不断提升，城乡消费者的安全健康意识也大大增强，对农产品质量安全的要求日益提高。以传统农户为主体的小生产和以难以计数的小商贩为主体的分散流通相结合的生产供给模式，不仅为质量安全监管带来极大的难题，也难以建立全过程的标准化管理体系和质量追溯体系。而培育发展新型农业经营主体，通过专业大户、专业合作社、龙头企业、社会化服务等组织形式，可以将分散的农户组织起来进行生产，统一生产资料供应和技术规程，实现全过程、全供应链的质量管理，建立“从餐桌到田头”质量追溯制度，保障农产品质量安全，满足城乡消费者的要求。

第二节　新型农业经营主体产业化运作模式

新型农业经营主体产业化运作模式是指新型农业经营主体为实现产业化经营目标，在经营过程中与企业、传统农户以及各种经营主体之间建立的各种利益联结方式。目前我国新型农业经营主体产业化运作常见模式有“公司＋农户”模式、“公司＋中介组织＋农户”运作模式以及股份合作制等运作模式。[①]

一、“公司＋农户”运作模式

（一）模式特点

“公司＋农户”型运作模式是最基本的运行模式，它把农户与企业直接联结起来，以市场为导向，按照事先的约定（合同），农户将生产的农产品直接出售给企业，企业再对农产品进行加工和销售，从而形成了一个农工商一体化的产业链和一定程度的“风险共担，利益共享”的利益共同体。在这一产业链条下，交易速度较快，这种运作模式是通过企业与农户直接签订农产品收购合同而建立起一种联结关系，在合同中明确规定了企业有偿（或部分无偿）向农户提供产前、产中、产后的各种生产要素，包括资金、技术、原料（如种子）等，

① 汪艳涛、高强、金炜博：《新型农业经营主体产业化的运作模式》，《重庆社会科学》2015 年第 5 期。

并承诺产后收购全部或部分产品；农户则根据合同的规定生产符合龙头企业质量和数量要求的农产品，获得售卖农产品的收入。

规模较大的企业还可以通过建立商品生产基地，由企业提供资金和技术，农户提供土地，企业与农户之间通过生产基地以合同形式相联结，农户在基地内进行生产。"公司＋农户"的运行模式比较适合一些加工程度较高的行业，农产品生产后直接出售给加工企业。如一些蔬菜加工企业、牛奶加工企业，在运行过程中企业一般是提供一定的技术支持，农户按照提供的技术进行农产品生产，生产完成后将农产品出售给企业。这种模式的特点是供应链短，信息交流快捷。双方之间通过合同形式，有利于双方权益的保证，出现利益冲突时可以通过合同约定来执行。

（二）运行机制

在"公司＋农户"的模式中，龙头企业主要是通过与农户直接签订农产品收购合同（契约）建立的联结关系。在合同中明确规定企业与农户的权利与义务，实现双方获得各自利益。在此模式中，企业不需要单独设置厂房进行生产，而是让农户直接在土地上进行经营，对企业来说节约固定资本，同时农户在合约中也获得了农产品生产后可以销售的渠道，因此双方通过合同约束机制进行了利益联结。

合同约束机制使农户与企业之间建立了合作关系，是农业产业化经营普遍采用的运行方式。合同机制为农户提供了保障，减少了农产品生产的盲目性，同时也解决了"销售难"问题；合同机制为企业提供了便利，企业可以按照合同约定到期收取农户生产的产品，降低了交易的风险。随着农业产业化的发展，合同（契约）机制也有了进一步的发展。龙头企业与农户之间的合作范围进一步扩大，不仅仅在生产领域，而且在加工领域也签订了法律效力的合同，如农产品加工技术合同、资金支持合同等。可见，合同涉及的内容也日益广泛和深入，具体表现如下：一是合同约定了具体的收购价格和数量；二是合同规定了企业向农户提供具体的技术指导；三是合同规定了企业将一定比例的利润返还给农户；四是合同规定了具体的违约责罚。

二、"公司＋中介组织＋农户"运作模式

（一）模式特点

"公司＋中介组织＋农户"模式是在"公司＋农户"模式的基础上，中间多了一个中介组织机构。这是因为"公司＋农户"模式存在较大的市场风险，公司和农户双方存在一定的投机行为，虽然有合同约束，但还是不能保证企业与农户之间利益的稳定性，为了提高他们之间利益联结的稳定性，农业龙头企业有必要借助中介组织的力量，把分散的农户组织起来，形成了"公司＋中介组织＋农户"的模式。

这里的中介组织主要包括家庭农场、农民合作社、村经济组织、购销大户等组织或机构。这种模式的运作方式一般是企业分别与中介组织和农户签订相关的合同，农户主要从事的任务就是按照合同要求进行产品生产，生产过程中企业通过中介组织与农户发生关系，为农户提供必要的服务支持；农户按照合同完成农产品生产后，由中介组织根据当初农户与企业签订的合同约定进行农产品的收购，然后中介组织将收购的农产品交给企业，由企业进行农产品的加工和销售业务，从而完成整个流程。这种运作模式增强了农户的组织化程度，通过中介组织的参与，不仅降低了农民与企业直接签订合同的风险成本，而且可以有效地抑制企业与农户直接签订合同容易形成的投机行

为。更为重要的是，“公司＋中介组织＋农户”更具有其自身的优势，比基本的“公司＋农户”模式更能有效地规避企业在追求最大化利益的时候，对农户正当权利的剥夺。同时，也可以解决单纯的“中介组织＋农户”模式中的管理落后、技术较差的状况。因此，“公司＋中介组织＋农户”的运行模式使农民能够较快地实现经济增收，因而成为目前农业产业化经营中最普遍有效的模式之一。

（二）运行机制

中介组织的加入有利于解决“公司＋农户”模式下的违约和投机行为，能有效地保障农户的利益。一方面，中介组织处于公司、农户之间，是公司与农户联系沟通的纽带，是公司意图的传达者和贯彻者，同时也是联结农户的代言人。更重要的是，在“公司＋中介组织＋农户”模式中，中介组织充当了农户的话语平台，而在“公司＋农户”模式下，农户的谈判地位很低，基本没有话语权。中介组织代表维护的是农户的利益，且为农户争取更多的利益。中介组织在联结公司与农户的过程中起到了重大的作用，比如在产前中介组织可以负责分配种植计划，并且负责签订合同，做好技术的培训工作，在产中对农户进行技术作业的指导，产后中介组织又负责把农产品收购上来，对其进行结算，保障农户的利益不受侵害。

另一方面，中介组织能有效协调与龙头企业的关系，成为促进龙头企业发展带动农户的有效载体。在“公司＋中介组织＋农户”这种模式中，中介组织当作中间人，从中帮助企业与农户签订协议，同时中介组织与企业也签订协议。农户在生产过程由中介组织进行指导作业，如购买生产资料、信息服务、技术指导等；农产品生产完成后又由中介组织按照合同要求对其质量和数量进行检验和收购，然后把合格的农产品交付给企业，企业再对农产品进行加工和销售。从整个过程来看，中介组织都起到关键的作用。中介组织的介入有很大的好处，不仅可以降低监督成本，而且可以降低风险成本。因为中介组织代表着农户的利益，如合作社、家庭农场等，都可以作为中介组织。中介组织由于对农户较为熟悉，从而交流方便，降低了交易成本和监督成本。另外，中介组织把单个的农户联合起来生产，扩大了生产的规模和交易规模，从而提高了交易过程中的讨价还价能力，提高了违约胜诉的机会。同时，由于中介组织的监督生产，企业可以有充足的时间从事农产品的技术开发等工作，从而提高市场竞争力，有利于农业企业发展。因此，“公司+中介组织+农户”模式稳定了企业和农户之间的关系，更有利于模式的顺利进行。

三、股份合作制运作模式

（一）模式特点

股份合作制运作模式是通过股份合作的方式，即公司提供生产资料、资金和技术等，农户提供劳动力、土地，双方以股份为纽带，形成“利益共享，风险共担”的合作机制的运作模式。股份合作制运作模式较前两种模式有以下几个基本特征：第一，农业龙头企业不再是单独控股，而是由农户以入股的形式共同成为公司的股东。农户在参与过程中可以享受相关的收益，不仅从劳动中获取劳动报酬，还能从入股企业中获取企业的分红报酬。第二，由于农户是龙头企业的股东，和龙头企业有着一致的目标，同时再加上农户通过入股分红，大大减少了农户的投机行为，而且增加了农民的收益，从而使组织在公平的情况下运行又有效率，实现了公平和效率的双目标，增强了组织运行的稳定性；第三，股份合作制模式还可以实现作业的规模化。农户入股后，成为企业的股东，为了改变当前落后的生产条件，会建议企业实行大规模机械化作业，提高农业生产的规模经济。在规模化的同时也有利于实现专业化，提高农业生产的效率，达到农户和企业共赢的目的，从而使股份制运行模式更加稳定。

（二）运行机制

股份合作制运行模式是目前利益联结机制比较完善的产业化运作模式。在股份制运行模式中，企业与农户之间实行股份合作，其中股份的形式是多样的，形式可以根据企业和农户的优势进行选择。企业大部分在资金和技术方面具有比较优势，而农户在土地和劳动方面具有比较优势，这样两者就可以用各自的比较优势进行优势互补，从而形成“利益共享、风险共担”的合作机制。这样企业与农户之间就结成了利益趋向一样、目标一致的动力机制，并且他们之间以股份为纽带，可以解决投机行为和毁约风险。这样就形成了以企业为实体法人，农户和企业为股东的一个组织利益共享的运行模式。

股份合作制运作模式表现出很大优势：第一，有效保障农户和龙头企业的利益。企业股份制中获得了其稀缺的土地和劳动力，而农户股份制中获得了先进的技术和管理水平。第二，有效促进农户与企业合作关系的稳定。由于他们之间的合作关系不是建立在简单的契约关系上，而是通过股份制建立起利益目标一致的合作关系，这就杜绝了投机行为和毁约行为，从而使得两者的关系更稳定。第三，股份合作模式由于实行股份制经营，所以可以有效地聚集资金和劳动力，从而有效地扩大了企业的规模，更有利于规模经济的发挥，实现企业大规模的生产和加工，有利于机械化操作的实现，同时能有效地实现农业企业的大规模生产加工，可以使用更先进的机器设备，同时带动更多农户就业，解决了土地流转农户的生活问题，形成了新型农业经营主体培育的良性循环。

第三节 脱贫地区新型农业经营主体发展面临的主要问题与对策

一、脱贫地区新型农业经营主体发展面临的主要问题

（一）规模小、实力弱、运作不规范

脱贫地区新型农业经营主体整体发展水平还不高，组织化程度低，产品附加值低，产业化经营程度低，大部分果蔬类、经济作物类合作社都是以解决初级农产品销售为主要目的，并没有形成从种植到销售一体的链条式服务。一是经营规模小。二是服务能力弱。相当一部分合作社服务处于封闭状态，仅仅停留在产品买卖、信息咨询、技术服务、生产资料供应等合作社内部层面上，服务资源没有得到充分利用。专业大户、家庭农场等主体仅仅满足自身需要，几乎不具备对外服务能力。三是运作不规范。不少农民专业合作社内部制度不健全，理事会组织结构松散，经营管理随意性大。家庭农场规模普遍较小，基础设施薄弱，生产经营水平不高。很多经营主体与农民利益联结不够紧密，农产品产业链不长，市场辐射面不够大。

（二）土地流转难、流转慢、流转不规范

经营主体的规模化、集约化、机械化经营，必须以规模化的土地供应为前提。土地流转的速度与规模是决定新型农业经营主体发展质量与效益的关键。目前脱贫地区农村承包土地确权颁证工作进展较慢，

土地流转整体落后于全国平均速度，导致种养大户、农民合作社、家庭农场、龙头企业生产基地规模小、扩展慢，想扩大经营规模只能“望地兴叹”。即使已经流转的土地也存在期限短、不规范的问题，绝大部分流转合同一年一签。还有相当一部分流转土地，转出和转入双方以口头形式私下商定，转出方随时可以收回土地，直接影响了转入方对土地的长远投资和经营效益的提高。因此，如何引导农户加快农村土地使用权流转，促进土地向新型农业经营主体合理流动，使农业从传统的小农生产经营逐步向规模化、市场化、现代化方向发展，让新型农业经营主体成为脱贫地区农业生产的主力军就成为问题的关键。

（三）融资难、融资贵、融资渠道少

脱贫地区农村金融部门贷款门槛高、额度小、期限短、手续繁琐、隐性成本大。由于农业产业周期长、见效慢、利润低，受自然和市场等不确定因素的影响，涉农贷款风险较大，加之可用于抵押的资产受到限制以及担保机构不健全、信誉度差等原因，许多金融机构不愿为新型主体放贷。有的即使愿意放贷，也都是5万元以下的小额贷款，对新型主体发展只能是杯水车薪，解决不了大问题。从事规模农业经营，往往初期一次性投入比较集中，资金需求较大，多数经营主体注册资本金较少，实力不强，限制了生产规模的扩大。如发展家庭农场面临的首先是土地租金成本较高，最小土地规模年租金至少也在10万元以上，农场后期运营的基建成本和生产成本更需要大量资金投入，农场主自身投资显得力不从心。

（四）人才匮乏、管理与技术落后

脱贫地区现有农业专业大户、农民合作社、家庭农场和农业产业化企业的带头人绝大多数是农民，文化层次、技术素质、经营理念、

市场意识、管理水平和创新能力相对都比较低，部分地区近半数的人靠自己经验和自学指导生产，对新技术、新品种、新的种养方法、方式和生产中出现的技术问题不了解、不掌握，处于盲目状态，如有的养殖户对牲畜的病毒、病菌如何防治均不了解，更谈不上科学种养，很难胜任新型主体组织领导、技术指导和经营管理工作。而引进大中专院校毕业生和一些部门的专业人才因成本太高承担不起而不得不放弃。从事高效农业生产的经营主体，一方面强烈感到需要提高自身素质，另一方面也求贤若渴，他们对人才、技术的渴求甚至超过对贷款的渴求。

（五）支持力度不足、落实效率不高

近年来，脱贫地区各级政府加大了对农业的支持力度，出台了不少支农政策，对稳定农业发展和新型农业经营主体的发展起到了积极作用，但也存在一些问题：一是政策扶持体系不够健全。国家出台的多项扶持政策尽管涵盖了金融、保险、税费等农业生产中的众多问题和方面，但对于信息、技术、职业教育、市场、质量安全等经营主体急需、经济效益明显、有利于农业长期发展的扶持政策较少。二是政策扶持目标不够精准。绝大多数新型农业经营主体的土地是通过向农户流转而来，流转出土地的农户已不再从事农业生产经营活动，但国家涉农补贴却直补到农户个人，真正从事农业生产的新型农业经营主体却得不到相应补贴。

二、脱贫地区新型农业经营主体培育的基本思路

（一）科学选择培育对象

在培育的对象上，总体上看要通过基层干部考察和建立乡村人才

档案，科学选择那些既有愿望又有能力承担起新型职业农民这个岗位要求或者职责要求的人。要有的放矢，重点培育四类群体：第一类群体是在农村中有知识、有头脑、有热情，投身于乡村发展的农村青壮年。他们的祖代、父代都长期在农村生活，对农业农村有一定感情，这个群体是培育新型经营主体最基本的力量。第二个群体是农村的能人队伍、能人群体，包括农村两委干部、种田能手、养殖专业户、农村经理人、农机手等。这一类农村能人群体，他们生活在农村，工作和农村密切相关，有一技之长，是农村留得下、稳得住、有影响的群体。第三个群体是返乡农民工，改革开放以来，一批又一批农民进城入厂，在为国家经济和社会发展作出巨大贡献的同时，也增长了才干，开阔了眼界，积累了经验和一定的财富。一旦他们选择了返乡创业，将是最有条件、最踏实的一个群体，将是新型经营主体的核心力量。第四个群体是返乡创业的农业院校的大中专毕业生，他们接受了比较系统、完整的专业教育，随着农村人居环境改善，乡村振兴扶持政策的逐步落地，以及人们从业观念的改变，农村大有作为的广阔天地，将是他们施展才华的舞台。

（二）灵活选择培育方法

要把握四种培育方法：一是因需施教。农村产业涵盖的行业多，范围广，知识领域又涉及品种科技、生产技术、市场信息、营销技能等等。广而泛之的培训，往往效果不佳，因此应该根据不同对象的需要，细分群体，细分班次，因需施教。二是理论联系实际。在进行必要的理论学习基础上，应该更多地加强实践培育，要尽可能把培训办在田间地头、办到农村，充分发挥现场教学和优秀村干部现身说法的作用。三是典型引领。充分发挥农村中的一些“土专家”“田秀才”、能工巧匠这些能人的引领作用，可以通过对其能力的认可、经济上的激励、社会上的广为宣传等方式，激发他们示范带动农民的主动意识和社会责任，通过他们的言传身教和辐射带动，培育更多的新型经营主体。四是充分利用社会资源。我国不仅有大中专院校、职业技术学院，还有很多社会培训机构，培训资源相当丰富，要注重充分利用这些社会资源，发挥他们在培育中的积极作用。

（三）准确把握培训原则

有三个原则需要把握：一是要遵循市场规律。新型经营主体其孕育和发展本来就是市场经济发展的结果，所以培育工作也必须尊重市场规律，政府既不能缺位，更不能越位，可以大力支持和帮助但必须按市场经济规律办事，放手让市场发挥决定性作用，让各类主体在市场竞争中发展壮大。二是分类指导，逐步推进。培育新型经营主体，大的方向已经十分明确，要充分发挥各地的主观能动性，大胆创新，积极探索。但是这是一个历史过程，不能急于求成，新型经营主体数量要与农村劳动力就业变化相适应，要与现代农业发展进程相适应，进行分类指导，稳步推进。三是应该把握适度规模培育。没有规模就没有效益，但是经营规模也不是越大越好，必须坚持适度原则，把握经营规模的度。不同时期、不同地区、不同的农牧业的生产环节适合不同的产业方式，都会有所差异。①

三、促进脱贫地区新型农业经营主体发展的对策

新型农业经营主体发展是一个渐进过程，培育和发展新型农业经

① 张天佐：《新型农业经营主体培育和发展》，2018 年 10 月 28 日，见 http://www.ngx.net.cn/ztzl/2018xxnmlt/lt/lt1%20/201810 /t20181028_204668.html。

营主体受生产要素、体制机制等多方面制约，还面临诸多条件限制和困难障碍，如新型农业经营主体带动农户机制不健全、新型农业经营主体扶持政策不配套等。加快培育新型农业经营主体，必须在坚持农民家庭经营的基础上，实现土地产出最大化、农业效益最大化、农民收入最大化。

（一）重视规划引导，确保科学有序发展

实践证明，不同的农业产品有不同的生产要求，必须对应不同的生产方式。如粮食等大宗农产品生产，为实现高产高效，一般选择“规模经营户＋社会化服务”比较适合；园艺产品生产，为提高品质、形成品牌，通常选择“生产基地＋合作社”比较适合；养殖业生产为保障安全、生态，大多选择“规模养殖场＋龙头企业”比较适合。因此，脱贫地区要针对各类新型主体不同机制和特点，结合本地实际，制定新型农业经营主体发展规划，引导专业大户、家庭农场、农民合作社、龙头企业等发挥各自优势，加快形成竞相发展、优势互补、科学有序的发展格局。一是发挥家庭农场、种养大户在生产环节的优势，把家庭农场、种养大户打造成粮食等重要农产品规模生产的主体。全面推进家庭农场认定工作，建立家庭农场档案和数据库，实施动态化和信息化管理。鼓励以家庭农场为成员组建或改造农民专业合作社，开展合作经营、共同经营。立足提升传统农民，培育新型农民，着力培育一批骨干农民，起到示范带动作用，推动农民农业经营主体职业化。鼓励引导懂技术、善经营的农户和返乡农民工、个体工商户、农村经纪人通过流转土地、扩大生产规模等多种方式，成为种养大户。二是发挥合作社在服务领域的优势，提高合作社规范化规模化发展水平。做大做强农民合作社，引导合作社提升发展质量和层次，加强示范社运行动态监测，建立健全“三会”制度，建立成员个人账户，完善利益分配机制。推进农产品直供直销，积极开展网上营销；解决合作社融资难题，规范农民合作社信贷融资，支持有条件的农民合作社开展内部信用合作，开展农民综合社试点。三是发挥龙头企业在资金、技术、管理、信息、市场等方面优势，引导龙头企业增强对产业链发展和农民增收带动作用。坚持鼓励和引导相结合，鼓励农业龙头企业引进先进适用的生产加工设备，改造升级贮藏、保鲜、烘干、分级、包装等设施设备。支持符合条件的农业龙头企业承担重要农产品、农业生产资料的收储业务，引导农业龙头企业完善法人治理结构，建立现代企业制度。鼓励和支持龙头企业加大科技创新、品牌质量建设、市场开拓、基地建设、履行社会责任力度。四是充分发挥农家乐为农村带来新思想、新观念，成为农民了解市场的“窗口”和城市与乡村互动的桥梁作用，大力发展农家乐，促进脱贫地区农村旅游发展，调整产业结构，加快一二三产业融合进程。

（二）促进土地流转，保障土地规模需求

一是加快土地确权登记颁证。加大政策宣传力度，强化确权登记技术培训和指导，健全土地承包管理档案。严格按照有关政策、程序、步骤和要求确地到户，定地、定权、定心，全面消除农民尤其是外出务工农民的流转顾虑，激发土地流转动力。二是健全土地有序流转机制。通过明晰产权、完善权能、规范流转，健全土地要素向新型经营主体流转的有效机制。健全县、乡镇农村经营管理工作机构，建立农村土地流转县级服务中心、乡镇服务站、村级服务点。探索建立土地流转价格协调、纠纷调处机制和工商企业流转农业用地风险保障金制度，探索农地“三权分离”，真正放活农村土地经营权，引导

农村土地在公开市场逐步流向从事适度规模经营的专业大户和家庭农场。引导探索建立工商资本流转农用地风险保障金制度，严禁农用地非农化。认真落实《农村土地流转奖励办法》，鼓励和支持土地在公开市场向新型农业经营主体流转，稳定流转关系，促进土地连片集中。三是因地制宜发展适度规模经营。通过代耕代种、联耕联种、土地托管、股份合作等方式，推动实现多种形式的农业适度规模经营。发展以农户为主体、以土地集中和统一服务为主要形式的规模经营。在农民大量转移并稳定就业创业的地区，培育专业大户、家庭农场、土地股份合作社，重点发展土地集中型农业适度规模经营；在普遍存在兼业化和纯农户地区，依托农业社会服务培育发展专业大户、家庭农场，重点发展合作经营和统一服务型适度规模经营。坚持规模适度原则，防止脱离当地实际、违背农民意愿、片面追求超大规模经营的倾向。

（三）强化金融支持，保障发展资金需求

一是完善开发性金融、政策性金融支持农业发展的制度。落实金融机构涉农贷款增量奖励和定向费用补贴、农户贷款税收优惠、小额担保贷款贴息等政策，促进金融支持新型农业经营主体优惠措施落到实处。加强各类金融经营机构的协作配合，共同开展金融支农试点，创新金融产品和服务方式，开展土地承包经营权、宅基地使用权抵押以及无抵押信贷试点，切实解决“贷款难”问题。二是要完善涉农信贷审批机制，创新涉农抵（质）押信贷担保方式。将专业大户、家庭农场、农民合作社和龙头企业纳入信用等级评定范围，扶持新型农业经营主体发展。创新农村贷款抵押质押方式，除土地经营权和经营收益权可用于抵押质押外，针对新型主体，试行开展权属清晰、风险可控的大型农业机械、加工储藏设备、大家畜和种养设施等抵押贷款，并适当提高抵押率。鼓励发展资金互助社、信用合作社、村镇银行、农村商业银行等农村金融组织，加大金融支持力度，强化融资担保服务，对符合条件的农业担保机构给予一定风险补偿。三是要完善农业保险制度。扩大政策性农业保险覆盖面，加大财政对新型经营主体的保费补贴比例，逐步将脱贫地区特色优势农产品纳入政策性保险范围。创新粮食生产保险方式，加快研究探索种粮目标收益保险，逐步实现粮食生产规模经营主体愿保尽保。探索建立农业保险救济基金，用好农业产业化引导股权投资基金，支持新型农业经营主体发展。

（四）健全培训体系，保障人才技术需求

健全新型职业农民培训体系，整合人力资源社会保障、农业、科技、教育等部门教育培训资源，以种养大户、家庭农场主、合作社理事长、返乡农民工等为重点，加强职业技能培训，培育一批生产经营型、专业技能型、社会服务型职业农民。加强农业产前、产中、产后培训，开展农产品销售、农业生产管理、农产品品牌化培育等培训。鼓励新型农业经营主体与农技校、农广校、农技推广机构合作，根据农业生产季节性弹性安排培训内容、形式和场地，提高培训效率。鼓励涉农高校毕业生到农村就业和创业，引导高层次创新创业人才与新型农业经营主体合作，鼓励企业培养自己的科技队伍，提高新型农业经营主体的科技水平。鼓励新型农业经营主体与农业院校、科研院所、农业科技园区等建立长期稳定的合作关系，形成以“优势互补、利益共享、风险共担、共同发展”的利益联动机制，形成科技创新的合力，满足农业新产品开发、技术改造等不同需求，为新型农业经营主体的

持续发展提供强大的科技支撑。

（五）强化政策支持，助推快速健康发展

一是在公共政策方面。应当尽快出台完善有关新型农业经营主体工商登记、税收管理等制度性规定，对农村土地股份合作社、农村集体经济组织的设立、组织、运行与内外部关系作出规范等。二是在经营环境方面。政府部门要在发展规划、人才培养、信息获取、资金筹措、物质装备方面给予新型农业经营主体以更多支持。三是在政策激励方面。针对不同新型农业经营主体的发展需求，既要制定普适性的发展政策，又要分类建立专门的发展政策。加大财税支持、经济补贴、技术指导和风险控制，积极引导新型农业经营主体持续发展。四是充分发挥各项支农政策无缝对接。梳理相关部门的涉农政策，理顺政策体系，增强各项支农政策之间的衔接性、灵活性、时效性，确保各项支持新型农业经营主体发展的优惠政策落实到位，提高政策实施效率。

（六）突出示范引领，带动主体全面开花

在充分调查统计的基础上，每年按专业大户、家庭农场、农民专业合作社、农业龙头企业、农家乐经营户等新型经营主体进行分类建档备案，选树典型，并作为享受扶持政策的基本依据。按照宁缺毋滥、示范引领的原则，制定和完善示范性新型经营主体的具体标准，认定示范性专业大户、家庭农场、农民专业合作社、龙头企业和农家乐经营户，为其他经营主体发展提供示范，促进整体提档升级。建立健全新型经营主体的动态监测和降级退出机制，示范作用更加明显的，积极推荐为上一级的示范性新型经营主体，原认定为示范性新型经营主体不具备示范性作用的直接降级。要集中人力、物力、财力，重点抓好示范经营主体，以此来带动和促进其他新型农业经营主体的发展。对运作不规范的经营主体，派员从组织管理、章程制度、财务核算、服务内容等方面进行指导，帮助提高规范化管理水平和自我发展能力。

第五章　脱贫地区乡村产业振兴的根本路径：三产融合

推进农村一二三产业融合发展，是2015年中央农村工作会议作出的重大部署，是三农工作理念和思路的又一重大创新。培育新经济增长点，最大的潜力在农村、最大的产业是农业。推进农村一二三产业融合发展有助于农村产业的整合、农业产业链的延伸、农业多功能的拓展、农业新业态的丰富；有助于扩大农业产业规模，增加农村就业岗位，拓展农民就业增收空间。本章从农村一二三产业融合发展的含义出发，分析农村一二三产业融合发展的基础与驱动因素，研究农村一二三产业融合发展的模式，探讨脱贫地区一二三产业融合存在的问题及原因，并提出对策建议。

第一节　农村一二三产业融合发展的含义

一、农村一二三产业融合发展的内涵

（一）文献梳理与内涵界定

自2015年中央“一号文件”正式提出“三产融合”以来，相关文献从不同角度对其概念进行了研究和界定。王乐君等（2017）认为，

“三产融合”是指依托农业并通过产业联动、要素集聚、技术渗透和体制机制等手段，以实现农业产业链延伸、价值链跃升、功能拓展、多主体共赢和农民分享二三产业增值收益的过程。[①] 姜长云（2016）认为，“三产融合”是指以农业为基础，以农业产业链多向延伸、产业范围多元拓展、产业功能转型为表征，通过农村一二三产业之间的融合渗透和交叉重组形成新技术、新业态、新商业模式，以实现要素跨界流动、资源集约配置、产业跨界融合和布局优化调整的过程。[②] 马晓河等（2020）认为，“三产融合”是指以农业为依托，通过产业联动、产业集聚、技术渗透、体制创新等方式有机整合农产品生产、加工、销售等环节和农业休闲、其他服务业等，以实现农业产业链延伸、产业范围和产业规模扩展、农民收入增加的过程。[③] 也有学者指出“三产融合”是在农业生产基础上，通过资源要素融合“三链”（产业链、价值链和供应链）延伸和对接、农业多功能开发与拓展等发展农业新产业、新业态、新模式的过程。

综上，不同文献对“三产融合”内涵的分析视角、侧重点不同，有不同理解或者阐释。本书认为，如图 5.1 所示，“三产融合”是指以农业为基础，通过农业内部各部门、农业与农村第二产业、第三产业相互间的融合渗透、交叉重组等方式实现产业相互促进与提升，最终形成新产业、新业态、新模式的新型农村产业组织方式和过程。

① 王乐君、寇广增：《促进农村一二三产业融合发展的若干思考》，《农业经济问题》2017 年第 6 期。

② 姜长云：《推进农村一二三产业融合发展的路径和着力点》，《中州学刊》2016 年第 5 期。

③ 马晓河、余涛：《农村产业融合发展阶段分析及其启示》，《中国物价》2020 年第 9 期。

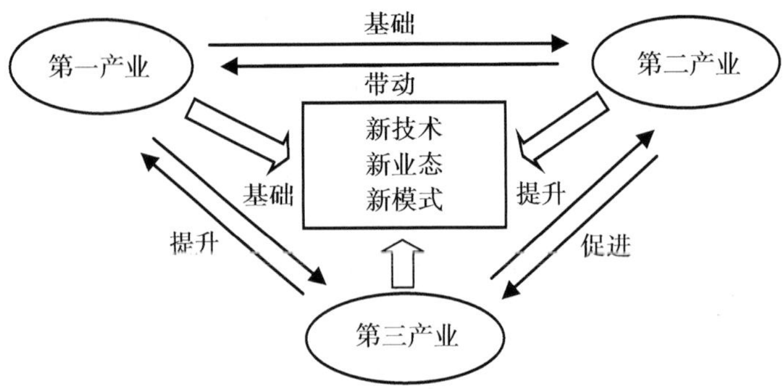

图 5.1　产业融合示意图

（二）"三产融合"的核心要义

1."三产融合"的核心是以农业为基础的农村产业协同发展

"三产融合"是农村一二三产业的"打碎、搅匀"，形成"你中有我、我中有他"的有机交融，以农业为基础，但淡化农业产业边界。即以市场需求为导向，通过农业内部、农业与农村第二三产业相互间形成联动，产生协同效应，更好地发挥地域资源优势，发展特色种养业、农产品初级与精深加工业、农业生产性服务业，激发农村产业活力，壮大集体经济，带动农民就业和致富。融合的根基和依托是农业，融合的路径和手段是现代先进要素引入与集聚、农业多功能挖掘与开发、产业融合渗透与交叉重组、体制机制和制度完善与创新；融合的产出是培育农业新产业新业态新模式、激发农业农村发展新动能，建立健全现代农业产业体系、生产体系、经营体系和现代化农业经济体系，形成利益共同体和命运共同体。[①]

① 肖卫东、杜志雄：《农村一二三产业融合：内涵要解、发展现状与未来思路》，《西北农林科技大学学报》（社会科学版）2019 年第 6 期。

2.“三产融合”的目标是形成农业与二三产业交叉融合的现代乡村产业体系

“三产融合”是要打破农村一二三产业的边界，不断拓展农业生产、生活、生态功能，实现“1+1+1>3”的产业融合效果，实现经济效益、社会效益、生态效益的最大化和统一。农业产业化是联动发展，“三产融合”是有机融合发展。推进农村一二三产业融合发展，不是要把涉农工业和服务业简单地搬到农村，而是要加强统筹规划，促进形成农业与二三产业交叉融合的现代产业体系。如图 5.2 所示，乡村一二三产业融合发展体系主要包括第一产业主导的融合产业体系、第二产业主导的融合产业体系、泛旅游产业主导的融合产业体系、商贸物流产业主导的融合产业体系、科技产业主导的融合产业体系等。其实施路径有四：一是调整农村产业布局。加强农村产业融合与城乡规划、土地利用总体规划有效衔接，引导农村二三产业向县城、重点乡镇及产业园区等集中，培育农产品加工、商贸物流等专业特色小城

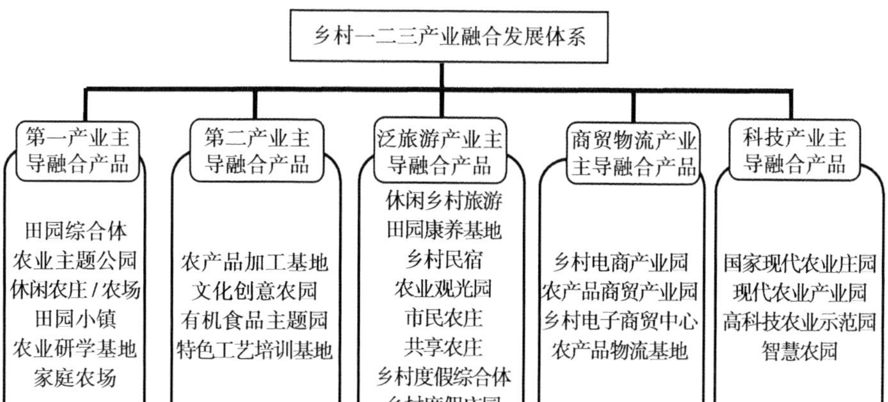

图 5.2　乡村一二三产业融合发展体系

镇。二是加快农业内部融合。以农牧结合、农林结合、循环发展为导向，调整优化农业结构，促进粮食、经济作物、饲草料三元种植结构协调发展。三是促进农业产业链延伸。加快农业由生产环节向产前、产后延伸，提高农产品加工转化率和附加值。支持代耕代收、统防统治等生产性服务，大力发展农产品产地初加工和农村特色加工业。四是积极开发农业多种功能。推进农业与旅游、教育、文化等产业的深度融合，实现农业从生产向生态、生活功能拓展。大力发展休闲农业、乡村旅游、创意农业、农耕体验以及乡村手工艺等，使之成为繁荣农村、富裕农民的新兴支柱产业。

3.“三产融合”的关键是运用现代理念、现代技术改造和提升农业

推进农村产业融合发展，把传统分散的农业生产转变为规模化、集约化、标准化的现代农业，关键是将新技术、新业态和新模式引入农业，用现代理念引领农业，用现代技术改造农业，提高农业竞争力。在技术方面，要积极开展产业融合的科技创新，大力开发农产品加工贮藏、分级包装等新技术，推广适合深加工、休闲采摘的农产品新品种。要推广农科教、产学研模式，鼓励专家、学者与新型农业经营主体的对接，推行农村创业导师制。在人才方面，要加快发展农村教育特别是农业职业教育，着力培养新型职业农民。加大政策扶持力度，推行科技特派员制度，鼓励科研人员到农村合作社、农业企业任职兼职。要大力发展农村新型业态。实施“互联网 +”现代农业行动，搭建电子商务平台，大力发展农产品电子商务，完善配送及综合服务网络。推动科技、人文等元素融入农业，发展农田艺术景观等创意农业。积极探索农产品个性化定制服务、农业众筹

等新型业态。

二、推进农村一二三产业融合发展的意义

（一）是新常态下农业农村转型发展的根本选择

近年来，我国农业农村发展呈现出新的加速度，农村基础设施、社会保障等条件大幅改善，提前近10年完成了国务院《全国新增1000亿斤粮食生产能力规划（2009—2020年）》目标，城乡居民收入差距持续缩小，农业农村经济发展出现了历史罕见的好形势。成绩令人欣喜，但也必须看到，农业农村可持续发展的基础还很不牢固，从农业资源看，不仅空间潜力极为有限，而且部分主产区土壤地力长期透支、质量持续下降、重金属超标、地下水超采等问题突出，已对农业稳定造成了日趋严重的威胁；从农民收入看，由于家庭经营受成本抬升和价格“天花板”双重挤压收益有限、农民外出务工数量和工资性收入增幅明显趋缓、转移性收入总量小增量少等因素影响，继续保持快速增长面临极大挑战；从农村社会看，农业劳动力长期大规模向城市迁徙，不仅导致农村人才等资源严重流失，并引发了日趋严重的社会问题。推进农村一二三产业融合发展，有利于促进工业和服务业的管理、技术、资本、人才等现代要素更多更紧密地融入农业，提升农业发展及资源利用水平；有利于扩大农村产业规模和就业容量，拓展农民就业增收空间；有利于聚集农村人气和改善农村人员结构，促进农村社会繁荣稳定。

（二）是顺应国内外产业发展新趋势的必然要求

从国际看，产业融合已日益成为世界范围内产业经济发展不可阻挡的潮流，特别是随着信息技术的快速革新，建立在科技发展并不断

融合基础之上的新型产业革命已风起云涌，正在带动社会经济系统日益广泛、剧烈而深刻的变化。不同产业或同一产业内不同行业之间相互交叉、相互渗透、相互融合的步伐不断加快，产业边界为了适应增长而日渐模糊或消失，全世界已几乎找不到任何一个产业在不与其他产业融合的情况下能够实现快速发展。从国内看，在新常态新要求下，我国的产业结构正在进行深度优化调整，产业发展与国际接轨、跨行业跨领域融合发展的步伐空前加快。一些企业以互联网技术融合应用为突出代表实现快速崛起，吸引了国人乃至世界的目光。当前，在产业融合理念的先导性作用下，“互联网+”“创客”“众筹”等新概念迭出，其背后如影随形的无不是一个又一个崭新的产业形态和巨大而活跃的产业发展空间。具体到第一产业而言，近年来我国农业虽然在与第二三产业融合上步伐有所加快，但总体上仍处在起步阶段，由于产业融合度不够，不仅在生产环节竞争力严重不足，而且在加工环节也面临着巨大的挑战。顺应形势、应对挑战，迫切需要推进农业与其他产业融合，通过借势发展增强竞争力。①

（三）是促进农民持续较快增收的重要途径

农村一二三产业融合可以通过影响农民财产性收入、工资性收入、转移性收入和家庭经营收入来增加农民收入，是促进农民持续较快增收的重要途径。首先，推动农村一二三产业融合，延伸农业产业链，提高农产品附加值，让农民享受到三次产业融合所带来的红利。农民由于自身经济和社会地位低，在价值链中只能处于末端位置，无法享受到农产品加工和流通环节中的增加值。农村一二三产

① 国务院办公厅：《关于推进农村一二三产业融合发展的指导意见》，2016年1月4日。

业融合将以农业为基础，通过地产地销、地域制造、企业带动、农业生产方式创新等措施提高农民在农业产业链中的地位，增加其享受红利的权利。其次，发展农村一二三产业融合，拓展农业多种功能，将吸引工业和服务业的管理、资本、技术、人才等生产要素投入到农村现代化生产中。产业融合将拓展农业经济、文化、生态、旅游等功能，促进休闲农业、智慧农业、绿色农业等新型农业的发展，拓宽农民增收渠道。同时，农村一二三产业融合也有助于推动农村基础设施建设，聚集农村人气，培育农村新型经营主体，进而促进农村和谐发展。最后，农村一二三产业融合将培育农村新的增长点，扩大农村产业规模和就业容量。农业产业链的延伸、生产要素的投入及农业生产方式的转变，使农民收入不再局限于传统的种养殖业。一方面，土地规模化生产及合作社经营鼓励农户通过土地租让，以土地、资金入股企业或合作社等增加收入；另一方面，土地租让或以土地入股解放了农户的劳动时间，农户可以外出务工或返聘打工，进而增加收入。

第二节 农村一二三产业融合发展的基础与驱动因素

一、农村一二三产业融合发展的基础

（一）现代农业经营体系基本形成

党的十八大报告明确提出，要坚持和完善农村基本经营制度，依法维护农民土地承包经营权、宅基地使用权、集体收益分配权，壮大集体经济实力，发展农民专业合作和股份合作，培育新型经营主体，发展多种形式规模经营，构建集约化、专业化、组织化、社会化相结

合的新型农业经营体系。新型农业经营体系的核心是专业大户、农民合作社、家庭农场、农业产业化龙头企业等新型农业经营主体。截至2020年年底，全国县级以上农业产业化龙头企业达9万家，其中国家重点龙头企业1547家，省级以上近1.8万家，市级以上近6万家；纳入名录系统的家庭农场超过300万个；农民合作社达到225.1万家，辐射带动全国近一半农户；农业社会化服务组织超过90万个，农业生产托管服务面积超过16亿亩次，各新型主体尤其是龙头企业在推进农村产业融合中发挥了重要引领带动作用。①

（二）乡村休闲旅游市场日渐成熟

2010年以来，全国休闲农业和乡村旅游业快速发展。据统计，2019年，我国乡村旅游接待人次达32亿，年收入超8500亿元，乡村旅游占国内旅游人次的一半。截至2019年年底，休闲农业与乡村旅游经营单位超过290万家，全国休闲农庄、观光农园等各类休闲农业经营主体达到30多万家，7300多家农民合作社进军休闲农业和乡村旅游。《全国乡村产业发展规划（2020—2025年）》指出，到2025年，全国乡村旅游年接待游客人数超过40亿人次，经营收入超过1.2万亿元，乡村休闲旅游业迎来的将是万亿级的市场。② 在这一背景下，休闲农业经营主体开始关注通过农业与其他产业的广泛融合来提升休闲农业品质，农业、旅游业、文化体育业、健康疗养业等多维融合则进一步提升了休闲农业与乡村旅游的创新性、精致化、本土化、多元化。

---

① 侯琳良：《加快构建现代农业经营体系》，《人民日报》2021年4月18日第1版。

② 王志宏、周伟：《休闲农业和乡村旅游业将迎万亿级市场》，《中国食品报》2021年9月14日第6版。

（三）农产品加工水平大幅提升

随着农村改革的深化与新型城镇化的推进，农产品加工业实现快速发展，成为农业农村经济发展的支柱产业。2020 年，农产品加工业营业收入约 23.5 万亿元，规模以上农产品加工企业超过 8.1 万家；加工转化率提升到 68%，比 2015 年提升 3 个百分点；农产品加工业与农业总产值比提升到 2.4 ∶ 1，比 2015 年提高 11.1%。农产品加工业的发展，延长了农业产业链、提升了农业价值链、保障了农业供应链、完善了农业利益链，在促进农业提质增效、农民就业增收、提高人民群众生活质量和健康水平等方面发挥了重要作用。[①]2021 年我国人均 GDP 已超过 1.25 万美元，居民消费结构升级加速，消费群体对农产品质量安全、农产品品牌消费重视度明显提高，也为产业融合发展提供了巨大的发展空间。

（四）农村物流配送体系逐步完善

农村物流服务网点是电商物流的重要基础设施载体，网点规模不断扩张反映出农村电商物流基础设施布局日益完善。从 2014 年开始，国家持续推进快递下乡工程，目前全国建制村在 2019 年已经基本实现村村通邮，主要快递品牌网点已覆盖全国 98% 的乡镇。从农村邮政服务网点规模来看，统计数据表明，2015—2019 年总体保持增长趋势，年均复合增长率为 13.6%，截至 2019 年年底我国农村邮政服务网点达到 10.5 万处，同比增长 5.0%。物流配送体系的逐步完善，推动国内农村电商交易规模逐年上升，均保持在较高的增长水平，2019 年全国农村电商交易规模达到 22898 亿元，同比增长 34.3%，高于电子

---

① 农业农村部乡村产业发展司：《“十三五”时期农产品加工业高质量发展情况报告》，2021 年 6 月 4 日，见 https://xw.qq.com/cmsid/20210613A09H9000。

商务行业平均增长率 27.6 个百分点，反映出农村电商行业巨大的市场发展潜力。[①] 农村电子商务在广大县、乡、村展现出广阔的发展前景，带来了较高的一二三产业融合业态价值。

二、农村一二三产业融合发展的驱动因素

（一）政策驱动

国家高度重视农村一二三产业融合相关政策的推进落实。从 2015 年开始，连续 4 年中央一号文件对推进农村一二三产业融合发展作出具体部署，明确了农村三产融合的关键问题，从提高农业全产业链收益的角度提出做强一产、做优二产、做活三产；2016 年农业部印发《全国农产品加工业与农村一二三产业融合发展规划（2016—2020 年）》，对“十三五”期间全国农产品加工业和农村一二三产业融合发展的思路目标、主要任务、重点布局、重大工程、保障措施等作出全面部署安排。2017 年中央一号文件又对“壮大新产业新业态、拓展农业产业链价值链”作出重要部署。2018 年《关于实施农村一二三产业融合发展推进行动的通知》进一步提出落实政策、创业创新、发展产业、完善机制、加强服务等针对性的一二三产业融合路径。对于产业融合中涉及的其他问题，也有相关政策出台。如农村土地利用方面，国家政策赋予农民承包地使用流转权和经营权抵押担保权能，支持农民以土地承包经营权入股等方式参与农业产业化经营。国土资源部也出台相关政策为农村一二三产业融合提供用地保障，要求各地在年度新增建设用地指标中规划一定比例作为农村产业融合发展用地。农业

① 董蓓：《我国将加快健全农村物流体系》，《光明日报》2021 年 7 月 27 日第 10 版。

部推进产业融合百县千乡万村试点工程。2017 年，确定了首批 148 个示范园创建单位，致力于打造和创建一批融合发展先导区，18 个省份在财政部支持下开展田园综合体试点建设。涉农产业示范基地、电子商务进农村综合示范县、一二三产业融合试点供销合作社等大批产业融合项目，在政策支持下有序开展，引领各地农村产业融合加速发展。

（二）创新驱动

农业科学技术的不断创新进一步促进了现代农业生产体系的建设以及农业与其他产业的融合。各地加快构建大数据、云计算、互联网、物联网技术为一体的现代农业发展模式，通过推进实时监控、精准管理、远程控制和智能决策实现农业生产管理精准化和农产品质量安全的可追溯性；信息开放共享、数据互联互通的农业电商公共服务系统，提升了新型农业经营主体电商应用能力；广泛构建的农产品冷链物流、信息流、资金流网络化运营体系，提高了农产品运营流通效率；农产品烘干、贮藏、保鲜、净化、分等分级、包装等产业不断细化升级，病虫害防治、农机作业服务、农产品流通、农业信息咨询等生产性服务业以及乡村旅游、文化创意、康体养生、生态绿化等生活性服务业相关的新业态、新模式不断涌现。农业产业发展的内在需求进一步推动小农户以承包经营权入股合作社或通过土地流转实现规模化经营、融合化发展。依托农业科技创新支撑推进农业产业化经营，创建引领一批田园综合体、三产融合发展先导区、涉农产业示范基地，成为农村三产融合发展的重要推手。

（三）产业驱动

农村地区产业结构相对单一，过度依赖农业产业，农业相关的二三产业发展严重滞后。农业生产所提供的初级和低质农产品供过于求，无公害、绿色、有机、地理标志认证等“三品一标”产品供不应求，农产品的精深加工、分级分等、品牌营销等产业体系发展不完善，农村地区长期处于农业产业链和价值链的末端，难以获得农业加工、物流、销售等环节的产业附加值和溢价收益，致使农村居民收入增长缓慢，导致农村地区青壮年劳动力持续流失。因此，产业融合发展是优化调整农村产业结构、发挥农民的主导地位、促进农村经济增长的必然选择。在此背景下，以农业大户、合作社、家庭农场、农业龙头企业为代表的新型农业经营主体在农业生产经营中发挥着示范带头作用。由于具有先进的生产经营理念、资本技术资源整合能力、信息综合利用能力以及市场开拓能力，新型经营主体率先在农业生产经营活动中开展规模化、标准化生产，调整农业产业经营结构，大力发展农产品精深加工业、乡村旅游业及农村电商产业，引领农村地区产业融合发展。

（四）平台驱动

各地与农村产业融合对接的配套服务平台逐渐完善。农产品专用原材料基地、农产品品牌开发设计、农产品电商销售等服务逐步兴起，一些专业化涉农服务商和本地化综合服务商开始涌现。各类型农民创业创新园为培育产业融合主体，开展农民创业培训、创业辅导、创业展示提供了新的平台。此外，各地创新信贷管理机制和农村产权交易形式，激活农村资源资产，为产业融合提供了融资平台。各省市区积极创新涉农贷款担保产品，如福建省沙县通过成立农村产权交易中心，评估农村土地经营权、林权等，推广村级担保基金、精准扶贫担保基金，开展“产权抵押 + 基金担保”贷款。四川省、贵州省、云南省等省份将各项基金与农村产业融合项目相结合，分别采取设立农村产业融合发展投资基金、扶贫产业基金综合利用、省重点投资基金综合利用等方式支持农村产业融合发展。

第三节 农村一二三产业融合发展的模式

从不同角度分析产业融合发展，农村一二三产业融合模式具有不同的种类。从产业角度来分析，我国目前农村一二三产业融合发展已形成的典型模式有农业产业链延伸型融合、农业产业与其相关产业交叉型融合和先进技术要素对农业产业的渗透型融合三种。[①]

一、农业产业链延伸型融合

（一）农业产业链延伸型融合的内涵

农业产业链延伸型融合是以农业为中心，以农产品加工为引领，向产业链条前后延伸，将种子、农药、肥料供应与农业生产连接起来，将农产品生产、加工、销售等相关产业连接起来，实现农业产供销一条龙，农工贸一体化，延长农业产业链、价值链，提高农业附加值，不断增加农民从农业产业中获取的收入，如图 5.3 所示。这种模式多见于农业优势主产区，依托农业优势资源，打造从种植基地到农产品加工、仓储物流、市场营销的纵向产业链一体化模式，促进农业产业、农产品品牌和价值的不断升级。

---

① 熊爱华、张涵：《农村一二三产业融合：发展模式、条件分析及政策建议》，《理论学刊》2019 年第 1 期。

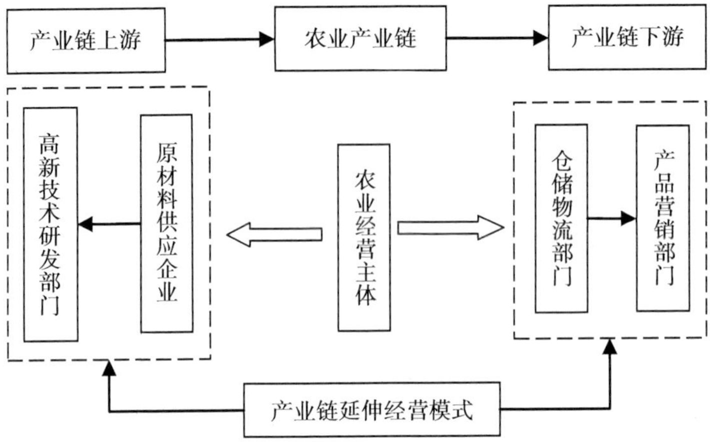

图 5.3 农业产业链延伸型融合示意图

（二）农业产业链延伸型融合形成的机理

农业产业链延伸型融合发展基于资源的共用与延伸，通过改变农业产业链，达到以农业加工业为引领，带动农产品生产、加工、销售等产业联动发展，促进农村一二三产业融合发展，延长产业链，提升价值链，拓宽增收链，使之成为农民利益增长的新载体。该模式下，农民专业合作社、家庭农场、种植大户、龙头企业等经营主体为了获得农业产业中更多的利润，会主动推进农业产业链延伸，这是促进农业产业链延伸型融合的本质原因。农业服务中间组织提供农业生产资料、生产设备、种植种子、化肥等基础材料为农业生产提供支撑，利用工业化理念，采用先进的运输保鲜方式、加工处理流程、技术设备等为农产品加工处理提供支撑，在加工环节上，注重对农产品的广泛和深入的开发。利用先进储运保鲜设备、物联网、互联网、电商等新型营销平台实现农产品的近距离、零距离销售，以消费者为中心，不断拓展农业产业的消费群体，以新供给开拓新需求，拓展农产品最广泛的消费空间。随着农业产业链的不断延伸和发展，农业产业新功能得到拓展。

（三）农业产业链延伸型融合形成的条件分析

农业产业链延伸型融合模式对农业经营主体的自身实力要求较高，当农业经营主体的产品相对成熟且具有相当的生产规模和市场规模时，其自身往往拥有较为集中的资源优势和资金优势。此时，作为实力较强的规模化农业生产经营者将会沿产业链向前后方向延伸，向前提升农业基础生产，向后推动销售、社会化服务的发展，以降低成本，拓宽自身的利润空间。

（四）农业产业链延伸型融合的结果分析

农业产业链延伸型融合的结果表现为以龙头企业为引领，大力发展农产品加工、储藏、保鲜、运销等农业产业多功能，建设产加销一体化经营、一二三产业融合发展的现代产业体系，实现产业链和价值链的拉长与延伸，农业产业功能的拓展及新产品的形成。随着农产品数量的丰富和功能的拓展，以农业产业链为主的新型农业业态和新型的农业产业模式形成，让农民从产业链条中分享收益，实现农业的提质增效、农民增收。

（五）典型案例：中粮集团

中粮集团是世界500强企业，也是我国领先的农产品、食品领域多元化产品和服务供应商。2009年，中粮集团全面启动全产业链发展模式，从以农产品和食品进出口贸易为主导业务的央企，开始向农产品领域的源头和终端两头进军。在全产业链模式下，中粮集团将小麦、玉米、油脂油料、稻米、大麦、糖、番茄、肉食等产业链有机组织起来，实现了整个粮油食品链条从种植到食品营销的一条龙服务。[①]

二、农业与其他产业交叉型融合

（一）农业与其他产业交叉型融合的内涵

农业与其他产业交叉型融合发展是指农业产业随着发展跨越传统农业产业边界，与其他产业相互改变产业链的过程，同时另一产业的无形要素也跨越其产业边界应用到农业产业对相应功能模块进行创新的过程。以旅游产业为例，农业与旅游产业交叉融合会激发农业的多种功能，挖掘乡村生态休闲、旅游观光、文化教育、农业体验、农村服务等农业的多功能，让农村一二三产业融合发展成为农耕文化的传承体，如图 5.4 所示。这种融合模式以乡村生态、文化资源富集区为载体，已成为乡村经济发展的重要引擎，有助于带动更多的普通农户参与三产业融合发展进程。新型农业经营主体基于

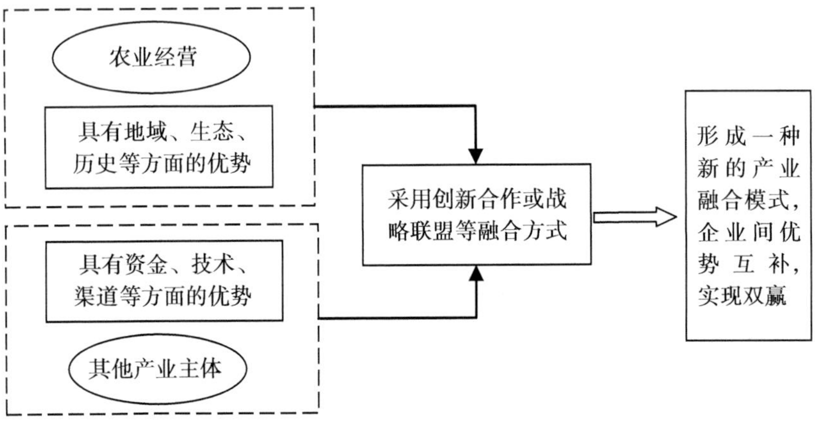

图 5.4 农业与其他产业交叉型融合示意图

① 徐振宇、李冰倩、王跃：《论“全产业链”战略对企业绩效的影响——以中粮集团为例》，《商业时代》2014 年第 9 期。

传统农业，深挖地域特色、生态及历史文化资源，推进传统农业与旅游、文化、养生等产业深度融合，发展旅游农业、休闲农业、创意农业等新业态。

（二）农业与其他相关产业交叉型融合形成的机理

农业与其他产业交叉融合体现了农业与其他产业间的相互改变过程，因此交叉融合的本质原因是农业与其他产业功能的耦合。农业的多功能性及其他产业的某一无形要素跨越农业产业与其他产业间的产业边界，基于共用平台使农业的多功能性和该无形要素同时得到应用和发展，从而促进农业和其他产业间的交叉融合。如农业产业与旅游产业的交叉融合本质原因就是休闲、体验、观光等农业多功能性在旅游产业链的应用及旅游产业功能在农业产业链中得以应用的共同结果。农业产业基于资源平台将其农业休闲、体验观光等新功能应用到旅游产业的产业链中，从而产生了农业旅游类产品，随着该农业旅游类产品及其衍生农业产品的丰富和发展，旅游产业链的其他环节也发生了改变。并逐渐发展为以休闲农业类旅游资源开发为导向，以具有乡村特色及旅游文化产品的生产为基础，产品销售主要以游客为对象的农业旅游产业链。同时，旅游产业将其旅游文化、旅游宣传、旅游带动、游客消费等功能应用到农业产品中，打造“望得见山、看得见水、记得住乡愁”的农产品销售与体验，从而提升了农产品的文化内涵和吸引力，满足了体验游、休闲游的需求。

（三）农业与其他相关产业交叉型融合形成的条件分析

这种融合模式下，通常农业经营主体所处地区农业资源较为分散，自身受限于技术、资金等方面，位于价值链中低端，没有足够的实力通过自我延伸来打通农业全产业链。因此，这些新业态通常不能仅依靠农业农村内部经营主体，需要创新合作、入股、联盟等多种利益联结机制，引导并鼓励农户参与土地流转，引入并发挥工商资本的资金、技术及先进经营理念优势，如此才能打造出具有历史底蕴、地域特色和文化韵味的旅游村镇或乡村旅游示范村，推动三产融合向交叉纵深发展。该模式更倾向于与其他产业主体通过合作或建立战略联盟等方式拓展农业新功能。

（四）农业与其他产业交叉型融合的结果分析

农业与其相关产业交叉融合体现了农业产业与另一产业间的相互改变过程，因此，其结果表现为两产业链上的创新。如农业产业与旅游产业的交叉融合中，农业产业改变旅游产业链的创新结果，表现为旅游休闲农产品的生产及基于此而逐渐形成的休闲、观光、体验农业产业新形态。旅游产业改变农业产业链的创新结果主要表现为农产品开发中注重对旅游资源的挖掘，农产品销售上能够满足游客对乡村文化内涵需求。这种基于交叉融合产业资源基础的农产品拓展了现有农业产品的类型，同时也改变了被交叉融合产业原有产品的功能。在该新型农业产品的基础上，逐渐衍生出与农业相关配套的服务，拓展农业的多功能性。如与旅游产业融合，农业产业多功能性融合到旅游产业后，首先产生一种新型农业产品，满足游客的吃住行游购娱等需要，从而产生出了新的农业旅游组合产品。

（五）典型案例：烟台葡萄产业基地

烟台葡萄产业基地依靠其独特的自然资源禀赋优势，在大力发展优质葡萄种植基础上，倾力推动构建从葡萄种植到葡萄酒酿造、葡萄生态旅游和葡萄酒庄休闲观光的全产业链模式，形成了三产融合多元主体利益共享、风险共担、联结紧密、共同发展的新格局。在烟台葡萄产业基地探索三产融合的进程中，葡萄种植户因缺乏进行产业延伸和功能拓展的资金及技术实力，难以获得可观收益和实现持续发展。中粮、国宾等工商资本的引入激活了当地农村发展要素，使得多家葡萄种植大户以土地折价入股方式加入合作社，获取相应的股金红利；张裕、威龙等公司发展生态观光旅游，将葡萄种植、葡萄酒酿造、葡萄酒文化有机融合，提升了葡萄酒产业价值链，拓宽了增收链，有利于进一步激活农村发展活力，释放乡村旅游发展新动能。[①]

三、先进技术要素对农业的渗透型融合

（一）先进技术要素对农业渗透型融合的内涵

先进技术要素对农业的渗透型融合，表现为先进技术要素的创新、扩散与渗透，带动传统产业发生变化和创新。如随着信息技术逐步渗透到农业产业中，将与农业产业之间进行快速的融合发展，催生农业新产品、新业态，改变农业产业的营销模式和服务质量，如图 5.5 所示。先进技术要素应用的广泛程度和深度影响着对农业产业创新的力度，农业产业对先进技术要素的吸收能力和与先进技术要

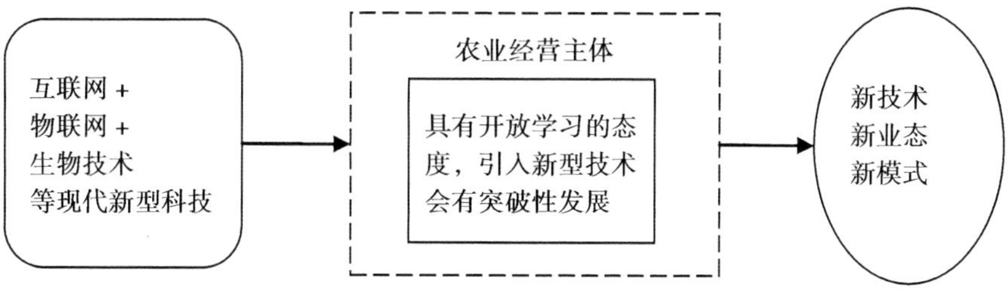

图 5.5　先进技术要素对农业渗透型融合示意图

① 鞠川江、赵向阳：《烟台：小葡萄里的大产业》，《中国日报》2009 年 1 月 8 日第 A01 版。

素的关联程度也影响着产业间技术融合的程度。如信息技术特别是物联网、大数据、“互联网+”、云计算、众筹等先进技术要素对农业产业的渗透，既模糊了一产与二产、三产业间的边界，也大大缩短了农业供给与农业需求双方之间的距离。信息技术融入农业产业链的不同环节，得到了不同的功能创新。信息技术的渗透性、带动性、倍增性、网络性和系统性等特点推动了信息产业带动农业产业的融合发展，渗透性和带动性使信息产业更容易成为融合产业中的主导产业，倍增性和网络性使信息产业得以低成本扩张，加速产业融合。这就使得“互联网+”农业、农业电商、农业众筹、在线租赁等方式成为可能。

（二）先进技术要素对农业产业渗透型融合形成的机理

先进技术要素对农业的渗透型融合主要表现为其他产业技术要素对农业产业的改变过程，因此融合的本质原因主要来自先进技术而并非农业产业。如信息技术这一无形要素基于计算机网络共用平台应用到农业产业链中，从而形成了信息产业对农业产业的渗透型融合，形成了“互联网+”农业、农业电商、众筹农业等。先进技术要素对农业产业链的渗透改变主要依赖于农业产业链中的先进技术要素应用平台。如果先进技术要素应用平台在农业产业链中的资源开发、农产品加工处理和农产品销售各个环节都存在，那么该先进技术要素在农业产业中得以应用的范围就比较广泛，从而改变了农业产业链中的各个部分，实现了农业产业链上各个模块的创新，如采用现代工业化生产方式和自动化控制系统，将世界最先进的种植技术，结合大数据分析运用物联网传感器和软件，通过移动平台或终端对农业生产进行控制与监测，实现农产品的全程追溯，让整个农业产业变得更具有“智慧”，从而生产出安全、高效、绿色的农产品。又如在农业资源开发上的 GIS 应用、农产品加工处理上的工业化理念、农产品销售环节上的“互联网 +”、电商等营销方式的创新及新业态的形成等都是先进技术要素对农业产业的渗透型融合。

（三）先进技术要素对农业渗透型融合形成的条件分析

这一融合模式中，农业经营主体往往具有较为先进的开放思想，将自身农产品及加工制品作为产业融合的物质基础，增强农产品品牌意识，强化品牌延伸，在与新技术的融合中将传统农村资源深度整合，推进农业创新动力，打通一二三产业间的阻隔，衍生出新型的产业融合业态，实现农产品的价值增值。

（四）先进技术要素对农业的渗透型融合的结果分析

先进技术要素对农业产业的渗透型融合主要取决于渗透融合到农业产业中的其他产业的先进技术要素及先进技术要素在农业产业中所应用的具体模块。信息产业的先进技术要素在农业产业链中的应用主要带来了农业产品的加工处理与营销模式的变革，而旅游要素在农业产业链中的应用主要带来了农村农业资源中乡村旅游潜质的挖掘和提升。总体而言，先进技术要素对农业产业的渗透融合结果，主要体现为农业产业链上应用其他产业先进要素的功能模块的创新及农业产业新业态的形成。信息技术、物联网、“互联网 +”等先进要素对农业产业的渗透融合产生智慧农业，是继传统农业、机械化农业、自动化之后农业产业的更高版本。

（五）典型案例：淘宝村

淘宝村是指淘宝等电商交易平台为主要交易平台，实现低成本网络创业并形成一定销售规模的村落。从现有的淘宝村发展历程来看，优秀的电子商务带头人在淘宝村的形成过程中发挥了极其关键的引领带动作用。而且，借助于乡村地区的“熟人社会”传统，农村网商的发展很容易形成涟漪效应，即一个农村网商的出现会迅速向周边亲友、邻居扩散，最终形成具有规模效应的淘宝村。同时，由于电子商务带头人的作用，一个淘宝村的网商大多经营同一品类产品，由此衍生出许多网络产业集群，且在商品生产、加工和流通方面形成协同效应，大大增强了农村地区网商的群体竞争力和一二三产业融合发展水平。随着淘宝村的快速发展，农村地区一二三产业融合互动进入新阶段。

第四节　脱贫地区农村一二三产业融合发展的难点与对策

一、脱贫地区农村一二三产融合发展的难点与原因

（一）农村一二三产融合发展的难点

1. 一产不强，标准化程度低

一是脱贫地区自然条件限制。由于农村基础设施建设薄弱，抗灾害能力差，农业资源人均占有量少，加上投入不足，脱贫地区在农业标准化建设方面滞后，大多是低层次、粗放式建设，很难达到标准化要求。二是标准与实际情况脱节。标准质量不高，产中技术规程多，产后标准少，标准的可操作性不强。三是标准贯彻实施力度不够。生产者素质较低、标准化意识不强、基层推广人员缺乏，很多农业标准难以落实。

2. 二产较弱，市场主体规模小

一是总体规模小。“小而散”“档次低”的问题突出，上规模上档次的市场主体少，带动力不强，深加工、高科技、名牌产品少。二是

加工能力弱。适宜加工的初级农产品品种较少，农产品产后保鲜、贮运、加工环节科技攻关滞后，特别是精深加工相对薄弱。三是利益联结松。农产品加工企业与基地和农户之间还停留在以产品买卖关系为基础的低层次产销合作上，没有形成“风险共担，利益共享”的经济利益共同体。

3. 三产不优，功能结构失衡

一是投入结构失衡。随着人民生活水平快速提升，对农产品的消费需求早已不是满足吃饱问题，而是要吃好、讲品质、讲安全、讲养生，这是消费升级新常态。如果不对农业的要素投入进行调整，不仅不能实现农业的提效，还会导致环境资源浪费，影响生态环境改善。二是生产与销售失衡。三次产业融合的企业大多处于产业价值链中低端，辐射带动能力弱。龙头企业促融主体带动力较强，而农村电子商务和农业文化产业两大新兴主体规模小、数量少。三是产业链失衡。农产品多数以初级产品或半成品的形式出售，产品的附加值低，产业链短。

（二）影响农村一二三产业融合发展的原因

1. 科技创新不足

脱贫地区农产品加工产业链短，附加值低，低层次过度竞争，效益低，与科技创新水平低密切相关。如农业旅游业是以农业生产、农村风貌、农民劳动和生活场景等农耕文化为主要内容的旅游活动，涉及多要素、多领域、多产业的融合和新产业新业态再造，需要多维技术的集成与创新，但脱贫地区往往缺乏这样一些技术。要使脱贫地区农村一二三产业融合持续高效发展，必须持续深化农业供给侧结构性改革，强化科技创新引领，创新体制机制，拓展农业功能，延伸农业价值链和产业链，才能提高农业资源的高效利用，推进农产品的多重转化增值。

2. 产业联结机制不规范

农村一二三产业生产要素的联结机制问题是构建农村一二三产业融合发展的关键。首先，众多农户与企业的连接是农村一二三产业融合发展的第一道难题。在市场经济条件下，龙头企业追求利润最大化是其本性，对于龙头企业面临的问题和困难，只有得到合理的解决，才能使农业与二三产业有机融合。其次，农村资源市场配置机制缺乏，农村资源与市场的连接是另一难题。我国农村人口过多，人均耕地少，农村生产力发展水平低，资金缺乏，加之家庭联产承包制的局限性，农村资源缺乏市场有效配置机制，也影响了农村一二三产业的融合发展。因此，应密切龙头企业与农业的联系，把市场的买卖关系规范为融合一体化的体制机制，才能延伸农业产业链价值链。

3. 融资难且融资成本高

融资难也影响了脱贫地区农村一二三产业融合发展。其原因是多方面的，一方面，由于农民缺乏抵押物以及信息不对称，农民贷款往往难以达到金融机构的抵押贷款要求；另一方面，金融机构更愿意将资金投入回报率高的产业和地区。可见，纯粹地依靠市场逻辑不仅使农村金融机构无法有效服务三产融合，甚至成为脱贫地区农村的资金“抽水机”，造成资金持续外流。

4. 政策支持力度不够

很多脱贫地区对农业的补贴，基本是按承包户发放，这种对农业的补贴方式，实际上转化为对农民的社会性补贴，形成农业生产的风险承担者与获得补贴者错位，农业生产性补贴效应弱化。同时，对农村一二三产业融合发展的综合体及专业经营主体支持不够，对其发展中面临的困难帮扶不到位。从许多发达国家的政策体系来看，农业企业都是享受补贴的主要领域。很多国家对本国农业实行了从基础设施、生产、流通、销售到出口的全方位补贴，既能保住农民的收益，又能维护涉农企业的生存与发展。

5. 经营权流转有待创新

中央在2008年提出土地承包权长久不变，目前中央又推进土地确权颁证工作，农户土地承包权有了越来越大的权利强度和含金量，但农户转让给他人的经营权往往期限短，导致土地经营实体不肯对土地做长期投入，或土地租金很高使土地经营者不堪重负。虽然实践中也有采取土地托管经营的形式减轻了租地成本高的困扰，但在一定程度上影响了脱贫地区农村一二三产业融合发展的进程。

二、脱贫地区农村一二三产业融合发展的对策建议

（一）完善农村一二三产业融合用地制度

土地是农村产业融合发展的重要载体，要通过农地流转、废弃地利用、集体建设用地制度改革等措施，破解农村产业融合发展过程中的土地瓶颈。要对脱贫地区农村产业融合发展项目建设用地给予倾斜，建议对农产品产地初加工、仓储物流、产地批发市场、农产品电商、乡村旅游等农村项目，实行用地计划指标单列。鼓励各地结合本地区土地总体规划修编，将建设用地规模和年度计划指标向农村产业融合发展项目倾斜。在征得农村集体经济组织同意和不改变土地性质的前提下，新型农业经营主体可依法使用农村工矿、学校废弃用地、闲置宅基地等农村集体建设用地和四荒地发展农村产业融合项目。对于农

村产业融合发展示范区以及具有引领作用的重大项目的建设用地，建立报批绿色通道，实行优先供地和审批政策。

（二）培养建立紧密型利益联结机制

脱贫地区农村产业融合发展中的紧密型利益联结机制，不是简单的买卖关系或合同契约关系，而是要以保障农民权益为核心，使新型农业经营主体与普通农户之间形成风险共担、互惠共赢的利益共同体。要将有效的利益联结机制与政策支持相挂钩，鼓励工商资本、产业化龙头企业与农民合作社、专业大户、家庭农场、普通农户签订保护价收购合同或者高于市场价收购合同，采取按收购量对农户进行利润返还或二次结算等利润分成方式。要推广股份合作型利益联结，开展农村土地和集体资产股份制改革，推动农村集体建设用地、承包地和集体资产确权分股到户。要鼓励专业合作社、家庭农场、种养大户和普通农户以土地、劳务、资金等入股企业，支持企业以资金、技术、品牌等入股领办专业合作社。鼓励探索建立以农业企业为龙头、家庭农场为基础、农民专业合作社为纽带，基于股份制和专业化分工的现代农业产业联合体。要完善利润分配机制，推广"保底收益 + 按股分红"分配方式，明确资本参与利润分配比例上限，维护农民利益。

（三）健全产业融合人才支持政策

加大对脱贫地区农村产业融合发展需求的各类人才培训支持力度，要鼓励企业家和各类人才到农村创业和从事产业融合项目开发。要通过支持科技人员领办或参与产业融合项目开发，对农民开展技术咨询和技能培训，提高研发团队和科研人员在成果转化收益中的比例等方式，鼓励科技人员参与到产业融合发展中。要通过在高职院校中开设三产融合相关类型必修课等方式，提高一二三产业融合知识普及率，开拓农村子女对产业融合的新认识，培养专业人才。

（四）加强农村基础设施建设力度

要加快脱贫地区农村交通设施建设，提升农村道路等级，加强农村公路养护和安全管理，并优先向产业融合项目倾斜，减轻融合项目实施的基础设施投入成本。要改善涉农仓储、保鲜、烘干等设施条件，加强各类农产品加工园区基础设施建设，在农产品集中产区改扩建一批集散功能强、辐射范围广的农产品产地批发市场，支持企业建立农产品加工配送中心。要提高农村信息化装备水平，增强网络覆盖面和稳定性。要根据休闲农业和乡村旅游发展需求，建设交通导引牌、乡村停车场，强化休闲农业集聚区周边环境整治。要支持农村电网改造升级，提高农村电力保障能力，并降低三产融合过程中用电收费标准，减轻用电压力。要根治农村污水治理做表面文章的现象，根据各村实际，科学合理地开展农村污水循环利用和治理，解决农村水源污染问题。

第六章　脱贫地区乡村产业振兴的动能保障

乡村产业要快速、持续、健康发展，必须要有强劲有力和源源不断的动力支持。通过对国内乡村产业发展比较成熟的地区进行研究发现，农业科技服务、产权制度改革、农村地区创业是乡村实施产业振兴战略中最重要的三项动能保障要素，直接决定了乡村产业发展的质量、效率、效益和持续性。本章将探讨脱贫地区如何实现农业科技服务、产权制度改革和农村地区创业，从而为乡村产业振兴提供持续发展动能。

第一节　脱贫地区乡村产业振兴的农业科技服务

一、农业科技服务对脱贫地区乡村产业振兴的重要性

科技创新是引领产业发展的第一动力。农业科技创新是以提高农业持续发展能力和效率为核心，以整合资源和创新机制为手段，以食物特别是粮食安全、生态安全和农民增收为主要任务，促使农产品增值增产的技术开发活动。农业科技服务是以推广农业科技创新成果为目的的服务活动，对脱贫地区乡村产业振兴具有重要意义。

（一）农业科技服务可为脱贫地区农业高质量发展赋能

在农业产业发展的过程中，一项成功的农业科技创新能使原本低

效、落后的农业生产发生翻天覆地的变化。例如，在习近平总书记赴福建考察期间所去的南平武夷山的燕子窠生态茶园，通过农业科技创新，创造性地使用茶豆套作机制，不施化肥、不打农药也能产出高品质、高产量的武夷山茶，并克服了由于茶树对土壤养分消耗过度导致的茶园土壤退化的难题，既帮助当地茶农提高了经济效益，又减轻了原本因化肥农药而产生的生态负担，其良好的综合效益已使得整个武夷山区建成超过 10 万亩这样的茶豆套作生态茶园。脱贫地区要实现乡村产业振兴，就必须以科技为支撑，通过农业科技服务探索产业发展的科技路径，进而才能实现乡村产业高质量、可持续发展，实现脱贫群众稳定增收。

（二）农业科技服务能为脱贫地区一二三产业融合提供支撑

在脱贫地区原先简单、粗放的农业生产模式因为其低效的投入产出比，无法为农民发展二三产业提供充足的资金积累，也无法促使当地对先进农业生产设施产生需求，进而在农产品的加工和销售环节，亦难以建立起完备、成熟的产业链条，最终制约乡村产业振兴。通过引入农业科技，提升农业生产的综合效益，打造由生产到加工再到销售的整体产业链条，能拓展脱贫地区产业发展的新业态，带动其他产业，实现产业融合发展。例如，在陕西省柞水县，通过科技创新推动木耳产业发展，利用新技术、新模式改变了原先小规模、低附加值的木耳种植产业，将产业延伸到了二三产业，累计带动全县 6944 户群众户均增收 5000 多元，实现全县 10068 户有劳动能力的贫困家庭每户至少一人实现就业，使得当地的“小木耳”变身成为“大产业”。[①]

① 雷建梅：《陕西柞水：小木耳做成乡村振兴大产业》，《农业科技报》2021 年 12 月 21 日第 002 版。

（三）农业科技服务能为脱贫地区提供良好生态环境

农村人居环境是农村经济、政治、文化、教育和生活服务的场所，是广大农民生产和生活的基础，也是农村经济社会持续、稳定、协调发展的基本条件。农业科技还聚焦于农业绿色发展，着力破解遗传改良、资源高效利用、有害生物控制等方面的技术瓶颈，能够促进农村人居环境绿色发展，实现农村环境更美、更加宜居，吸引农民工返乡创业、吸引城镇闲置资金投资，进一步推动乡村产业振兴。

二、脱贫地区乡村产业振兴的科技需求研究

陈兴平（2014）研究了脱贫地区农业科技服务需求的内容。[①]他通过对陕南三市360个需求样本农户进行调研发现，93.9%的样本对农业种植方面有科技服务需求，40.8%的样本对林业方面有科技服务需求，28.6%的样本对畜牧养殖方面有科技服务需求。338个有农业种植科技服务需求的农户（农业企业），需求涉及9个方面，需求最高的是良种技术服务、农作物防虫治病、科学施肥，其比例都在20%以上；但满意度普遍不高，平均分值为73.2，处于基本满意状态，其中对农机技术服务的平均满意度最低，为55.6，属不满意。147个有林业科技服务需求的农户（农业企业），需求涉及11个方面，其中需求最高的是嫁接、修枝、剪枝、防虫治病、苗木种植培育等技术指导，其比例都在10%以上；满意度分值平均为74.0，也处于基本满意状态，但农户（农业企业）对果树维护指导服务评价较高，而林间除草技术服务没有服务主体。103个有畜牧养殖方面科技服务需求的

① 陈兴平：《陕南三市农户对农业科技服务需求的调查研究》，《湖南农业科学》2014年第9期。

农户（农业企业），需求涉及8个方面，需求最高的是畜禽防疫、饲料技术、畜禽养殖技术，其比例都在10%以上；满意度分值平均为77.0，处于满意状态，但无专业技术人员进行现场指导，农户（农业企业）对配种技术服务不满意。

刘明等（2013）研究了脱贫地区农户行为特征与农业科技需求的关系。[①] 他们调研了重庆地区16个区县的脱贫农户发现：第一，重庆地区农业科技需求程度不高，且存在地域差异。超过1/3的农户对农业科技产品的意愿仅处于中等水平，主城远郊农户的科技需求较低，而主城近郊、区县近郊、区县远郊地区农户的科技需求较高。第二，科技意识与信息交流等文化特征是影响农业科技需求的主要因素，科技意识越强、信息交流越密切的农户对农业科技需求越强。第三，从农户行为的经济特征来看，收益水平对农业科技需求有正向影响，收益水平越高，对农业科技产品的有效需求就越多。第四，农户的社会地位也是影响农业科技需求的重要因素，社会地位较高的农户，对农业的依赖程度较低，采用农业科技产品的意愿较小。此外，农户所在地区的自然型生产条件、经济型生产条件、政策扶持等因素，均在一定程度上影响了他的科技需求。

刘强等（2020）研究了脱贫地区农业科技需求的影响因素。[②] 他们通过对四川省贫困地区农户调研发现，脱贫地区农户农业科技需求的主要影响因素包括四个方面：一是家庭劳动力情况。青壮年劳动力、

---

① 刘明、王燕飞：《农户行为特征与农业科技需求——基于对重庆市农户的调查》，《统计与信息论坛》2013年第10期。

② 刘强、胡旭、李晓：《贫困地区农业科技需求影响因素分析——基于四川省贫困地区农户的调查数据》，《中国农业资源与区划》2020年第9期。

文化水平较高的劳动力大多数外出务工，严重制约了当前脱贫地区农业科技需求。二是家庭收入情况。脱贫地区大多数家庭可支配收入低，不具备新品种、新技术、新机械的投入能力，没有形成农业科技需求的良性循环。三是农民组织化程度。脱贫地区农民专合组织不规范、带动能力不足，制约了农业科技的需求，特别是严重制约了先进生产组织方式和模式、适用新机械新装备技术的需求。四是技术培训和指导。接受培训和技术指导越多的农户越能理解科技的重要性，对农业科技的需求意愿越强，当前脱贫地区培训和技术指导的不足也是制约贫困地区农业科技需求的主要因素之一。

三、乡村产业振兴的科技服务模式

根据提供科技服务的主体不同，目前我国的乡村农业科技服务大致可分为三类：

（一）由农技推广机构提供科技服务模式

农技推广机构主要指由当地政府主导，由农业行政部门主管，设立在县区、乡镇一级的事业单位机构，其以聚焦公益性服务为主要职责，构建农技推广全覆盖，向全民提供重大关键技术示范推广，并对经营性农技服务活动进行有效引导和必要管理。农技推广机构作为由行政单位主管的公益性组织，在覆盖程度、运营规范程度上都有相当大的优势，也是基层乡村最常接触到的科技服务提供方。但这种科技服务模式存在管理多于服务、个性化精准化服务提供不足、工作人员收入激励制度不健全等问题。目前，脱贫地区大多还处于单一由县、镇级农技推广机构提供科技服务的阶段。

（二）由高校与科研院所提供科技服务模式

该服务模式主要是指在政府的统筹领导下，以涉农高校和科研院所为主导，以促使农业科技成果落地转化、农民增收为导向的产研相结合的一种服务模式。这种服务模式可以将高校等的农业人才有效对接到乡村基层，并可以有效利用高校和科研院所在科研实力、数据收集与分析能力上的优势，因而专业性更强，并且科技服务水平更高。但存在覆盖范围小，科技转化落地周期较长，针对高校等提供的科技服务无法有效激励等问题。这一模式将是对脱贫地区科技服务模式的有益补充。

（三）由市场化力量主导的科技服务模式

该服务模式主要是指以企业为科技服务主体的社会化服务模式。目前这种模式在我国并不多见，但其作为一种社会力量参与到科技服务中的模式，拥有很大的发展潜力。该模式以经济利益最大化为科技服务导向，具有更高的效率，但会因为负担经营风险而导致产生各种不利影响，因而需要引导与监管。这一模式未来有可能成为脱贫地区科技服务的主要模式。

四、科技助力脱贫地区乡村产业振兴的对策建议

（一）精准对接科技需求

对于当前脱贫地区而言，整体农业基础较为薄弱，农民想尝试新的生产方式，但缺乏经验，农业生产技术也比较落后，需要专业的农业科技知识作为指导，同时由于刚刚脱贫，农民收入不高，其对于技术应用初期的投资成本也有所顾虑。因此，要促使科技助力脱贫地区产业振兴，首先应准确了解农民的实际需求，合理引导农民接受新科技推广。高校及科研单位也应围绕现代农业产业发展重大需求，开展

科技关键技术攻关和技术集成创新活动。立足农民所迫切希望的革新技术，重点放在粮食绿色增产、良种良法筛选引进、农产品质量安全、智能农业、设施农业、生态健康养殖、畜禽粪污治理、农产品精深加工等领域，加大关键共性技术研究和瓶颈攻关力度。村委会等农村基层组织，应当及时掌握村民耕作动态、科技服务需求，组织好村民关于科技需求的交流沟通，并向上级反馈。定期开展农民农业信息化技术培训，针对播种、灌溉、施肥、喷药、收割等环节，组织互动课堂，既使农民能够有效学习农业科技知识，解决现实问题，又能及时传递农业科技需求信息。

（二）创新科研服务模式

在过去的30年间，农业科技服务为农村脱贫攻坚作出了不可磨灭的贡献，但在新时代乡村振兴背景下，目前的科研服务模式仍需不断地创新和优化。一是成立科技特派服务团或农村科技工作站。让具备专业素养、经验丰富的专家深入农村面对面、手把手地向农民传授科技知识。进一步加大对科技特派员工作的支持力度，把科技特派员纳入科技人才工作体系统筹部署，完善科技特派员创业服务机制，支持科技特派员领办、创办、协办创新实体。二是通过提升乡村经营主体的科技服务能力，组建乡村自己的科技服务团队。如加强对农民合作社、家庭农场、农村专业技术协会从业人员特别是核心人员、技术骨干的技能培训，进而引导支持科技水平高的农民合作社、家庭农场、农村专业技术协会通过建立示范基地、“田间学校”等方式开展科技示范。三是探索“互联网+”农村科技服务新模式。运用互联网、物联网、云计算、大数据等新技术，采取“线上+线下”的服务手段，开展农业科技服务。四是完善科技服务激励机制。建立与考评结果挂钩的经费支持机制，建立实际贡献与收入分配相匹配的内部激励机制；

允许农业科技人员在履行好岗位职责的前提下，为家庭农场、农民专业合作社、农业企业等提供技术增值服务并合理取酬。

（三）加强科研成果转化

农业科技成果的有效转化是实现乡村产业振兴的重要支持力量，但目前在脱贫地区农业科技成果转化的过程中常常会因为受到机制、人员以及体系等方面因素的限制，造成成果转化不理想的情况。统计资料显示，日本和美国农业科技成果转化率为70%—80%，德国、英国和法国则高达90%，我国每年大概有7000项农业科技成果面世，其中仅有40%左右的成果转化为现实生产力，而真正形成规模的不到30%，远低于发达国家水平。[①]脱贫地区由于其农业基础薄弱、农民增收愿望更加迫切等原因，相比产业较发达地区，有更强烈的科技成果转化愿望，因而乡镇一级政府应当积极通过引导和宣传树立科技成果转化示范户，让脱贫地区农民乐于接受新技术、乐于掌握新技术。各级政府也应当做好乡村产业和企业、市场的联系平台作用，吸引企业及市场重视并信任新技术、新产品，进而让科研成果能够尽快产生经济效益。还可以通过组织博览会的形式，邀请相关农业企业、科研院校共同交流农业科研新成果，进而达到宣传转化成果的目的。

第二节　脱贫地区乡村产业振兴的产权制度改革

产权是市场经济条件下生产要素得以流通的法律前提，改革是农业农村发展的根本动力。农村产权制度改革是全面深化农村改革和深

① 本刊编辑部：《国外农业技术推广模式借鉴》，《中国农村科技》2012年第9期。

入推进农村综合改革的主要任务，对乡村振兴战略的实施成败与否有着巨大的影响。

一、农村土地产权制度改革

农村土地产权制度改革是针对土地权属关系的“变动”。目前，土地产权制度改革主要任务是在坚决实行第二轮土地承包到期后再延长30年的政策的前提下，进一步深化农地“三权”（经营权、所有权、承包权）分置改革，在依法保护集体所有权和农户承包权的前提下，平等保护经营者的土地经营权。通过农地“三权”分置改革，释放农村劳动力，促进城乡资本投资农业生产经营，促进农地适度规模经营，培育和发展新型农业经营主体。

（一）土地产权改革对脱贫地区乡村振兴的意义

回顾历史可以发现，每一次成功的土地产权制度改革都能为社会发展提供极大的推动力，自新中国成立以来，已有两次成功的土地产权制度改革，证明了符合历史进程的土地产权制度能够解放农村农业生产力。目前，脱贫地区面临大量人口外出务工、地多人少、农田变闲田的现象，要实现乡村振兴，深化土地产权制度改革成为了必由之路。

1. 有利于农业产业发展，实现产业兴旺

乡村振兴背景下乡村产业发展可能涉及新经营者的进入、外来资本的注入和外部要素的嵌入，这些外来的经营主体或新型的经营主体完全可能不是本地村民。如何在稳定农村土地基本制度框架的前提下，保证这些经营者的合法权益，促进农业新业态、新产业的发展，需要对土地承包经营权进行分置，开放承包地的经营权，予以明确的地位和政策保障。在实践中，因二代农民工离土离乡不回村，土地的承包

主体和经营主体实际已发生了分离，乡村振兴中农业产业的发展迫切需要土地产权制度的改革。[①]

2. 有利于农民增收，实现生活富裕

农民家庭的收入主要由农业收入和非农业收入两部分构成。因人均土地面积太少、地块细碎，传统的种植业和种植模式很难让农民致富，农业要增收一方面需要发展农业新业态和新产业，另一方面要实现农业产业结构的升级。为此，农业的产业形态、经营模式、产业组织类型、营销手段等都将发生变化，这些都会与农业最根本的生产要素——土地发生关联，不能不触动以村民身份为基础的、相对封闭的土地产权制度。而对于长期外出以非农收入为主的农户而言，让闲置的承包地价值增值，同样需要土地产权制度的调整，来确保土地要素的流动性和优化配置。如果要增加农民的财产性收入，实现农民的土地发展权，农村土地制度的革新就更为必要。

3. 有利于市场化发展，实现治理有效

乡风文明和治理有效集中体现了农民的文化权利和政治权利，而确保农民拥有更充分的土地权利、更广泛的财产权利和更自主的劳动和选择权利，实质上就是赋予他们更多的发展权和自由权，这是农村社会走向文明和善治的基础。所以，农村土地产权制度适应城市化、市场化和城乡融合发展的改革，对实现乡村振兴具有重要作用。

（二）脱贫地区土地产权制度存在的主要问题

我国当前农村土地产权的根本制度是诞生于20世纪80年代的家庭联产承包责任制，随着社会发展，这一制度在很多方面已不能适应

① 吴晓燕：《动能转换：农村土地产权制度改革与乡村振兴》，《社会科学研究》2020年第3期。

农业现代化的发展，有必要对其中不适应的部分进行深入改革。总体上，我国农村土地产权制度运行中存在的主要矛盾是现有的以小农经济为基础的家庭联产承包责任制和现代农业规模化经营需求之间的矛盾，这一矛盾的长期存在和深化发展导致农村土地产权制度在运行中存在问题。

1. 土地的碎片化经营模式

现有的以家庭联产承包责任制为主的农村土地产权制度造成的最大的现实问题是土地的碎片化经营模式。据有关资料统计，我国户均耕地面积不足 8 亩，而耕地块数为4.1块，亦即每块耕地的平均面积仅为1.7亩左右。[①] 而在一些脱贫地区的农村，其每块耕地平均面积甚至不到0.5亩。土地不仅在分布上呈现碎片化特征，而且农村土地在流转中也存在碎片化现象，表现在时间和空间、流转决定权分散，以及农村集体法律层面的土地所有权和农民观念层面的土地“所有权”分离等方面。这种经营模式因规模过小而导致经营成本上升，严重阻碍了农业的机械化进程，将大量劳动力束缚在农村，降低了农民可能的收入水平。

2. 土地产权主体变动频繁

在现有制度下，和其他地区一样，脱贫地区农村土地所有权和使用权互相分离。农村土地所有权一般归属村集体，而使用权则归家庭或其他承包主体。除了国家依法对农村集体土地征收之外，农村土地所有权基本是固定不变的，而使用权却受到承包年限及其他因素的影响，处于不停地变动之中。这种主体的频繁变动状态，在主要以短周期的粮食作物为主的土地经营模式中能充分保证土地使用权分配过程中的公平，并且对土地使用效率影响不大。然而，随着现代农业的

① 李丽辉：《补上农业规模小效益低的短板》，《人民日报》2015 年 7 月 5 日第 002 版。

发展，这种土地产权主体频繁变动的状态却带来了越来越大的负面影响。一方面，很多收益较高的农作物都需要较长周期的投入，而土地使用权的频繁变动会阻碍农民进行这种能够提高土地使用效率的农业投入。另一方面，越来越多的农村集体土地被用于非农业用途，土地使用权的频繁变动使这些非农业投资处于极端的不稳定状态之中，不仅使投资者不敢继续扩大投资规模，而且已有的投资也由于土地使用权的时间限制而存在到期被收回的风险。

3. 土地流转权利受限

事实上，无论是土地的碎片化经营还是土地产权主体的频繁变动，假如相应的土地产权能够自由流转，在市场经济规律的作用下会自发朝着最有利于土地利用效率的土地规模化经营的方向发展。然而，根据当前的土地产权制度，农村土地所有权归集体或国家所有，法律禁止除国家征收之外的任何形式的流转，能够流转的只有农村土地使用权。但脱贫地区农村土地使用权在流转的过程中却受到法律的诸多限制，从而使其能发挥的作用非常有限。农村土地承包经营权不能依法转让意味着其难以按照市场经济的规则通过规模经营的方式提高农村土地利用效率，而抵押和入股受限则意味着农民很难通过农村土地承包经营权获得发展所需的资金。因此，土地流转受限也是我国脱贫地区当前农村土地产权制度运行过程中亟须解决的关键问题。①

（三）脱贫地区土地产权制度改革的思路

1. 科学、谨慎开展土地制度改革

我国是社会主义国家，农村土地产权制度改革不能采取资本主义

① 鄂昱州：《农村土地产权制度运行中的问题及解决途径》，《学术交流》2017 年第 2 期。

国家使用过的类似“圈地运动”的方式，通过“羊吃人”的代价实现市场化，农民权益及农村社会的稳定关乎国家的稳定，这是推动改革的底线。以此为指导思想，我国在农村土地产权制度的立法和政策制定上应当采取政策先行、立法跟进的稳妥方式，尤其是在依法治国的大政方针下，政策的落实也要有法律的支撑。在现有农村土地产权制度的框架下，脱贫地区进行土地产权制度改革应当充分考虑此项政策在推行过程中的法律的配套适用、财税体制的支撑、当地的财富分配及社会情况等因素，避免产生新的问题和纠纷。

2. 完善现有的土地产权流转制度

脱贫地区现有土地产权流转制度虽然基本上可以维持农村社会的稳定，但很多规定并未体现出农民基于土地而拥有的财产权，必须进行完善。比如，现有《土地管理法》第十五条对集体组织外成员土地承包经营权的取得没有必要规定一律采取须获得 2/3 同意并需要乡镇政府批准的法律程序，可以修改为达到一定面积和期限的需要经过这种复杂的审批程序，小面积短期限的可以只要经过村委会成员的多数同意即可。另外，针对农村土地使用权抵押和入股之后，抵押人不能清偿债务或入股的经济组织破产清算的情况，遇到难以变现的问题，可以考虑由政府设立相应的保险基金，在其无法变现的情况下由政府保险基金支付，并对相应土地的使用权实行代管，以其收益进行清偿。针对土地使用权主体变动频繁，不利于长期投资的局面，有必要调整现有关于土地承包经营权的相关规定，针对特殊性质的土地经过申请后可以考虑将其承包期限适度延长。

3. 建立城乡统一的社会保障制度

我国要在立法和政策层面使农村土地产权制度真正市场化，必须解决农村社会保障制度缺失的问题。因此，建立城乡统一的社会保障制度，将所有的农民纳入全国统一的社会保障体系内，为其在农村土地产权制度市场化后失去土地使用权时提供基本生活保障，是推行农村土地产权制度改革必须采取的措施。这些保障主要包括失地农民最低生活保障、失地农民养老保险、失地农民医疗保障。建议脱贫地区分阶段逐步实施：首先，在现有农村合作医疗制度的基础上，将其同城市合作医疗合并，建立统一的城乡合作医疗制度。其次，以目前农村的低保制度为基础，逐渐将其改造成养老保险制度，并最终同城市养老保险制度合并，建立统一的城乡养老保险制度。在解决了上述主要的保障制度统一的问题后，再进行如失业、生育等方面的农村保障制度的建立并逐步实现城乡统一。只有建立城乡统一的社会保障制度，才能逐步消除城乡二元社会体制，促进城乡一体化，解开捆绑在农村土地产权上的种种绳索，让其有序进入市场，释放出应有的价值，让农民的权利不再流于纸面，真正转化成农民的权益。

二、农村宅基地产权制度改革

农村宅基地“三权分置”改革是2018年中央一号文件作出的改革部署，目的是落实宅基地集体所有权，保障宅基地农户资格权，适度放活宅基地和农民房屋使用权，进而盘活用好原本闲置的农村宅基地，促使农民权益得到更好的发展。[①]

（一）宅基地制度改革对脱贫地区乡村振兴的意义

1. 有利于提升脱贫地区农村建设用地使用效率

当前，脱贫地区农村宅基地空置率高、建设用地闲置的现象已经

① 桂华：《当前农村宅基地制度改革的思路探析》，《人民论坛》2021年第16期。

相当普遍。土地是实现乡村振兴最为重要和宝贵的生产要素。我国土地资源相对稀缺，随着工业化和城镇化进程的推进，城市建设用地供给不足与农村宅基地闲置浪费、流转不畅之间的矛盾越发突出。另外，脱贫地区农村宅基地多为分散布局，建房面积超标现象普遍存在，在土地价格上涨、土地资源日趋紧张的背景下，农村宅基地土地资源闲置和浪费的情形亟待改善。因而，推进脱贫地区农村宅基地产权制度改革，在确定农村宅基地产权公有的前提下，扫清农村宅基地产权流转的法律障碍和制度障碍，推进农村宅基地产权按照市场需求和市场价格合法合理流动，不仅可以缓解我国土地市场供不应求的结构性矛盾，而且可以有效推进农村宅基地的集约利用，明显减少农村建设用地的闲置浪费。①

2. 有利于脱贫地区稳定有序推进城镇化

新型城镇化与乡村振兴是不可分割的整体，小城镇是城乡联合的桥梁，为其腹地的农村地区提供基本的基础设施建设和公共服务，因此新型城镇化既是发展中国家高速工业化进程中必然会出现的正常现象，也是乡村振兴的重要动力。农村宅基地产权制度改革的核心内容在于理顺农村宅基地流转过程中的产权归属关系及由此带来的利益分配关系，如此不仅可以为城市建设用地提供更多的土地资源，而且能有序推进农村本身的城镇化进程。对脱贫地区而言，一方面，以农村宅基地的合法合理流动保障城市规模扩大的用地需求，从而为农民工市民化和农村大学生市民化提供出路；另一方面，脱贫地区城镇化也在大力推进，其间农村宅基地的产权回收、农村建设用地的征收占用

① 邢成举、周思聪：《乡村振兴与宅基地制度改革》，《燕山大学学报》（哲学社会科学版）2021 年第 5 期。

同样需要通过推进农村宅基地产权制度的改革，理顺宅基地流转过程中的产权利益关系。

3. 有利于加快脱贫地区农村经济增长方式的转变

当前，我国农村的经济发展和社会进步已取得了巨大成就，且进入到必须通过大力推进产业结构调整，发展非农产业、新型家庭经济等实现农村经济增长方式转变的新阶段。然而，以工业化、信息化、非农产业和新型家庭经济实现农村产业结构调整和经济增长方式转变离不开土地，在国家对农村耕地保护日趋严格严厉的情形下，对农村宅基地进行集约利用，通过宅基地产权流转为非农产业发展腾挪发展空间无疑是主要出路。同时，脱贫地区农民发展非农产业需要大量资金，而在我国现有的金融资源格局中，农民很难通过银行等正规渠道筹措到足够的资金，推进农村宅基地产权制度改革，放宽宅基地产权流转闲置，承认农村宅基地的抵押担保作用，不仅有助于农民通过银行等金融机构贷款融资，而且还可以让农民以宅基地产权入股形式扩大农村招商引资规模。

（二）脱贫地区宅基地产权制度存在的问题

1. 宅基地产权制度制约了农民分享土地增值收益

我国确立现行宅基地产权制度的初衷在于限制更多的耕地成为新增农民的住房用地，借以保住 16 亿亩耕地的红线，同时保证农民的基本居住权。在城镇化和工业化日益影响和渗透到农村的过程中，农村土地价格也在城市土地价格的传递中不断飙涨，土地升值使得农村宅基地参与土地市场流通的客观趋势持续增强，农民也希望拥有更多的住房，像城市居民一样，可以通过新建住房分享土地增值的收益。然而，国家一户一宅、限制面积、不许流通、村镇规划等现行宅基地产权制度下的种种限制因素阻碍了农民的正当利益诉求。显然，现行宅基地产权制度与国家促进农村发展的基本目标存在内在冲突。

2. 宅基地产权制度的内容设定与实际操作存在冲突

现行宅基地产权制度的诸多规定在农村的实际应用中很难按照设定的具体内容去操作，反映出宅基地产权制度其实存在制度设定的内在冲突。例如，农村宅基地产权制度虽然限制宅基地的买卖，但未禁止农民住房的买卖，且宅基地产权在村集体范围内的流转也是允许的，因此，农民住房买卖在农村屡见不鲜。宅基地产权制度虽然限制宅基地产权流转向集体以外的成员，但按照“地随房走”的原则，村民在将房屋出售后，宅基地产权在事实上已经转移了，只不过未获法律认可，由此导致农村宅基地在流转中存在产权的法律漏洞，容易造成法律纠纷和民事纠纷。

3. 宅基地产权不稳定且缺乏稳定的实施机制

在当前的宅基地产权制度下，国家法律法规关于宅基地产权的很多规定，因农村宅基地使用中存在的一些事实和宅基地产权所有者身份的变更而难以形成法律上的稳定产权。如农村中许多村民在国家批复宅基地的基础上大量存在超标建筑、私搭乱建现象，超出法定面积标准的部分，其产权归属难以界定。农村中的一些居民，因升学就业或其他原因导致其农民户籍身份发生变化并搬离农村居住，其原有宅基地产权也不稳定。农民宅基地产权的不稳定造成农村征地拆迁和集体收回农民宅基地过程中宅基地补偿收益的不确定性，导致农民与政府之间、农民与开发商之间、农民家庭成员之间的法律经济纠纷时有发生。另外，在农村宅基地产权制度的实施中，村镇政府部门缺乏审批控制宅基地使用权的稳定机制，如部分村干部的自利行为和乡镇政府在审批中的收费行为使得农村宅基地在审批中平添了诸多乱象。

（三）脱贫地区宅基地产权制度改革思路

1. 以宅基地产权制度改革盘活流通机制，让农民共享土地增值收益

土地价值随着经济的发展而逐渐上涨是经济发展的必然现象。当前，经过40多年的改革开放，中国的经济总量已经跃升到一个新的高度，土地价值也得以飞涨。让农民充分享受到作为改革和发展重要成果的土地增值收益符合我党的执政理念，也应成为政府努力的重要方向。它不仅关系到农民能否从现代化建设中得到实惠，而且关乎社会正义。对此，应当在坚持农村宅基地产权归属集体的前提下，逐步放宽乃至最终取消农村宅基地产权流转的制度障碍和法律障碍，尤其需要在法律层面明确流转过程中的法律关系主体、法律关系客体和由此产生的利益分配关系。另外，以农村宅基地产权改革促进宅基地流转不仅需要构建供给市场，还要尽量释放消费活力。因而，在改革农村宅基地产权制度，给予农村宅基地产权流转以法律保障的同时，也要推进城乡户籍一体化改革，为农村宅基地产权流转培育消费需求。

2. 引导农村宅基地参与市场流转，构建宅基地流转信息平台

产权是个法律概念，但在本质上具有经济属性。推进农村宅基地产权制度改革，正是要让农民在不具备宅基地产权的现实条件下，最大限度地享受宅基地产权的经济收益，实际上是在新的形势下对农村宅基地价值的一次重新分配，而市场是保证分配公正性的主要形式。因而，让农民充分享受到宅基地的产权收益必须有序引导农村宅基地参与市场化流转，为农村宅基地的产权流转构建统一的流通市场。农村宅基地流转市场建设起步晚，市场化水平低，信息不对称等问题制

约着统一市场的形成。为此，应当积极推进农村宅基地流转信息平台建设，让有出售意愿和购买需求的双方将宅基地的土地信息和购买需求汇总到信息平台上，改变宅基地流转中信息不对称和难以实现供需结合的现状。另外，为配合农村宅基地流转信息平台建设，还要积极推进相关中介服务产业发展，扶持一些社会信誉好、资本实力强的房地产中介企业参与信息平台建设，委托中介服务企业构建宅基地流转信息档案，及时通过互联网发布供需信息，科学评估当地宅基地价格，负责调解宅基地流转过程中产生的一些经济法律纠纷。

3. 完善宅基地产权登记制度，建立宅基地的产权退出机制

现行农村宅基地产权界定相对模糊，使得产权流转存在很大法律风险，制约了宅基地的流转。对此，必须在明确宅基地产权集体所有的前提下，构建完善的宅基地产权登记制度。县乡各级政府相关部门要在村委会的配合下，对农村宅基地的房屋四至和产权归属进行全面调查，明确宅基地的所有权人和使用权人，对手续完备、建造合规的宅基地及其地面建筑颁发集体土地使用权证、房屋所有权证等有效证书，乃至可以参考城市房屋产权制度，为农民颁发房产证。同时，还要积极跟进农村宅基地的变更登记工作，加强对农村宅基地的监督管理。另外，针对当前农村中出现的一户多宅、建设超标等问题，要积极构建起农村宅基地的产权退出机制。比如，对于一户多宅问题可以按照当地基准地价确立的价格标准由村集体有偿收回，然后再由村集体分配给需要申请宅基地的村民。对于建筑面积超过省级政府统一规定的宅基地，要全面清理超出面积，按照当地基准地价对超标部分收取费用。对于长期闲置的宅基地，要催促产权所有人限期出售，期满仍未出售的，村集体可以采取有偿形式收回。

4. 推进城乡户籍改革，提升农民社会保障水平

当前，我国城乡二元的户籍制度逐渐成为阻碍城乡一体化发展的重要障碍。户籍是目前农村宅基地产权配置的唯一标准，也是制约农村宅基地产权制度改革的制度障碍。城乡户籍差异的存在制约了城乡间人口的合理流动，阻碍了城乡之间的产业互动。随着农民工市民化进程的加速，应当及时取消城乡二元户籍差异，构建统一的居民户籍制度，允许有实力、有能力的农民工进城定居，并合法出售农村宅基地。同时，取消城乡户籍差异后，可以探索引导不堪高房价压力的城市居民到农村购买宅基地。另外，我国现行宅基地产权制度具有实现农民安居的社会保障作用。虽然随着农村经济的发展，农民收入显著提高，但为避免农民宅基地产权流转出去之后生活陷于窘境，必须为农村宅基地产权制度的改革构建配套的农民社会保障机制，提升农村的社会保障水平，避免部分农民盲目流转宅基地而陷入无房可居且生活无依的境地。此外，必须强调的是，应当为农村宅基地流转划定一个范围，规定哪些可以流转，哪些不可流转，哪些必须流转，继续发挥农村宅基地的社会保障作用。

三、农村集体产权制度改革

农村集体资产包括农村集体所有的土地、森林、山岭、草原、荒地、滩涂等资源性资产，用于经营的房屋、建筑物、机器设备、工具器具、农业基础设施、集体投资兴办的企业及其所持有的其他经济组织的资产份额、无形资产等经营性资产，用于公共服务的教育、科技、文化、卫生、体育等方面的非经营性资产。农村集体产权制度是中国特色的制度安排，是维护农民合法权益、实现农民共同富

裕的制度保障。农村集体产权制度改革是农村集体经济发展壮大的基础前提，是中国特色社会主义进入新时代后我国农村产权制度领域的一项重大改革，更是实现乡村振兴和建设社会主义现代化强国的重要抓手。

（一）农村集体产权改革对乡村振兴的意义

1. 可以更有效地规避集体资产流失等相关问题

通过农村集体产权制度的有效改革，这样能够采取更行之有效的措施和制度规范，充分保护好集体资产，针对现有的资产进行全面细致而且严格高效的清算和摸底，对于集体资产的所有内容和相关配备进行更深入的了解，同时匹配与之相对应的集体资产监督管理机制，这样能够使集体资产可能流失的危险和安全隐患得到充分的消除，一定程度上弥补资产流失的漏洞等。

2. 可以在更大程度上切实落实农村集体收益分配权

随着我国农村集体产权制度的进一步改革和不断地落实，能够在更大程度上促进农村集体收益分配权得到充分执行和落实。特别是随着“四化同步”的不断推进，我国的农村现代化进程也进一步加快，由此在更大程度上提升了农村集体经济经营收益，利润不断提高，在这样的情况下，需要农民针对集体经济的发展成果进行更有效的分享，对于农村集体收益也要更加广泛地普及到广大人民群众之中，享受乡村振兴的红利，而通过农村集体产权制度的有效改革，这样能够充分促进集体收益分配权得到更切实地落实。

3. 可以更有效地促进集体经济实现良性发展

乡村振兴需要强大的集体经济。落后的农村集体产权制度会导致农村的资产资源往往处于闲置的状态，甚至可能造成很大的损坏，并不能使其转化成为生产力和社会经济效益。针对这样的情况，做好农村集体产权制度的有效改革，促进农村集体产权有更为完整的权能，能够在更大程度上推进集体经济有相应的发展保障。同时构建高质量的产权交易平台，能够更自由更安全有序地交易相关集体资产，也可以进行投资和增值，以此确保集体经济不断良性发展，进一步壮大。

（二）现行集体产权制度存在的问题

1. 集体产权主体不明晰

根据我国相关法律规定，农村土地属于社会主义公有制，具体又分为全民所有制和劳动群众集体所有制，农村土地的集体所有制表明的是农村土地归农民集体所有，但在现实中对于集体的法律概念较为模糊，并没有对集体土地产权主体进行明晰。我国《宪法》认为农村土地的主体是集体所有，而《土地管理法》则认为农村土地产权主体为乡镇、村或集体经济组织，由于法律对于集体土地的产权主体并没有明晰，导致了一系列的产权归属问题，使农村集体土地在流转和征收过程中，农民的正当权益难以得到有效保障。

2. 农村产权交易市场建设滞后

农村集体产权交易必须通过市场化的原则才能够保证其公平、公正，通过市场化交易为所有者带来预期收益，才能让资产变为资本。但当前我国农村产权交易市场建设还相对滞后，财产权利还难以实现自由交易。虽然近年来国家针对农村产权交易市场建设给予了一定的政策支持，但当前农村产权交易市场建设还存在一些问题亟待解决：一是法律制度改革滞后。目前从法律层面看耕地承包权仍不能设立抵押权，土地产权抵押仍缺乏相应的法律保护，宅基地抵押也没有得到法律保障。二是产权制度改革相对落后。由于当前对于相关权力的界定还不够清晰，虽然土地确权颁证工作已经接近尾声，但如何构建更为完善的农村土地承包经营权流转体系还处于起步探索阶段，这为市场交易带来了诸多不便。

3. 集体资产运作效益不高

农村集体经济的发展壮大是产权制度改革的归宿，我国农村集体经济虽经实践探索形成了多种形式，但大部分地区的发展模式仍受规划、土地等因素的制约，呈现出集体资源盘活不力、集体资产运作不灵活等问题，陷入新项目难以引进、老项目难以维持的窘境。从全国范围来看，集体经济薄弱村依然占比较大，优良经营性资产的缺乏迫使集体经济不得不以租赁物业为主，无收入来源或收入微薄且来源不稳定，同时专业人才和相关政策的缺乏也使集体经济组织具有因盲目投资而发展后劲不足的问题，集体经济的有效实现形式和路径亟待进一步开拓。①

（三）脱贫地区集体产权制度改革思路

1. 实现集体产权归属清晰

农村集体资产按照属性的不同可以划分为三类：一是资源性资产，是指与集体土地相关的各类资产，既包含农村承包地，也包含集体建设用地，资源性资产是农村集体资产的最重要组成部分。二是农村集体非经营性资产，是指农村的各类公益性资产包含体育领域、文化教育领域、卫生领域和社会福利领域的非经营性资产。三是农村集体经营性资产，是指以农村集体作为经营主体的企业和物业组织等。脱贫地区在农村集体产权制度改革过程中首先就要对上述三种资产的

① 卓娜、柴智慧：《农村集体产权制度改革的实践探索及启示——来自试点典型地区的案例证据》，《当代经济管理》2021年第12期。

产权加以明晰，特别是要解决土地等资源性资产价值无法评估的问题，在改革过程中要结合不同资产的属性出台具体的法律法规，只有明晰了集体产权的归属问题，才能够为下一步农村集体产权制度改革奠定基础，才能够实现各类集体资产的合理有序流转。

2. 促进集体资产流转顺畅

新型城镇化背景下，要将集体资产流转有序顺畅作为农村集体产权制度改革的重要方面，在明晰农村集体产权归属的基础之上，制定和完善相应的制度体系，构建产权交易市场为集体资产流转顺畅提供保障，同时通过市场化的流转也能够增加农民财产性收入。脱贫地区各级地方政府应该在国家的政策支持之下，结合本地农村集体资产流转实际，打造农村产权交易平台，地方政府要成为产权交易平台的监督者和引导者，建立一套完备的农村产权交易平台规则，既要合乎国家的相关法律规定，也要切实保障农村集体产权健康有序流转。农村产权交易平台在运行过程中可参考公司的治理结构，完善挂牌机制和举牌机制，确保交易公平公正。同时由政府相关部门参与，对农村集体产权交易信息进行及时发布，减少因为信息不对称所造成的交易成本。政府相关部门要加大对交易程序的审核力度，建立公平公正的竞价机制，确保农村集体产权流转的合法性和规范性。

3. 促进集体经济发展

脱贫地区提升农村集体资产运作水平的前提是建立健全农村集体经济组织，而发展村集体经济，找准本村发展优势、选准发展思路则是首要任务。集体经济的发展思路应既符合村情民意，又应有自己的优势特色，更应符合上级的定位和思路。但也应明确，发展村集体经济，任何上级的投入和扶持都只是暂时的，初始阶段的资金刺激和政策引导虽有利于集体经济的起步发展，但也要避免其发展成政策依赖型或长期扶持型的集体经济，只有增强自身的造血功能，造就自主发展型的集体经济才会越走越稳。[①]

第三节 脱贫地区乡村产业振兴的农村地区创业

一、创业对乡村产业振兴的重要性

近年来，农村地区创业政策不断落实落细，能人返乡、企业兴乡、市民下乡等激励制度也在逐步建立健全，乡村资源要素活力竞相迸发，农村创业源泉充分涌流，正在为乡村产业振兴注入新动能。

（一）创业可以打造更加多元的乡村产业

实践证明，乡村创业可以发展出“龙头企业 +”“合作组织 +”等多种形式适度规模经营，培育新型农业经营主体，实现小农户和现代农业的有机衔接，有力助推乡村产业发展。农村创业风潮也可以改变原先较为单一的乡村产业模式，并通过创新创业整合乡村集体资源，也可催生出更有发展前途的集体企业，使脱贫地区抵御返贫的能力更强。

（二）创业可以创造更多农村就业岗位

乡村创业大多是中小型企业，甚至是小微企业，虽然企业规模小，但从全国来看数量很大，创造了大量的农村就业岗位。根据统计，我国中小型企业创造了 80% 左右的城镇就业岗位，特别是小型微型企业是扩大城镇社会就业的主要渠道，在促进经济增长、科技创新、改善民生与社会稳定等方面具有不可替代的作用。智联招聘 2020 年报

① 卜晓颖：《新型城镇化背景下我国农村集体产权制度改革研究》，《农业经济》2021 年第 10 期。

告显示，平均每个创业企业招聘 7.3 个职位，虽低于既有企业，但创业企业成长迅速。

（三）创业可以为乡村发展提供新活力

农村创业政策有利于将大城市的资源要素向当地农业和农村聚集，从而吸引农民工返乡创业。返乡农民工通过外出打工历练，开阔了视野、增长了本领、积累了资金、提升了观念，成为农村基层组织的主心骨、社会组织的引领者、经济组织的领头雁，是实施乡村振兴战略的中坚力量，可以为乡村自治管理、产业规模经营注入新的活力，也可以夯实基层党组织堡垒、增强党组织的凝聚力和战斗力。可以解决目前许多农村地区存在的“空心村”问题，让乡村焕发新活力。

二、脱贫地区农村创业存在的主要问题

（一）创业项目同质化

总体来看，近年来返乡下乡创业人数逐年增加，但从创业项目的规模及行业类型来看，脱贫地区农村创业项目规模普遍较小，主要集中在农村电商、乡村旅游等行业门槛较低、技术含量不高、市场竞争比较激烈的行业。由于大多农产品品牌知名度较低，事实上农产品电商竞争十分激烈。以农家乐、民宿等为主要特征的乡村旅游也逐渐呈现出市场竞争加剧、盈利模式单一等特征。

（二）项目科技含量不高

从目前农村创业的项目分布来看，虽然 80% 以上的项目集中在“互联网 +”、产业融合等新型业态上，但这些项目大多属于商业模式创新，可复制性强，这也是造成目前农村电商、乡村旅游等创业项目“井喷”的重要原因。与此同时，具有核心技术、创业门槛较高的科

技型创业项目在脱贫地区农村创业项目中相对较少，也成为制约农村创业发展的一个重要“短板”。

（三）缺乏高层次创新创业人才

高层次创业人才及团队是推动创业升级的核心力量。从目前脱贫地区农村创业的人群来看，返乡农民工占70%左右，而下乡创业的企业家、大学生、农业科技人员等相对较少，这也是导致目前农村创业项目层次不高、技术水平低、同质化严重的重要原因。此外，相当一部分的农村地区也缺乏一些专业的创业导师及相关咨询团队来指导返乡下乡创业人员的创业活动。

（四）创业融资难

农村创业融资难主要有两个方面的原因：一是金融发展滞后，与城市相比，农村地区金融机构少、金融体系不健全等问题长期无法解决，金融不发达、资金匮乏长期制约着农村经济的发展；二是制度性障碍，用农村的宅基地、厂房作为抵押物取得资金贷款仍存在一定障碍，制约了返乡创业农民工进一步获得银行贷款的能力，导致很多农村创业企业不得不向民间进行融资。

（五）创业环境较差

优越的创业环境是吸引高层次创业人才的重要因素。长期以来，我国城乡之间存在较大的发展差距。与城市相比，脱贫地区乡村不仅在交通等基础设施、教育等基本公共服务水平方面发展滞后，而且在创新意识、创业氛围等方面也远远落后。脱贫地区乡村在与创业相关的“软”“硬”件环境建设方面都远远落后于城市，降低了其对高层次创业人才的吸引力，制约了脱贫农村地区创业的进一步发展。

三、国内农村创业典型模式及对脱贫地区的启示

2018年，农业农村部推出了农村创业创新的五大典型模式，本书在此做一梳理，以期通过成功模式和成熟经验的借鉴，对脱贫地区实现经典引路、示范带动。[①]

（一）返乡下乡能人带动型

该模式主要是返乡农民工、高校毕业生及科技人员等返乡下乡人员通过创办、领办企业和合作社等农村新型经营主体，引领带动周边农民创业就业，这是一种近似“能人经济”的创业模式。

1. 主要特点

一是能人作用突出。这些创业者有头脑、懂技术、能经营、善管理，一个人创业，引领带动周边人员乃至整村或整乡共同发展。如山西省阳城县皇城村党支部书记、皇城相府集团董事长陈晓拴，带领村民挖掘历史文化，修缮皇城相府，建成国家4A级景区；发展休闲观光农业和乡村旅游业，打造“旅游景点+宾馆酒店+文化演艺+农家乐”发展模式，形成了游、购、娱、吃、住、行“一条龙”产业链条，每年接待中外游客200多万人次，旅游综合收入近3亿元，带动了全村经济发展。二是示范引领明显。能人创业成功后，带领周边人员创业，把其他创业者聚集在自己周边，开展合作与服务。如北京密农人家农业科技公司总经理孔博，创建密农人家电商平台，经营生鲜农产品，带动68名新农人创业者共同创业，带动300余农户生产种植转型，2016年销售额突破2600万元。

① 农业农村部：《农村创业创新五大典型模式》，2018年3月19日，见http://www.moa.gov.cn/xw/zwdt/201803/t20180319_6138628.htm。

2. 启示

脱贫地区县、乡、村应注意收集本地区在外务工并取得一定成功的人员信息，注重培养“故乡情怀”，做好政策服务，进而吸引人才返乡创业，同时应塑造本地区“尊敬能人，鼓励拼搏”的整体风气，为吸引能人创业提供良好的社会氛围，村委会、居民小组等自治组织应当积极同创业者进行日常沟通，一方面，增进能人创业的归属感、信任感；另一方面，在及时做好产业服务的同时，组织村民学习创业技巧，打造规模化的创业产业。定期开展能人创业交流会，搭建沟通平台，为寻找市场机遇、区域融合发展提供助力。

（二）双创园区（基地）集群型

该模式是以农业企业、园区（基地）为主的平台载体，为农村创业创新提供见习、实习、实训、咨询、孵化等多种服务的模式。园区能够有效地创造聚集力，通过共享资源，克服外部负效应，带动关联产业的发展，从而有效地推动产业集群的形成。作为企业的重要聚集基地，通过自身的规模、品牌、资源等价值为区域经济发展和企业资本扩张起到了巨大的推动作用。

1. 主要特点

一是资源聚集度高。双创园区有限借鉴工业园区的做法，实现园区内要素集中，产业集聚，企业集群，技术集成。如福建晋江市建设海峡创业园，构建“三创园（创业、创新、创意）”、国际工业设计园、智能装备产业园、陈埭新区创新中心、金井高校科教园等五大科技创新载体，聚集创业创新要素，为农业农村各类人才创新创业提供空间。全市拥有众创空间和科技企业孵化器 9 家，场地面积达 10 万平方米以上，入驻创业项目和企业超 200 个。二是基础设施条件较好。

双创园区（基地）基本上都实现了“五通一平”，建立众创空间及创业孵化基地等涉农孵化器，为创业者提供办公场所或生产设施，创业者入驻即可创业。如长春国信农业投资建设了70万平方米的众创空间及创业孵化基地等涉农孵化器，打造了有机农业种植标准化双创园区、农产品加工示范园区、农业企业孵化园等12个综合性园区，接纳双创人员创业创新，为双创人员服务，提供实习就业创业岗位4000多个，带动农民就业2000多人，形成了专业性和综合性孵化器共同发展的良好局面。三是政策服务到位。双创园区（基地）一般都集成了注册登记、政策咨询、创业培训、财务代理、融资担保、法律服务等服务，能够为创业者解决创业过程中遇到的各种困难和问题。如四川成都市郫都区出台了《聚集菁蓉镇打造双创高地若干政策》《郫都区菁蓉镇孵化器及众创空间建设运营补贴考核管理办法》等7个系列专项支持政策，集成落实到农村创业创新园区（基地）、众创空间、创业孵化器等，打造菁蓉·成都现代农业创业创新空间，孵化新创企业，为企业提供保姆式服务。

2. 启示

脱贫地区要积极对接城市“双创”资源，立足自身环境优势吸引创业者的青睐，同时要做好村居美化工作，为众创空间创业者提供卫生、整洁的整体村居环境，积极对接市政相关部门不断完善乡村基础设施建设，吸引年轻人才到“双创”园区实习创业，利用集体土地搭建“创业者小屋”等供租公寓，让创业者来得了、留得下。在园区软件方面要引进专业的创业服务团队和园区管理团队，为园区创业提供良好的服务支持。

（三）龙头企业带动型

该模式是依托国家或省市级农业产业化重点龙头企业优势，带动当地农村创业创新为企业配套服务，引领当地经济发展。

1. 主要特点

一是龙头引领，产业特色鲜明。龙头企业从事的是当地优势或支柱型产业，规模较大，在当地经济发展中起主导作用，是名副其实的领头雁。如河南新郑好想你枣业股份有限公司是一家集红枣种植加工、冷藏保鲜、科技研发、贸易出口、观光旅游为一体的综合型企业。目前已成为红枣行业规模最大、技术最先进、产品种类最多、销售网络覆盖最全、辐射带动最广、市场占有率最高的龙头企业，带动新郑市把红枣产业作为主导产业发展，成为全市经济发展的航母。二是带动创业，配套服务企业。龙头企业采取"公司 + 农户""公司 + 家庭农场""公司 + 合作社 + 基地"等形式，带动当地创业者创业，为龙头企业提供配套服务或支持主导产业发展。如广东云浮市新兴县温氏集团主要从事肉猪、肉鸡养殖，采取"公司 + 农户""公司 + 家庭农场"模式，带动当地农民创业致富。温氏主要负责业务流程上投资额大、技术含量高、风险高的环节，包括饲料生产、种苗供应、销售网络的建设等，农民主要负责养殖环节，双方紧密结合，实现了双赢，形成了创业者和龙头企业互促共进的典型模式。三是企业集群，建设创业创新孵化区。如福建安溪县现代农业产业园拥有 3 家国家级龙头企业、5 家省级龙头企业，通过发挥企业的带动作用形成农资联购、产品联销、质量联控、植保联防、庄园联建的"五联"梯次合作格局，形成了"龙头企业 + 合作社 + 基地 + 茶农（家庭农场）"的产地利益共同体，累计带动茶叶专业合作社 582 家、家庭农场 131

个、农户 12 万多户。

2. 启示

龙头企业入驻可以有效提供大量资金支撑以带动脱贫地区创业，形成产业链。但脱贫地区要吸引龙头企业，应先改善好交通运输等基础设施的建设情况，并要对自身的独特优势有深刻挖掘，这样才能吸引到相关产业的龙头企业，产生“企业 + 地域特色”的效应，进而塑造本地品牌，推动脱贫地区整体创业成功。

（四）特色产业拉动型

该模式是指围绕特色产业，强化产业链创业，沿产业链上中下游，面向产前、产中、产后环节的生产与服务需求开展创业活动，形成大中小企业并立、各类经营主体集聚、产业集群持续壮大的创业生态系统。

1. 主要特点

一是产业特色突出地域优势。产业特色立足地区资源特色，通过将特色资源优势转化为特色产业优势，形成农村创业的核心竞争力。如四川金堂县依托食用菌、黑山羊、油橄榄、柑橘等优新特产业，建立创业基地，为创业者搭建创业平台，积极推进农村创业。通过特色产业带动，全县共建成农村双创园区 105 个、产业基地 1453 个，创业人数达 3.1 万人，带动就业 22 万人。二是创业载体作用明显。创业者依托特色产业进行创业，开办各类特产企业和配套企业，为创业者提供更多的创业机会。如福建安溪县以铁观音茶产业为主导，建成安溪县国家现代农业产业园，通过产业引领区、技术装备集成区、创业创新孵化区、创业创新示范核心区等建设，实现园区涉茶总产值超 90 亿元，茶叶种植和产品加工年产值 56.18 亿元，探索出一条依托本地特色产业带动农户创业、实现增收致富的新路。三是农村创业反促特色产业发展。创业者创业成功后，扩大了特色产业规模，提升了特色产业档次，打造了特色产业品牌，促进了特色产业的发展。可以说农村创业与特色产业发展相辅相成，紧密相连。如吉林省长春市双阳区鹿乡镇引导返乡下乡在乡人员从事梅花鹿养殖、加工、营销和休闲旅游，设立鹿产品创业一条街，为创业者提供创业平台，极大地激发了创业者创业活力。全镇从事鹿产品经销业户达到513户，其中返乡创业的农民工开办的经销处224户。

2. 启示

部分脱贫地区有自身特色产业，但由于地理或历史原因造成的产能落后或是运输落后等原因，妨碍了特色产业形成品牌走出当地，因此一方面要通过吸引投资改变产业产能落后的问题，另一方面也应当结合现代农业科技，改进原有特色产业向更加绿色化、生态化、规模化方向发展，进而带动周边农民创业，为创业成功提供有力支撑。

（五）产业融合创新驱动型

主要是围绕产业融合形成的新产业、新业态和新模式，开展创业活动，加速区域之间、产业之间的资源和要素的流动与重组，推动农业农村发展。

1. 主要特点

一是电商聚集融合。通过建设电子商务产业园区，提供电商服务，吸引生产加工企业入驻园区，实现了二三产业融合发展。如福建安溪弘桥智谷电子商务产业基地通过免费电商培训，鼓励支持开展电商创业，以电商服务聚集生产企业和创业者，形成了“电子商务＋仓储服务＋商品集散”的运营模式，吸引了茶叶、铁艺、鞋服和休闲食品产业等众多规模企业和一大批创业者入驻园区创业。二是休闲旅游带动融合。四川郫都区青杠树村遵循“小规模、组团式、生态化、微田园”理念，以川西民居特色为主基调，规划建设9个聚居组团、共9.7万平方米的农民新居，统筹推进乡村建设、产业培育、公共配套、环境优化、社会治理，建设幸福美丽乡村，成为成都及周边市民周末休闲度假的好去处。三是行业横向融合。如三浓创咖利用大数据为涉农企业提供咨询、规划、融资等服务，促进区域农村创业发展，成功地把工商企业大数据配套服务移植到农村创业企业，融合发展出现了城市要素带动乡村发展的新趋势。

2. 启示

通过产业融合形成新产业、新业态、新模式是农村创业的重要方向，脱贫地区应当高度重视这一方向性趋势。要有综合眼光，避免扎堆风口、创意重复，县镇村组也应做好总体规划及创业方向相关指导，规划本地区形成一二三产业融合发展、共同发力的局面。围绕地域特点，打造商业布局完备、地域特色突出的乡村新面貌，避免创业“内卷化”现象的出现。

四、脱贫地区农村创新创业的对策建议

（一）加强创业规划指导

深度挖掘本地特色，打造与其他地域不同的产业特色优势，从特色产业上下游入手，搭建完整产业链，统筹协调整体地区发展，避免“千村一面”的同质化创业。应围绕各地特色涉农产业，引导农民工在农林产品生产与加工、农业生产性服务等领域创业。

（二）培育多层次农村创业主体

人才是创新的根基、创业的主体，如何培育和吸引优秀人才回到脱贫地区乡村去实现创业是可持续发展的关键。一方面，可以建立农村创业信息沟通平台，针对大学生、农业科技人员、职业技术人员，宣传创业政策与机遇，并整合这些创业力量，形成共担风险的共同创业机制，出台融资补贴、税收优惠、创业贷款担保等各项扶持政策。另一方面，加强在脱贫地区乡村本地的创业培训，提升当地农民创业技能，激发创业热情，形成一股扎根本土、特色鲜明的农村地区创业队伍。

（三）探索农村创业融资新模式

引导和鼓励各种新型融资平台在脱贫地区地扎根和运营，为创业者返乡创业提供资金支持，丰富农村创业的融资方式，降低农村创业者的融资成本，为其提供更加高效、方便的金融服务。建立“政府＋银行＋保险”融资模式，对有资金需求且符合条件的返乡人员，可以申请创业担保贷款。

（四）加强农村创业服务

完善创业专家指导团、创业项目库建设，提升线上线下创业服务能力，为创业者提供创业培训、创业指导、项目开发、金融服务、政策扶持、信息咨询、跟踪服务等“一条龙、一站式、零距离”创业服务。注重发挥市场力量，加强与社会创业服务机构的合作，通过购买媒体运营、宣传制作、融资路演等社会服务为各类创业者提供丰富、专业、高效的第三方服务。对返乡创业人员提供落户、社保、医保转接等服务，解决创业后顾之忧。

第七章　脱贫地区乡村产业振兴的金融支持

当前，我国正处于传统农业向现代农业转型跨越的关键时期，新型农业经营主体不断涌现，农业规模化、标准化、组织化、集约化水平持续提高，先进科学技术和农业装备应用快速推广，农业进入了高投入、高成本的发展阶段，农业农村经济对金融支持和服务的需求越来越旺盛，依赖程度显著增强。金融政策是强农惠农富农政策体系的重要组成部分，稳步加大金融支农力度，对乡村产业振兴具有重要意义。本章将在梳理我国金融支持农业发展的历史演进脉络的基础上，探讨乡村产业振兴的金融支持创新模式，以及脱贫地区金融支持乡村产业振兴存在的问题与对策。

第一节　金融在现代农业发展中的重要性

农业是基础性产业，也是弱质性产业，农业经营风险大、周期长、季节性波动强、盈利水平低等特点决定了农业发展比较难以获得金融机构的资金支持。但研究表明，金融与现代农业发展之间存在相互促进的关系，金融发展水平的高低决定了现代农业发展的状况，而现代农业的发展状况又影响着金融发展的水平和质量。[①]在金融乘数效应和集约化效应的作用下，金融发展水平的提高，能够有效地提高资金配置的效率，使更多的资金盈余者和资金需求者参与金融市场交易活动，进而提升整个社会的储蓄水平和投资水平，将金融资源配置到现代农业领域，促进农业产业升级。与此同时，在市场竞争机制的作用下，随着金融水平的提高，使资金由低效率部门向高效率部门流动，极大地提高了资金的使用效率。

一、金融推动了现代农业生产规模的扩大

农业适度规模经营是现代农业发展的基本方向，农业经营主体适度扩大生产经营规模，充分利用大型农业机械和农业科学技术，使土地、劳动力、资金、设备、信息等生产要素得到最优组合，可取得最佳农业效益和提高农民收入。但是，农业规模经营主体的资金需求远远高于普通农户，农业适度规模经营要健康持续发展，必然需要金融作为后盾。农村金融服务作为农业社会化服务体系中的重要组成部分，是农业社会化服务体系的核心。在金融乘数效应的作用下，农业资金的放大效应可增大农村金融市场的信贷资金的总量。通过一系列强有力、高效能的金融服务机制，可以强化生产经营主体同资金要素的有机联系，形成农业适度规模经营发展的真正核心力量。

二、金融推动了现代农业生产率的提高

在金融集约化效应的作用下，现代农业资本有机构成提高，初始

① 张启文、任希文：《金融发展与现代农业的作用关系和影响路径》，《农业经济》2018年第9期。

资源禀赋得到改善，诱导现代农业的技术变迁。现代农业生产率不断提高，将逐渐由劳动密集型产业转型为资本密集型产业。具体而言，一方面，金融发展为现代农业生产技术如生物技术、温室农业、规模化生产等的运用和推广提供资金支持；另一方面，金融发展提高了现代农业的人力资本素质，通过劳动技能的提高、技术操作工艺的改善，提高物质资本的使用效率，从而提高现代农业的产出水平。在现代农业生产率提高后，现代农业的竞争力也提升了，应对市场风险的能力加强，将吸引更多的资金投入现代农业发展中。

三、金融推动了现代农业产业结构升级

伴随着经济全球化发展，我国金融市场逐渐开放，现代农业的融资来源已不局限于国内资本市场，国际市场的资金支持也将发挥重要作用。特别是在我国农业发展的重要转型期，除了发挥融资功能、提高农业生产率外，金融发挥着引领现代农业产业结构调整的重要作用。近年来，我国农业企业引进外资的尝试屡见不鲜，在外资对我国农业产业链各环节的投资力度不断加强的同时，引导着农业产业结构的升级。首先，外资在带来充足资金的同时，产生了国际先进农业技术的溢出效应，促进了我国现代农业技术水平的提升，有利于发展绿色、有机农产品，提升农产品品质，增加农业附加值。其次，外资还带来了国际先进的管理经验，有利于提升我国现代农业的经营管理水平，促进农业产业链延伸。最后，外资对我国现代农业发挥着市场引导的作用，由于掌握国际农产品市场的动态情况，能够引导我国农产品结构的优化调整，较好地满足国内外市场的多元化消费需要，减少农业企业库存和经济损失。

第二节　改革开放后金融支持农业发展的历史演进

改革开放以来，农业作为国家经济改革的首选目标和重要组成部分，中央政府进行了大刀阔斧的改革，实现了快速发展，取得了显著成绩。在这一过程中，金融支持农业发展功不可没，也先后经历了探索期、推进期和深化期三个历史阶段。①

一、金融支持农业发展的探索阶段

改革开放之初，我国农村经济发展水平落后，温饱问题长期无法得到解决，农村经济体制改革势在必行。家庭联产承包责任制的试点及推广，极大调动了劳动者的积极性、主动性和创造性。这种“分”引发的裂变效应，使农业微观经营主体从几百万个生产队分解为2.3亿个承包农户，重塑了农村经济组织的微观基础。体制机制方面，在进行基本经营制度改革的同时，我国农业制度改革从生产领域开始向流通领域延伸。1979年党的十一届四中全会发布的《关于加快农业发展若干问题的决定》指出，要调整购销政策，搞活商品流通。农产品流通领域政策的推行，虽然有利于搞活农产品流通，但未触及农产品统购统销体制本身。1985年1月，我国为进一步取消农产品统购统派任务，开始实行“双轨制”。这表明计划内农产品仍由国家以指令性计划管理为主，而计划外部分则实行市场议价运行。在农业结构调整方面，我国开始积极推进农业生产结构调整，试图改变长期以来片面强调“以粮为纲”的局面。自1979年以来，下发一系列文件，

① 国胜铁、姚育成：《新时代金融支持农业高质量发展研究》，《经济纵横》2021年第4期。

并出台相关政策，强调种植经济作物和多种经营。1985 年和 1986 年的中央一号文件均指出，在保证粮食生产的前提下，发展多种经营，二者应密切结合、相互促进。1992 年，国务院进一步明确提出要坚持以市场为导向优化农业产业结构，在注重种植业结构调整的同时，也要加快林、畜牧业和水产业的发展，并注重农产品的高产优质。在此期间，产业结构的调整主要是以品种结构调整为主，强调种植业结构均衡。

在此阶段，农村金融改革也随之进行。面对过去在重工业优先发展的指导下产业结构矛盾十分突出的实际，为优化产业结构，加快农业发展，我国开始进行农村金融体制机制改革，并在信用贷款等方面提供金融支持。为支持农业生产，1979 年，中国农业银行恢复营业；1984 年，为增强信用社经营的灵活性，国务院改革信用合作社管理体制，将信用社组织的资金优先用于农村；1987 年，中共中央发布了《把农村改革引向深入》的通知，鼓励发展多种资金融通方式，缓和农业银行、信用社资金供应不足的问题；为支持微观主体生产，1981 年 3 月，中共中央、国务院转发国家农委《关于积极发展农村多种经营的报告》中指出，为扶持专业化生产，给予一些专业户贷款，解决其资金不足的困难；考虑到粮食的重要性，1986 年 7 月，国务院进一步明确用专项资金来支持粮食生产。

二、金融支持农业发展的推进阶段

随着农业改革的不断推进，农村商品经济也得到迅速发展，农村商品交流日益频繁。1992 年，党的十四大明确提出建设社会主义市场经济体制，这意味着在农业领域，要对农业的微观主体、体制机制和产业结构进行相应的调整与完善，进而推动农业发展。在微观主体方面，我国继续深化改革。一方面，完善家庭联产承包责任制，进一步激发劳动者的积极性、主动性和创造性；另一方面，为解决农民在农村与城市的工作抉择问题、农户分散小规模生产与社会主义市场经济的矛盾问题等，大力发展现代农业企业。为激发农民从事农业生产的积极性，在1998年颁布的土地管理法中明确规定土地承包期为30年。为适应社会主义市场经济发展的需要，不少地方开始大力发展乡镇企业，农业龙头企业得以迅猛发展，农业产业化进程加快推进。为与社会主义市场经济体制相适应，农业体制机制改革开始逐步推进。农产品流通体制改革主要围绕着粮食流通体制改革进行。在加快全国粮食市场体系构建的同时，强调继续坚持政府订购。在产业结构方面，随着人们对优质农产品需求的不断增加，日益增长的农产品多样化需求与农产品供给间的矛盾日益凸显。为破解农业增产与增收的非同步性问题，我国开始强调要优化品种结构，注重农业发展质量。

为适应社会主义市场经济体制需要，更好地发挥金融在国民经济中的宏观调控和优化资源配置作用，金融体系也在改革中不断完善。国务院于1993年12月作出《关于金融体制改革的决定》，提出将政策性金融与商业性金融相分离，1994年，中国农业发展银行正式组建。1996年农村信用社与中国农业银行正式脱离行政隶属关系。2006年12月中国银行业监督管理委员会进一步指出，适当放宽农村地区银行业金融机构准入政策，以便更好地改进和加强农村金融服务，支持社会主义新农村建设。2008年中国人民银行、银监会在《关于加快推进农村金融产品和服务方式创新的意见》中提出，应加强农村金融基础设施建设，积极构建农村金融服务体系。2012年3月国务院出台

《关于支持农业产业化龙头企业发展的意见》，加大对农业龙头企业的金融扶持力度。

三、金融支持农业发展的深化阶段

自党的十八大以来，我国农业改革围绕微观主体再造、体制机制改革、产业结构调整等方面进行更深层次探索，农产品总量不断增长、品种日益丰富。在微观主体再造方面，进一步激发微观主体活力。在尊重和保障农户生产经营主体地位的同时，强化政策支持培育家庭农场、农民合作社、龙头企业等多种新型农业经营主体。在体制机制方面，继续深化改革。强调完善粮食安全保障体系，完善粮食等重要农产品价格形成机制，健全农产品市场调控制度；在完善粮食安全保障体系的同时，进一步完善农产品临时收储政策等；在农村基本经营制度上，强调稳定农村土地承包关系并保持长久不变，落实集体所有权，稳定农户承包权，放活土地经营权，完善"三权"分置办法。在产业结构方面，强调政府以提质增效为目标，以农业供给侧结构性改革为主线，积极培育农业农村发展新动能，做大做强优势特色产业，优化产业结构。

为适应新时代农业现代化发展需要，农村金融改革力度也在进一步加大。2014 年，国务院针对金融服务"三农"发展问题，出台《关于金融服务"三农"发展的若干意见》。2016 年 2 月，国务院发布《农业保险条例》，以保护农业保险活动当事人的合法权益，提高农业生产抗风险能力，促进农业保险事业健康发展。2016 年 9 月，财政部印发《普惠金融发展专项资金管理办法》，旨在加快建立普惠金融服务和保障体系，加强普惠金融发展专项资金管理。2016 年 12 月出台的

《国务院办公厅关于完善支持政策促进农民持续增收的若干意见》进一步强调，要加强农村金融服务，建立多层次、广覆盖、可持续的农村金融体系，发展农村普惠金融。把农业保险作为支持农业发展和农民增收的重要手段，建立健全农业保险保障体系，从覆盖直接物化成本逐步实现覆盖完全成本。

除政府层面的金融政策支持外，金融机构和农业产业化龙头企业还通过创新商业模式助力农业高质量发展。保险公司通过“保险+期货”的模式，一方面向农户提供收入保险、价格保险或其他形式的农业保险，另一方面则通过向期货公司及其风险管理子公司购买期权进行对冲，将农户面临的农业价格风险转移至农产品期货期权市场。此外，银行也参与其中，利用“保险+期货+银行”的模式对符合条件并有融资需求的农户或涉农企业发放贷款，以此来解决抵押品缺乏的问题。除保险与银行部门的参与以外，粮食仓储企业也通过“保险+期货+粮食银行”模式帮助调节市场供给以减少价格冲击，增加农民收入。农业产业化龙头企业还会通过“保险+期货+订单农业”模式，与农户签订收购订单解决农业生产供需不匹配问题，减少农产品价格大幅变动对农业增收产生的不利影响和价格风险转移对期货市场的冲击。

随着数字金融的不断发展，互联网金融机构对农业发展的推动作用变得愈发重要。互联网金融机构通过刻画用户肖像，能够较为精确地进行低成本的信用评估和贷款资质审查，实现农户的投保需求与保险、期货公司的快速匹配。这既促成了向小农户发放小额贷款，也降低了农民贷款的利息负担。以网商银行推出的“普惠金融+智慧县域”项目为例，其与地方县域政府合作，依托互联网和大数据技术，获取了县域政府在行政行为和公共服务过程中产生的数据（如土地确权、农业补贴等涉农数据），并以此为基础建立了更为精准的风控系统，使网商银行向小农户发放无担保抵押及纯信用贷款成为可能。

第三节　乡村产业振兴的金融支持模式

近年来，各地、各部门、各机构积极推进农村金融组织创新、产品创新和服务创新，探索形成了一批符合农业农村特点的金融服务模式，对促进解决农业贷款难、贷款贵、风险高等问题发挥了重要作用，为推动农业现代化建设、促进农民增收提供了有力支撑。为更好地总结农村金融创新经验，宣传推广贴近农民、服务农业的有效做法，农业部推荐一批金融支农创新模式，本书对这些模式进行了进一步的梳理。①

一、政府主导融资模式

（一）“政银担”融资模式

“政银担”是指政府、银行、担保机构充分发挥各自优势，密切分工协作，政府扶持或直接出资设立担保公司，对符合条件的农业信贷项目予以担保，银行再发放贷款。该模式的创新点主要体现为三点：一是促进金融资本落地。将量大面广、额度小的农业信贷需求汇集起来，将银行与农户“一对多”的关系变成与担保公司的“一对一”，拉近了供求双方的距离，降低了交易成本；二是充分发挥财政资金的

① 农业农村部：《金融支农创新十大模式》2017 年 9 月 22 日，见 http:// www.moa.gov.cn /ztzl/jrfwnyxdhgflt/xwbda1012/201710 /t20171012_5838481.htm。

杠杆作用。政府通过对担保公司的资本金注入，担保公司能够放大实现其净资产最高15倍的杠杆效应；三是农业信贷风险可控。将信贷风险从银行部分转移到了担保公司，分散了农业信贷风险，调动了金融机构的积极性，同时政府对政策性农业担保公司的“政银担”模式给予持续的担保费用补助和风险代偿补助，确保了可持续运营。

（二）“银行贷款＋风险补偿金”融资模式

“银行贷款＋风险补偿金”是指由财政资金建立风险补偿金，合作银行向新型农业经营主体提供无担保、无抵押、低成本、简便快捷的贷款，当出现不良贷款时，按照约定程序和比例从财政风险补偿金中予以补偿。该模式的创新点主要有两点：一是弱化了对农民财产抵押物的要求，调动了银行的积极性，有效提升了贷款的可得性；二是发挥了财政资金“小钱撬大钱”的作用，可按照政府风险补偿金最高10倍的杠杆撬动银行贷款。

（三）“政银保”融资模式

“政银保”是指保险公司为贷款主体提供保证保险，银行提供贷款，政府提供保费补贴、贴息补贴和风险补偿支持，通过财政、信贷、保险三轮驱动，共同扶持新型农业经营主体发展。该模式的创新点主要体现为三点：一是发挥了保证保险的增信作用；二是弱化了对抵质押物的要求，农民可以获得快捷优惠的贷款；三是实现了政府、银行、保险机构风险共担。

（四）“农业领域PPP”模式

“农业领域PPP”是指通过政府与社会资本合作，发挥财政杠杆作用，引导社会资本积极参与农业农村公共服务项目的投资、建设、运营。该模式的创新点主要体现在三个方面：一是开辟了农业投融资新渠道，政府通过投入小部分资金起到方向性、指导性作用，并提供制度、法律等配套政策保障，提升了社会资本投资农业的积极性和主动性；二是提升了政府的投资效率，既发挥了财政资金“四两拨千斤”的作用，也发挥了市场机制的决定性作用，探索了农业领域投资项目长效利用的机制；三是实现了引资和引智相结合，将先进的管理理念、高效的市场机制引入农业领域，打破了农业传统思维限制，为我国农业产业发展注入了新活力。

二、银行主导贷款模式

（一）“两权抵押贷款”模式

“两权抵押贷款”是指农村承包土地的经营权抵押贷款和农民住房财产权抵押贷款。其中，农村承包土地的经营权抵押贷款，是以承包土地的经营权作抵押、由银行向农户或农业经营主体发放贷款。农民住房财产权抵押贷款，是在不改变宅基地所有权性质的前提下，以农民住房所有权及所占宅基地使用权作为抵押，由银行向住房所有人发放贷款。该模式的创新点主要体现在：一是赋予了“两权”抵押融资功能，创新了“两权”抵押贷款产品和服务，有利于盘活农村存量资产、提高农村土地资源利用效率、促进农村经济和农村金融发展。二是试点地区政府承担主体责任，有效推进农村承包土地经营权的确权登记颁证、农村产权流转交易平台搭建、集体建设用地基准地价制定、抵押物价值评估、抵押物处置等工作。三是注重保障农民合法权益，坚持不改变公有制性质、不突破耕地红线、不层层下达规模指标，用于抵押的承包土地没有权属争议，且不能超过农民承包土地的剩余年限。

（二）"农村信用社小额信贷"模式

"农村信用社小额信贷"是指农村信用社以农户的信誉为基础，在核定的额度和期限内向农户发放的无需抵押、担保的贷款。该模式的创新点主要体现在：一是贷款受益者多为量大面广、贷款金额较小的普通农户。二是贷款主要靠信用，不需要抵押物。三是实行一次核定、余额控制、随用随贷、周转使用，期限灵活，手续简便。

（三）"双基联动合作贷款"模式

"双基联动合作贷款"是指基层银行业机构与农牧社区基层党组织发挥各自优势，加强合作，共同完成对农牧户和城镇居民的信用评级、贷款发放及贷款管理。该模式的创新点主要体现在：一是搭建了一个平台，即依托基层党组织，搭建为农牧户提供基础金融服务的新平台。二是发挥了双重优势，即发挥基层党组织的信息、组织、行政资源优势与基层银行乡镇机构的资金、技术和风险管理优势，促进优势对接和整合。三是实现了多方共赢，即通过"双基联动"，使基层党组织服务农牧民有了新抓手，银行开展基层金融服务有了新平台，农村基础金融服务有了新突破，实现了加强基层党组织建设、发展普惠金融、振兴农村经济、增加农民收入多方共赢。

三、其他间接融资模式

（一）"农产品价格指数保险"模式

"农产品价格指数保险"是对农业生产经营者因市场价格大幅波动、农产品价格低于目标价格而造成的损失给予经济赔偿的一种产品模式创新。该模式的创新点主要体现在：一是将农产品生产的市场风险纳入农业保险保障范畴，拓宽了保险服务领域，保证了农业生产和农产品市场价格基本稳定，保障了农民利益，对当前农业生产自然风险保障形成了有益补充。二是通过探索推广农产品价格指数保险，可以逐步向收入保险过渡，有助于实现农业保险从保成本向保收入转变。

（二）“农机融资租赁”模式

“农机融资租赁”是指融资（金融）租赁公司以租赁综合服务商的角色将承租人、银行、经销商以及政府的各种资源实施链接和整合，承租人（农机大户、农机合作社）交纳一定的首付金（一般为总金额的30%）就可独立使用机械设备，剩余租金与利息分期偿付，全款付清后农机具所有权再转移到承租人。该模式的创新点主要体现在，让农民由“直接购买”变为“先租后买”，大幅度减轻一次性投入压力，缓解大型农机具购买难的问题。

（三）“互联网＋农村金融”模式

“互联网＋农村金融”是指金融机构、产业资本等以互联网为载体，利用大数据、云计算、物联网等新技术，打破传统金融模式的时间、空间与成本约束，提升农户信贷的可得性。该模式的创新点主要体现在：一是覆盖面广。互联网金融克服了传统金融机构展业成本高昂的弊端，投入成本少。二是门槛较低。互联网金融不需要农民的抵押物，农民省去了繁琐的贷款程序。三是快捷灵活。互联网金融可以使农民足不出户，只需要智能手机就可以选择办理相关金融业务，节省了大量时间。

第四节 脱贫地区金融支持乡村产业振兴存在的问题与对策

一、脱贫地区金融支持乡村产业振兴存在的问题与原因

（一）脱贫地区金融支持乡村产业振兴存在的问题

1. 金融产品和服务种类较少

调研发现，[①]脱贫地区地方政府鼓励发展乡村产业，激发了广大农户的生产积极性和融资意愿，然而随着农户融资需求呈现多元化，针对脱贫农户发展项目的金融产品和金融服务种类较少，使部分农户进一步发展生产的融资需求不能得到有效满足。

2. 缺少中长期信贷

经过长期的脱贫攻坚，在脱贫地区农村金融机构已基本遍布到每个乡镇。但当前各家金融机构普遍热衷于投放期限短、金额少的主要满足农户种植业和小型养殖业所需的信贷产品，缺乏对需求度日益提高的诸如大牲畜养殖、农村水利建设、抗旱设施、农户购置大型农机具、农用运输车、创办涉农相关企业、助学贷款等 3—5 年的中长期信贷品种的开发与使用。

3. 融资规模较小

脱贫地区农户如果缺乏有价值的财产和丰富的社会关系，在向金融机构融资过程中很难通过抵押担保的方式来获得金融机构的信贷支持。调研数据显示，脱贫地区农户认为自身难以获得贷款的主要原因是家庭收入低、和信贷员不熟悉以及不具备抵押担保条件，这些想法

① 本书未做特别说明，调研均指笔者主持的陕西省社科基金项目课题组在陕南地区所做的调研。

使得农户参与正规融资的意愿不够强烈。同时由于农户家庭生产经营能力普遍较弱，经济收入来源较少，他们不愿承担过高的借贷风险，融资规模以小额贷款为主，不足以发展生产经营。

4. 生产性融资意愿缺乏

调研中发现，脱贫地区农户对于通过正规融资来开展生产经营活动比较谨慎，更多倾向于小额生活性借贷。农户贷款需求主要集中在子女教育、生病住院、婚丧嫁娶以及修建房屋等，大多数农户以农业生产为主要收入来源，但生产性贷款需求很少。而且部分农户还没有摆脱“输血式”扶贫方式的束缚，仍然存在“等、靠、要”的思想，缺乏主动发展生产的积极性。加之农户普遍存在收入来源少和受教育程度不高等条件限制，对通过融资发展生产经营心存疑虑，对于积极参与自身生计可持续发展的需求并不强烈。

5. 交流沟通渠道不畅

相对于城镇居民，脱贫地区农民获取金融知识的渠道较为有限。对金融产品的了解、形成需求和最终使用更多来自于银行网点的介绍。相对于城市密布的金融网点，密集的产品宣传，网点布局并不充分涉农，无法及时有效地传递金融信息，农民潜在需求难以得到有效激活，进一步加剧了供需矛盾。

6. 金融服务网点少

目前一些偏远的农村地区，金融机构网点少，服务网点只设在较大的乡镇，个别小乡镇一家网点都没有，更谈不上延伸到村，农村办理结算业务要走很远的路，不但不便利而且资金安全也无法得到保障。大多数网点办公条件比较简陋，业务人员素质相对偏低，结算基本采取传统的柜台方式，缺少先进的结算工具。

（二）脱贫地区金融支持乡村产业振兴不足的原因

1. 乡村产业风险属性与金融机构资金逐利偏好间的不匹配

农业是乡村产业的基础产业。农产品受自然灾害、市场价格波动等不确定因素的影响较大，投资风险大、回报率却低，这一产业属性与金融机构在进行资金投放时注重高回报、低风险的资本逐利属性相悖。此外，在脱贫地区除了少数龙头企业外，大部分新型农业经营主体的经营规模小、内部财务制度不健全、经营管理松散，导致以标准化定价和风险评估为信贷投放依据的金融机构难以正确评估其营运状况、盈利水平和偿债能力，大幅降低了金融机构服务乡村产业主体的积极性，致使乡村融资供给不足，或是以较高的融资成本来平衡资金风险。

2. 抵质押物不足与现有金融机构的融资服务标准间的不匹配

以龙头企业为代表的新型农业经营主体的产业化、规模化和现代化发展，往往意味着土地规模化、集约化经营以及对新技术和技术研发等需求的增长。在这一趋势下，脱贫地区乡村企业融资需求将从传统的小规模农户经营模式下分散、小额、高频的小微零售式融资需求转向链式、规模化、长期性融资需求。相对应的以分散、零售信贷投放为主的农村金融服务体系将难以满足现代化新型农业经营主体规模化的融资需求。同时，在土地规模化经营过程中，项目建设用地较难解决，已有土地又存在产权评估机构和交易市场不完善的问题，而应收账款等供应链式融资发展滞后，往往难以提供满足金融机构融资标准的且具有法律效力的抵质押物，致使大额资金需求往往难以满足。

3. 乡村产业融资需求的长期限与农村金融服务偏好短期化资金供给间的不匹配

一方面，农业生产季节性特征明显，投资回收周期长，种养殖业经济效益的实现往往至少需要两年甚至更长时间。而现有农村金融机构资金服务期限往往以一年以内的短期融资供给为主。贷款到期后，信用风险的发生概率增加。另一方面，乡村产业化趋势下，以龙头企业为代表的新型农业经营主体在新技术应用、技术研发、加工装备升级等固定资产投资和创新投资方面的资金需求往往具有长期性，农村金融服务供给的短期偏好与此相悖。

4. 乡村产业融资需求日益多元化与金融机构及金融产品单一间的不匹配

新发展格局下，乡村产业主体多元化、业态多样化、地区产业特色化以及创新创业等发展趋势将带来融资需求的日益多元化、个性化。加之全产业链模式的发展、一二三产业融合、产供销的一体化将使原来的产业细分模式变得模糊。因此，单一的针对“三农”问题开发的金融产品，以及仅以信贷投放为主的银行业金融机构已经难以满足乡村产业振兴发展趋势下多样化、供应链式、产业特色化和一体化并存的金融产品需求，单一种类的金融机构服务也将力有不逮。

5. 政策补偿激励机制与金融风险防控需求间的不匹配

主要表现为金融服务风险保障体系、风险分担、补偿和利益激励机制的不完善。其一，农村信用体系建设滞后。尚没有建立较为完善的企业信用评价体系，信用评级往往依赖个人征信，信息零散且难以动态跟踪评价。其二，融资信贷担保体系不够健全。脱贫地区不但担保机构数量少，而且仅有的几家具有政府背景的担保机构较少对农业企业融资提供担保。其三，农业保险服务相对不足。特色产业的特色不够鲜明、规模化较低，导致水产、蔬菜等易受自然灾害和市场风险影响的农副产品往往不受保险青睐，加之农业补贴补助基金机制的不完善，这既制约了信贷担保机构的担保意愿，也加重了金融机构资金供给顾虑。其四，产权评估市场、产权确权登记制度、农业补贴制度、助农奖励等政策补偿和激励机制的不完善，不仅限制了已有土地的确权和流转，还使得难以通过奖励、激励等机制来刺激金融服务供给，也无法通过获得补贴来分担风险损失。

二、脱贫地区金融支持乡村产业振兴的对策

（一）加大政策倾斜力度

鉴于农村金融业务风险大、成本高、收益低的特点，对于脱贫地区，建议建立“三农”信贷风险补偿制度，由政府建立风险补偿基金，从当年财政预算安排的支农资金中按一定比例提取，按每年新增“三农”贷款余额的适当比例予以风险补偿。适当减免农村金融业务的营业税和所得税，对其经营性收入、贷款损失核销、抵贷资产处置给予必要的税收优惠。对银行业金融机构的“三农”贷款利息收入交纳的营业及营业附加税，给予金融返还补偿，将返还的税金留作银行业金融机构服务“三农”的风险准备金。

（二）改善农村金融生态环境

以金融生态“高地”营造资金流通的“洼地”效应是吸引信贷资金回流农村、增强农村自身资金造血功能、解决金融支农不足的重要途径。对于脱贫地区，首先，政府部门应发挥在金融生态环境建设中

的主导作用，大力培育信用文化以引导企业与个人努力改善自身的资信状况，加快与工商、税务、公安、其他金融机构等部门的信用信息资源共享步伐，推进农户信用信息基础数据库建设，实现社会信用信息资源共享。其次，大力发展涉农企业信用担保机构，畅通资本金补充渠道，完善信用担保机构风险补偿机制，放大担保倍数。最后，综合运用法律、经济、宣传、舆论监督等手段，建立和完善社会信用的正向激励和逆向惩戒机制。

（三）创新支农金融产品

脱贫地区金融机构要结合涉农企业对信贷资金需求的特点，确定合理的期限、数量、利率和信用工具，降低准入门槛，从增加贷款额度、简化贷款手续以及方便涉农企业贷款模式创新等方面入手，逐步破解涉农企业贷款难的问题。积极开发针对中小农村企业的可持续金融服务方式，尽快建立和完善包括利率风险定价机制、独立核算机制、贷款高效审批机制、激励约束机制、专业化人员培训机制、违约信息通报机制在内的“六项机制”。按照简便、高效的原则，提高贷款审批效率，推进涉农企业贷款工作开展。鼓励金融机构把更多的资金投向“三农”及农业产业化，支持农业产业结构的优化和升级。

（四）切实解决抵押担保难问题

脱贫地区涉农机构要创新担保方式，积极探索多户联保、“公司+农户担保”、林权抵押、农机具抵押等新的担保方式。研究农村土地、房屋、承包经营权、农业收益权等动产抵押和权利质押的可行性，缓解农村担保资源紧张状况。逐步引入担保、资信等服务中介机构，通过发展农村互助担保组织，开展农村信贷担保业务，从根本上解决“三农”贷款担保难的问题。

（五）增加农村金融服务网点

脱贫地区要加快出台配套的支农信贷政策，利用基层网点贴近农户、了解农户、放款方便的优势，积极探索支持“三农”的新途径。对目前仍然没有设立金融服务网点的乡镇，农村信用联社和邮储银行要尽快设立服务网点，农业银行也要重新定位，恢复原有的分支机构。要积极发展私营性、股份制非存款型金融机构，形成多种金融机构并存、功能互补、协调动作、基于竞争的较为健全的农村金融业组织结构。同时，加快农村信用社的电子化进程，完善内部网络的互联互通，尽快加入银联组织，实现真正意义上的通存通兑。

第八章 脱贫地区乡村产业的绿色发展

乡村是生态环境的主体区域，生态资源是乡村最大的发展优势。生态宜居是乡村振兴战略的内在要求，推进乡村产业绿色发展，是农村经济高质量发展的应有之义，也是乡村振兴的客观要求。本章论述了脱贫地区的乡村产业绿色发展的意义、概念、内涵与路径，在此基础上探讨乡村产业绿色发展的四种模式，分析脱贫地区的乡村产业绿色发展存在的问题并提出对策建议。

第一节 脱贫地区乡村产业绿色发展的意义

一、乡村产业绿色发展是脱贫地区落实绿色发展理念的关键举措

绿色发展是人类发展观上的一场深刻革命。绿色发展理念既是对可持续发展的继承与创新，也是新时代实现乡村全面振兴的内在要求和重要支撑。乡村不仅是农民生产和生活的家园，同时也是社会生态产品与服务的生产及供给基地。党的十八大以来，党中央国务院高度重视绿色发展。习近平总书记多次强调，“绿水青山就是金山银山”。脱贫地区践行产业绿色发展理念是乡村产业发展方式的重要转变，是

“两山”理论在脱贫地区乡村产业领域的运用和体现。与以往只专注于脱贫地区的乡村农业而言，乡村产业的绿色发展战略更多地强调发挥产业的生态、文化等多种功能，是在观念上尊重自然规律、行动上顺应自然规律的发展方式，是脱贫地区乡村产业各种产品生产、加工、流通、消费等全过程的绿色化。乡村产业是我国社会经济的基础，是最接近“绿色”的产业，乡村产业是整个经济社会发展的一部分，乡村产业绿色发展是脱贫地区落实绿色发展理念的关键举措，为实现农村生态文明建设提供了基本支撑。

二、乡村产业绿色发展是脱贫地区培育特色产业优势的重要抓手

发展乡村产业要以乡村特色资源为依托，引导生产要素更多地向乡村汇聚，发掘更多的功能价值，丰富更多的业态类型，发展优势明显、特色鲜明的乡村产业，把就业创业机会和产业增值收益更多留给农民，形成城乡要素顺畅流动、产业优势互补、市场有效对接的格局，为全面推进乡村全面振兴夯实基础。良好的生态环境是农村的最大优势和宝贵财富，广袤的乡村就是巨大的绿色宝库。脱贫地区大多处于远离城市的偏远山区，但这也使其拥有独一无二的生态资源优势，成为多样化特色农产品和多样性生物与自然景观、多样化地域历史与文化的耦合体。依托独特生态资源优势，推进生态产品价值实现释放生态红利，有利于推动乡村特色产业价值的显著提升，对脱贫地区乡村产业的发展有重要意义。同时，乡村产业经济一旦受益于青山绿水，也将正面反馈生态环境保护，从而形成“生态环境保护—乡村产业—绿色经济—生态环境保护”的良性循环机制。

三、乡村产业绿色发展是脱贫地区实现乡村振兴的客观要求

乡村振兴，生态宜居是关键。乡村“生态宜居”是为农民提供适宜居住的生存和发展的生态、生产和生活环境，既要保障自然系统的生态安全，也要提供舒适、便利的现代化居住条件，更要形成可持续的、不会对人类健康和生态环境产生严重危害的生产结构，这三方面的内容体现了生态宜居在乡村振兴战略中的关键底线地位。乡村振兴，产业振兴是基础。构建绿色高效的乡村产业体系，是乡村产业振兴的重要途径，这就要求脱贫地区要绿色发展推动乡村产业振兴，根据乡村产业体系的基本内涵，对种养业、加工业以及农村服务业等实行供给侧结构性改革，提高供给质量，增加乡村生态产品和服务供给。只要处理好保护与发展的关系，深入践行“绿水青山就是金山银山”理念，充分挖掘乡村生态价值，就能把生态优势转化为持续的发展优势，让土地长出“金元宝”、生态变成“摇钱树”、乡村成为“聚宝盆”，实现百姓富、生态美的统一。

四、乡村产业绿色发展是脱贫地区高质量发展的重要途径

生态文明是21世纪的时代特征和世界转向，绿色发展是新时代生态文明建设的治本之策。在探索绿色发展的过程中，世界各国对绿色发展的内涵基本达成共识，即绿色发展是“经济高质量增长，实现生产过程高效清洁和弹性化，使污染和环境损害最小化，以化解环境风险的发展方式”。[①] 从绿色发展的内涵中可以看出，高质量发展内涵于绿色发展之中，是绿色发展的题中之义。绿色发展是高质量发展

① World Bank, *Inclusive Green Growth: The Pathway to Sustainable Development*, The World Bank, Washington D.C., 2012, p.171.

的重要前提、基本要求，也是高质量发展的重要目标和必由之路。进入新时代以来，高质量发展已成为我国经济发展的重要标准。实现高质量发展是我国经济社会发展历史、实践和理论的统一，是开启全面建设社会主义现代化国家新征程、实现第二个百年奋斗目标的根本路径，而脱贫地区实现高质量发展必然要选择乡村产业绿色发展道路。

第二节　乡村产业绿色发展的概念、内涵与路径

一、乡村产业绿色发展的概念

乡村产业绿色发展顾名思义就是要逐步采用绿色生产技术，形成绿色化的乡村产业生产体系、流通体系和营销体系，在生产过程中保证产业产品的质量安全，最终能实现乡村产业的可持续发展和推进乡村产业现代化。乡村产业绿色发展更加注重资源节约、生态保育、环境友好和产品质量的高质量发展，是以资源环境承载力为基准，以资源利用节约高效为基本特征，以生态保育为根本要求，以环境友好为内在属性，以绿色产品供给有力为重要目标的人与自然和谐共生的发展新模式。乡村产业绿色发展，其本质要求切实转变乡村产业的发展方式，从过去依靠拼资源消耗、拼农资投入、拼生态环境的粗放式经营，尽快转到注重提高质量和效益的集约式经营上来，确保乡村产业产品质量安全、生态安全和农民持续增收。

乡村产业绿色发展不仅仅是农业的绿色发展，也包括农产品加工业、乡村旅游休闲业、乡村特色产业、乡村新兴服务的绿色发展。乡村产业绿色发展不仅表现在产品的绿色化，也包括生产过程的绿色化。

二、乡村产业绿色发展的内涵

乡村产业绿色发展是一项系统性工程，具有丰富的理论内涵。准确把握乡村产业绿色发展的内涵，对全面、深刻地理解这种发展道路，系统地推进和有效地实践，以维系当代人福祉和保障子孙后代永续发展具有重要的意义。具体而言，乡村产业绿色发展范畴至少涉及布局绿色化、资源利用绿色化、生产手段绿色化、产品绿色化四个方面。[①]

（一）产业布局的绿色化

空间布局的绿色化是实现乡村产业绿色发展的前提。从国家层面来看，通过制定乡村产业发展规划，明确区域产业分工和布局，对促进乡村产业绿色发展具有重要意义。产业布局的绿色化要求政府根据不同地区、不同物种的生产实际和需要，加强分类指导，分阶段、分区域、因地制宜制定禁止和限制发展产业目录，明确种植业与养殖业发展的方向和开发强度。一方面，有利于强化准入管控和底线约束，推进重点地区资源保护和严重污染地区治理；另一方面，有利于创建特色乡村产业和高效产品优势区，打造一系列品种丰富、集群发展、绿色高效的特色产品优势区。

（二）乡村产业资源利用的绿色化

乡村产业资源是乡村产业产品生产的重要物质基础，资源的合理开发和利用是关系到乡村产业可持续发展的重要因素。推进乡村产业绿色发展，就是要坚持“绿水青山就是金山银山”的“两山论”思想，依靠科技创新和劳动者素质提升，提高土地产出率、水土资源利用

① 尹昌斌、李福夺、王术、郝艾波：《中国农业绿色发展的概念、内涵与原则》，《中国农业资源与区划》2021 年第 1 期。

率、劳动生产率，将传统乡村产业的“资源—产品—废弃物”线性物质流动方式转变为现代乡村产业的“资源—产品—废弃物—再生资源”循环流动方式，把简单的自然种养模式转变为规模化科学种养模式，把粪便、秸秆和生活垃圾等废弃物变成乡村产业生产的肥料、饲料和燃料，从而使资源得到最佳配置，让农业废弃物得到有效利用，将乡村产业生产环境污染降低到最低水平，同时实现乡村产业节本增效和节约增收。

（三）乡村产业生产手段的绿色化

现代乡村产业发展离不开产业基础设施、生产装备和高新技术，就我国目前的乡村产业的发展状况而言，广大农村地区大多采用粗放式的生产模式，这种依靠要素投入的低水平生产从长远来看是不可持续的。推进乡村产业绿色发展，就是要以产业发展中的矛盾和问题为导向，使乡村产业发展由注重物质要素投入向创新驱动方向转变，实现生产手段的绿色化跨越。如大力提升乡村产业基础设施建设，改造中低产田，发展节水灌溉；开展有机肥替代化肥，精准施肥，实现农业清洁生产；采用新技术，推广优良品种，适度规模经营；利用“互联网+”手段，发展数字农业；等等。[①]通过绿色生产，降低产业生产成本，促进乡村产业由追求数量增长到数量与质量并重转变。

（四）乡村产业产品的绿色化

乡村产业绿色发展的目标是生产无公害、绿色、有机产品，增加优质、安全、特色产品供给，满足人民群众不断增长的健康绿色乡村产品的需求，促进乡村产品供给由主要满足“量”的需求向更加注重

① 赵超：《乡村产业振兴的困境与实现路径》，《当代县域经济》2021年第5期。

"质"的需求转变。而乡村产业绿色发展的实质是用先进的生物科技、信息科技等现代技术改造传统乡村产业，使技术创新嵌入产品的生产、加工、流通等各环节并提升全产业链的绿色度，使绿色乡村产业产品规模不断扩大，绿色产业链不断延伸，绿色产业集聚不断加强，不断生成绿色新业态、新技术、新商业模式和新空间布局，最终实现乡村产业绿色化。

三、乡村产业绿色发展的路径

（一）建立健全绿色质量标准体系

清理、整合国家和行业相关标准，以新理念新思维破解农业标准化发展，全面推动产地清洁化、投入品减量化、生产循环化、资源节约化。构建以国家和行业标准为基础、以地方标准和企业标准为骨干的新型标准体系，加快修订农业领域的国家和行业绿色质量标准，试行食用农产品达标合格证制度；坚持以品种为主线、以关键控制点为核心，从农业产地环境、投入品、生产规范、产品质量、安全限量、检测方法、包装标识、储存运输等方面进行全产业链标准规划布局，提升绿色标准体系的系统性和整体性；积极参与国际标准制的制定和修订，鼓励农业企业争取国际通行的农产品认证，促进标准互联互通，推进农产品认证结果互认，拓展国际市场；在重点领域创新推动标准制修订与现代农业产业技术体系从立项到实施应用一体化对接，提升科技、标准和产业化应用协同水平，解决制标、用标"两张皮"等难题；推进国家农产品质量安全县创建，严格对照样板区建设目标，以当地的龙头企业、运行质量审计优秀的企业等作为重点，培育完成样板区示范企业，努力打造标准化生产样板区。

（二）大力推进产业绿色化生产

探索形成全程绿色标准化生产的组织运营方式，充分调动各类农业经营主体参与绿色发展的积极性。引导标准化生产基地建设，健全中央统筹、省级负责、县级实施的工作机制，对种植大户、家庭农场、农民合作社、农业企业等新型农业经营主体进行有针对性的扶持，推进中小农户与现代农业体系的衔接和成果共享。强化农业生产项目监管，严格禁止国家明令淘汰的落后产能和污染环境的项目进入乡村。全面推广绿色生产模式，利用绿色数字技术与大数据实现农业投入品的精准决策。加强化肥、农药、兽药及饲料质量安全管理，探索建立化肥农药使用监测体系、绿色农业投入品目录，实现化肥农药减量增效、有机肥替代、测土配方施肥。实行废旧地膜和包装废弃物等回收处理生产方式，推行统防统治绿色防控、配方施肥、健康养殖等绿色种养技术模式，实现病虫害防控方式从单家独户防治向专业化统防统治的转变。健全农业产品质量标准追溯机制，构建覆盖种植、加工、收购、贮藏、运输、销售等全过程的质量追溯体系，强化农产品质量安全风险评估及预警。引导和鼓励种养结合农牧循环的标准化种养模式，因地制宜开展多种形式生态高效的种养结合模式，推进高标准畜牧养殖基地和配套农业发展的规划建设，加快形成“轮作—移动—循环”的高效生态种养生产模式。

（三）培育提升绿色农业品牌

建立健全绿色农业品牌体系，引导和完善绿色农业品牌发展体制机制，积极培育绿色农产品、有机农产品和地理标志农产品，争创绿色农业品牌。实施农业品牌提升行动，加强绿色农业品牌的保护和宣传推广，严格农产品地理标志管理和农业品牌保护制度；立足提升特色品牌农产品的品质和内涵，进一步建立并完善品牌农产品保护机制，加强对已有品牌农产品产前、产中、产后的指导和监督，不定期地开展检测，并向社会公众公布；充分挖掘特色农产品品牌价值、优势和品牌经济资源优势，扩大品牌影响，提升农产品附加值；充分利用各种创新手段，加强绿色农产品品牌平台建设，推动成立农产品协会和农产品交易中心，科学培养农产品代理人和农村经纪人；因地制宜培育品质优良、特色鲜明的区域公用绿色农业品牌，引导优质企业与潜力农户共创绿色农业品牌；进一步整合粮油产品、果蔬产品、水产类等品牌，严格“三品一标”认证和注册商标等品牌建设，提升绿色农产品的市场占有率和竞争力，形成绿色农业品牌和绿色食品工业品牌互补增强效应。①

（四）激发绿色技术创新的支撑作用

加快探索科技创新支撑绿色发展的有效模式，进一步激发高校、科研院所的绿色技术创新活力，加快以农业生产全链条“卡脖子”技术问题为突破口，发挥“政用产学研农”协同创新优势，组织开展农业绿色数字技术研发应用，提高绿色技术供给能力；鼓励拥有核心技术的大型农业科技研发企业建立技术创新战略联盟，并将中小农业企业纳入绿色发展产业链，以促进绿色技术扩散；密切追踪国内外绿色关键技术发展动向，加快农业数字技术与农机农艺、绿色节能环保、农业农村新能源、污染生态系统修复等关键技术研发；加快推动精细化、信息化、绿色化、工业化深度融合，提升绿色农业成本、设计、加工、包装、物流运输等方面的效率，促进乡村产业绿色发展；改善技术引进环境，构建农业绿色技术创新综合示范区，鼓励国内外农业

① 谢宜章、莫鸣：《引领乡村产业绿色新发展》，2021年7月23日，见 http://www.cssn.cn/gd/gd_rwhz/gd_ktsb_1666/%20gxlsljczlxczx/202107/t20210723_5349575.shtml。

绿色技术研发企业和科研机构在国内设立绿色技术工程研究中心和创新中心；提升我国农业高新技术成果转化率，鼓励各类高等院校、科研院所、农业高新技术企业以乡村产业发展为基础，承接国家、省级乡村参与重点科技奖励成果、国家级专利成果、挑战杯创业大赛、“互联网 +”创新创业大赛等优秀成果的转化与落地，不断加强推进乡村重点产业项目的科技成果转化。

（五）深入推进“放管服”改革

以“放管服”改革创新，巩固乡村产业绿色发展的质量和稳定性，加快落实乡村生态环境保护责任制，继续完善节能监察执法和节能诊断服务“双轮驱动”的农业生产节能管理机制，激发农业企业实施绿色技术改造升级，加快形成绿色生产生活方式；完善财政、价格、税收、金融促进乡村产业绿色发展的政策，持续释放乡村产业的绿色发展潜力；加强第三方评估机构建设，开展乡村产业绿色技术发展趋势和产品市场前景等相关咨询，以及乡村产业发展绿色认定和培训等工作服务；在环境管制方面，进一步提高环境监管执法效率；坚持政府治理手段的多样性与强化管制能力建设相结合，充分使命令控制型环境规制与经济激励型管制工具相结合，重视使用多种规制工具的组合，充分发挥不同规制工具的优点，使环境规制效果发挥最大效应。

第三节　乡村产业绿色发展的主要模式

一、高效规模化绿色农业模式

高效规模化绿色农业模式现阶段主要出现在我国的农业主产区，其特点是以发展农业作物生产为主，农田水利等农业基础设施相对完善，农产品商品化率和农业机械化水平高，人均耕地资源丰富，农作物产量大。对于天然地理条件适合发展产业化、规模化农业的平原脱贫地区，为实现乡村产业绿色发展，可采用这一模式，从社会和市场需求出发，集中组织分散的农户，开展产业化经营探索，同时严格遵循生态环保经济原则，走出乡村产业绿色化、规模化的发展道路。① 可通过发展新型经营主体，实现布局、分工、品种、耕收、加工、销售的统一。同时，加快高标准农田建设，将投入品减量化、生产清洁化、废弃物资源化技术运用到乡村产业上，以提高乡村产业绿色发展。从政府层面来说，重点解决用水、排水、道路问题，提供基础设施保障；引导建立生产设施共享平台，采用共享农业机械方式，大幅度降低成本；鼓励农业"中介人"承接专业工作，请专人组织劳动力团队，在多个农业生产基地辗转承接劳务，包括组织专门的机械作业团队，建立耕、播、收、运成熟的外包团队等；进一步拓展农业保险的范围，加大财政补贴。通过上述方式将分散的农户，有计划地组织起来，不但实现了农产品的规模生产，也使农产品品质得到保障，生态和经济运行的良性循环也可顺利形成。

二、特色产业绿色发展模式

特色产业发展模式最先出现在我国东部沿海等经济相对发达地区，其特点是产业优势和特色明显，农民专业合作社、龙头企业发展基础好，产业化水平高，实现了生产集聚、规模经营，产业链条不断延伸，对于农村产业发展的带动效果非常明显。脱贫地区的特色产业

① 刘旭、梅旭荣、杨世琦、杨正礼、邢磊、刘宏元:《秦巴山脉区域农业经济绿色发展战略》,《中国工程科学》2020 年第 1 期。

绿色发展可以借鉴发达地区的特色产业发展模式，同时全过程融入绿色元素，把打造绿色品牌作为特色产业发展的核心内容。特色产业绿色发展模式需要因地制宜，不能照搬照抄，但也不能盲目创新。对不同的脱贫地区，乡村产业绿色发展要根据当地的人文环境、生态环境合理地进行资源配置，通过挖掘本村特色资源，明确好产业定位以及其发展目标与方向，精准选择特色化产业，将有限的资源集中投入到特色产业之中。实践证明，绿色生产、质量安全可追溯的特色乡村产品是人见人爱的“抢手货”，未来有很大的市场空间。因此，要以需求侧为导向，结合产业结构调整，因地制宜加强乡村产业品牌建设，打造以绿色、特色、生态为特点的特色乡村产业品牌，形成脱贫地区乡村产业绿色发展新局面。运用科技和创新成果，注入科技元素，提升产品品质以契合消费发展趋势、满足消费需求。发挥政府部门对特色乡村产业绿色发展的引导作用，加大对脱贫地区特色乡村产业的扶持力度，助力脱贫地区特色乡村产业品牌化发展。

三、完善生态产业链模式

完善生态产业链模式，也称作农村循环经济模式，作为脱贫地区产业增产增值增效的新生动能，能有效提高产品附加值、拉长产业链条，真正把资源优势转化为经济优势，助力产业发展壮大，拓宽脱贫地区群众的增收渠道。它又包括四种模式：一是种养加复合模式。以种植、养殖、加工为核心的种养加复合农业循环经济模式是采用清洁生产方式，实现农业规模化生产、加工增值和副产品综合利用。适用于从事农产品加工的农户，如做豆腐、酿醋、磨粉等，以加工的下脚料如豆渣、麸皮、醋糟等喂猪、牛等，粪便入沼池，沼肥用于种植无公害小麦、玉米、蔬菜等，沼气用于燃料、照明。二是种植、饲料、养殖产业模式。根据食草动物的食性，充分发挥农作物秸秆在养殖业中的天然饲料功能，构建种养产业链条。三是养殖、废弃物、种植产业模式。通过畜禽粪便的有机肥生产，将猪粪、牛粪等养殖废弃物加工成有机肥和沼液，可向农田提供清洁高效的有机肥料。四是生态兼容型种植、养殖产业链模式。利用开放式种植空间，散养一些对作物无害甚至有益的畜禽或水产动物，构筑稻鸭共育、稻鱼共生、放山鸡等种养兼得型产业，可以促进种养兼得。

四、绿色休闲旅游型模式

绿色休闲旅游型模式主要是指在适宜发展乡村旅游的地区推动旅游、休闲、养生等产业发展。其地域特点是生态环境良好，旅游资源丰富，距离城市较近，交通便捷，适合休闲度假，发展绿色乡村旅游的潜力大。到乡村进行旅游的游客群体大多来自城市，乡村旅游开发应当为他们提供惬意的、有别于城市快节奏生活方式的乡村生活氛围。通过对乡村旅游资源的整合，让游客有机会亲身体验乡村的真实生活，还原乡村生活最原始、最有魅力的一面，提高城市游客的乡村旅游体验。可利用特殊人文景观，包括古村落、古建筑、古民居以及传统乡村文化，充分打好生态“王牌”，补齐公共服务和基础设施短板，以特色文化、传统文化、民族文化等地域特质为内核，深入挖掘深厚的生态和文化底蕴，大力发展文旅康养产业，建设特色鲜明的生态旅游观光热点。要结合地域地理位置及人文特色，对乡村旅游的观光功能和休闲功能进行统筹规划，因地制宜对乡村绿色休闲旅游项目进行开发，彰显乡村绿色休闲旅游开发规划的专业性和自然性。要将传统乡村文化与高科技技术以及生态建设等前沿理念结合起来，加快传统乡村由粗犷式发展向现代文明化发展转型，将乡村绿色休闲旅游打造成为集娱乐性、教育性为一体的地域文化名片。

第四节 脱贫地区乡村产业绿色发展存在的问题

一、绿色发展意识欠缺

现阶段，我国脱贫地区农民生态意识普遍薄弱。主要表现为：其一，生态价值意识错位。在经济利益与生态环境发生冲突时，拥有生态价值意识的人能够将自然生态利益放在首位，自觉约束自身的行为。[①] 目前，脱贫地区农民在生产中依然没有摆脱“靠山吃山，靠水吃水”的落后思想的影响。当经济利益与生态利益发生冲突时，仍将经济利益放在第一位，为了经济利益不惜牺牲生态利益。其二，生态责任意识缺失。在很多脱贫地区，无论是生态环境保护还是推广绿色发展的活动都被视为是政府的职责。农民缺乏主动承担乡村绿色发展事业的责任。其三，生态科学意识匮乏。脱贫地区广大农民的受教育水平程度普遍较低，对于科学知识的掌握相对较少，造成了农民在乡村产业绿色发展的活动中不能够用科学的眼光审视自然、改造自然，当然也就不能科学地协调人与自然的关系。

二、绿色消费意识薄弱

某种程度上讲，乡村绿色产品的消费是一种求新消费，年龄较大

---

① 崔健、王丹：《乡村振兴背景下农村绿色发展问题研究》,《农业经济》2021 年第 2 期。

的消费群体往往存在认识的偏差，而求新动机明显的相对年轻的群体更愿意消费。通常消费者的平均受教育水平越高，认知能力越强，越有可能接受绿色农产品。对绿色农产品相关信息越关注、了解程度越高的消费者，消费意识就越强，也就越倾向于购买绿色农产品；对相关知识了解越少，消费倾向也就越弱，越不可能产生购买行为。在脱贫地区乡村，大多消费者思想观念保守，受教育平均水平不高，绿色农产品相关知识了解较少，因而绿色消费意识薄弱，影响了绿色产业的发展。

三、存在产业外部性问题

脱贫地区乡村产业绿色发展不仅需要打开经济市场，还存在一些外部问题的困扰。首先，脱贫地区城镇往往存在着一些传统工业企业，这些企业的环境污给脱贫地区乡村产业的绿色发展造成了阻碍。其次，脱贫地区长久以来存在传统的“靠山吃山”的落后思想，对自然资源的过度开采，导致乡村产业的发展势必也会带来一系列的环境问题，面临产后环境整治的情况。最后，乡村产业投入品的绿色标准行为参差不齐，市场上很多乡村产业农产品为了抢占市场，运用催熟剂、农药等有害化学物，甚至出现了一种“一家两制”的现象，即向市场出售的产品大量使用化肥、农药或添加剂，对自己食用的农产品少用或者不用激素或化肥农药，这就违背了乡村产业绿色发展的理念，形成恶性循环。

四、缺乏先进的技术支撑

技术进步是支撑脱贫地区乡村产业绿色发展的关键要素。乡村产业绿色发展的一个重要特征就是科技支撑，技术水平直接影响到乡村产业绿色发展的成本，进而直接影响乡村产业绿色发展水平。[①]当前，相对于乡村产业绿色发展的要求，脱贫地区乡村产业技术供给不足。一方面，科技的运用需要大量的资金周转，脱贫地区的农户对现代金融获取较难。金融机构对贷款抵押物要求严格，但农业项目地上作物、设施往往不能作为抵押物，金融机构在响应政府金融支农政策上缺乏积极性，满足乡村产业发展需要的金融产品太少。另一方面，乡村产业技术推广应用水平还有待进一步提高。绿色导向型乡村产业技术的推广还有很大空间，能够支撑其乡村产业绿色发展的技术任重而道远。脱贫地区乡村产业绿色发展中的生态环境保护问题、乡村产业绿色发展的成本问题、绿色乡村产业的产量问题、生物有机投入品的使用效率及产出效率问题、无农药化肥残留的种植技术大众化利用等问题迫切需要解决。

五、产业发展和生态融合脱节

乡村产业绿色发展的本质就是在谋求生态良好的前提下将乡村产业和绿色发展相融合，经济和生态并不是两个独立的个体，乡村产业绿色发展就是要将经济、生态放在齐头并进的位置。很多脱贫地区发展乡村产业普遍着重于产业的发展，主要是为了追求富裕而发展乡村产业，并没有认识到乡村产业和生态之间的融合问题，这就导致出现了将生态发展“口号化”的现象，使乡村产业发展和生态良性发展的结合还存在一定差距。一些脱贫地区在乡村振兴过程中放松乡村产

① 卢新：《乡村产业振兴：困境与突破》，《科技视界》2021 年第 30 期。

业绿色可持续性发展的要求，没有跳出以往唯速度、唯规模、急功近利、竭泽而渔的粗放式发展模式。

六、绿色产品流通渠道不畅

脱贫地区物流基础设施不健全就会导致乡村产业绿色发展过程中出现物流“卡脖子”现象。一方面，在脱贫地区的乡村产业产品流通渠道中，仓储物流、批发市场、产销对接、鲜活农特产品直销等基础设施普遍较为落后，专业化现代化物流服务企业数量极少，这一问题不仅严重制约着生鲜类乡村产业产品的远距离运输，也增加了产品损耗。同时，产地仓冷链物流基础设施缺乏，难以解决农特产品标准检测、初加工、包装、保鲜等问题，导致商品化不足。另一方面，脱贫地区的乡村产业产品流通模式以零售为主，批发市场不完善。部分地区建有批发市场，但基本处于“有场无市”状况，物流经营成本较高，很多农特产品市场流通渠道不畅，甚至出现“增产不增收”的情况。

第五节　促进脱贫地区乡村产业绿色发展的对策

一、加强乡村产业绿色发展引导

乡村产业绿色发展既是乡村振兴的内在要求，也是农业供给侧结构性改革的主攻方向。习近平总书记强调：“坚持人与自然和谐共生，走乡村绿色发展之路。”以绿色发展模式引领乡村振兴是新时代我们党深刻把握现代化建设规律和城乡变化特征，顺应亿万农民对美好生活的向往，从党和国家事业全局出发作出的一项重大战略决策，具有深刻的哲学意蕴。对脱贫地区而言，加强乡村产业绿色发展引导尤为重要。要通过教育宣传和舆论引导，使脱贫地区广大群众理解和践行“绿水青山就是金山银山”理念，守住发展和生态环境保护底线，走可持续发展的道路，真正找到一条产业发展与生态环境保护的双赢之路。通过政策引导、规划引领，使脱贫地区把“生态产业化、产业生态化”作为发展新动力和发展新出路，让良好生态环境成为富民强国的支撑点。

二、增强全民绿色消费意识

乡村产业绿色发展需要绿色生产方式、绿色流通方式，同时需要绿色消费方式。为增强全民绿色消费意识，应在脱贫地区农村开展大规模的宣传活动，向广大居民普及绿色消费的内涵及意义。同时，企业应向消费者提供有关绿色产品的购买和使用知识，提高其对绿色产品的辨识能力。只有向消费者提供了全面的绿色消费知识和有效的产品信息，才能增强其绿色消费意识，提高绿色消费的能力和水平。要通过广播、电视、报纸和互联网等多种媒体，结合节能宣传周、节水日、土地日和环境日等活动，广泛宣传环境现状和保护环境的有关法规以及发展绿色消费、建立节约型社会的重要意义，形成节约光荣、浪费可耻的社会风气。

三、规制乡村产业绿色发展外部性问题

脱贫地区乡村产业绿色发展中的外部性问题，无法通过市场机制来解决，需要政府规制来破解。政府规制应主要包括以下三个方面：一是将外部企业产生的社会成本转化为私人成本，主要方式为征税，如对农田周边的污染企业征收更多的税。二是将乡村产业所产生的社会收

益转化为个人收益，主要方式是对乡村产业绿色发展进行补偿。[①]乡村产业绿色发展面临各种“后遗症”，如生态环境的修复、景观的无偿提供等无法通过市场机制来补偿，应通过建立补偿机制来弥补绿色乡村产业生产经营者因环境保护、生态修复、绿色产品生产而额外付出的成本，激励更多的生产经营主体选择绿色发展行为。三是通过直接的行政管制约束主体行为。加强对乡村产业投入品行业的准入管理，设立绿色技术标准的负面清单；对农田周边区域划定工业发展的生态红线，设立行业准入的负面清单；加强对农户生产行为的指导和约束，设立绿色生产行为负面清单，特别是要严惩部分农户违规滥用化肥农药的机会主义行为；加强生产经营者信用管理，降低市场交易费用，设立黑名单制度。

四、强化乡村产业绿色发展的科技支撑

形成以绿色技术为支撑的绿色发展模式离不开乡村科技的投入，乡村科技投入主要包括：第一，资金投入。发展乡村产业科技资金投入必不可少。这就要求政府部门要通过优化公共财政的支出结构，有意识地提高乡村产业科技投入在公共财政支出中的比例，同时也要注重优化资金的使用效率，强化基础性研究的公共财政支出。第二，乡村产业科技人才培养。科技人员是提高一个国家自主创新能力的关键。培养乡村产业科研人员既要注重培养乡村产业科研领军人才，也要注重培养乡村产业技术推广骨干人才。对于乡村产业科研领军人才的培养要以现代农业产业技术体系、转基因重大专项、行业科研专项等重

① 刘刚：《农业绿色发展的制度逻辑与实践路径》，《当代经济管理》2020 年第 5 期。

大项目吸引优秀人才参与其中，通过相关科研项目锻炼乡村产业科研人员的创新能力。对于乡村产业技术推广骨干人才的培养，一方面要强化技术人员的技能培训，另一方面要引导高校毕业生到基层农技推广机构工作。在技术推广中还应充分考虑到脱贫地区农民的经济需求、认知水平、应用成本及产出收益，将合适的技术以合适的方式、合适的成本推广到农民的手中，实现绿色技术被乡村产业经营主体所利用。

五、坚持产业和生态的融合统一

脱贫地区走乡村产业绿色发展道路，就是要确保乡村产业发展、群众生活富裕、生态环境良好相统一，实现产业和生态之间的协同融合。构建乡村产业绿色发展的经济体系必然要求破解生态环境和产业发展之间的根本矛盾，这就需要通过做好乡村产业和生态协同发展的“加法”和“减法”，优化调整产业结构、激活生态资源资产，挖掘乡村绿水青山蕴含的生态资本和生态价值，让乡村良好的自然生态环境成为乡村产业经济持续发展的支撑点，成为乡村居民美好生活的“金饭碗”，成为展现乡村产业绿色发展良好形象的发力点，助推绿水青山产生巨大的“经济—生态—社会”综合效益，实现乡村产业之间生产系统、生态系统和生活系统循环链接，确保乡村产业绿色生态文明建设同生态协同并进。

六、打通乡村产业绿色产品市场化路径

化解脱贫地区乡村绿色产品流通问题，必须以市场为准绳。一方面，要强化流通基础设施投入，降低物流成本，拓展产品市场。鼓励

各地加大对脱贫地区产品流通基础设施的投入，构建便捷高效的物流发展新格局，创新流通业态，与全国性产品批发市场、连锁超市、文化场所、电商平台等开展合作，组建采购商联盟，建立良好的合作关系，形成稳定采购链，推动与国际采购商队伍合作，推动乡村绿色产品走向海内外。另一方面，打造扁平化的绿色产品流通模式。鼓励各地加大对特色产品交易市场、电商平台等的投入，强化与京东、顺丰、菜鸟等物流公司合作，建立完备的脱贫地区产品冷链物流体系，并通过给予电商企业一定快递补贴和引导市场主体让利的方式，从而降低交易成本。支持各地大力发展乡村产品电子商务，构建完整产业链条，开拓以现代科技为支撑的脱贫地区乡村产业产品中高端市场。

第九章　脱贫地区乡村产业振兴的国内模式

党的十九大提出乡村振兴战略后，全国各地都在推进乡村振兴，涌现出许多乡村振兴的名村，这些村庄的成功遵循着怎样的逻辑，形成了哪些模式？本章从全国不同地区，特别是一些欠发达地区，选取了多个成功的案例进行分析，归纳出乡村产业振兴的“旅游+”模式、“电商+”模式、特色产业模式、农业主导模式四大模式，通过对这些乡村产业的发展模式进行总结，期望为脱贫地区乡村产业振兴提供有益启示与经验借鉴。

第一节　乡村产业振兴的“旅游+”模式

一、典型案例

（一）大地艺术田园景观型——上饶市篁岭村

1. 基本情况

江西省上饶市婺源县江湾镇篁岭村，至今已有近600年历史，是婺源具有独特风格的徽派古村落之一。受地形限制，村庄房屋建在一个陡坡上，房屋高低错落、呈半环状分布。村内可用地十分稀少，村民晒晾农作物只能使用竹簟晒在自家屋顶的木架上。2009 年，通过引入婺源县乡村文化发展有限公司，在山下新建安置新村，搬迁安置在住村民，使村民的生产生活条件得到了彻底改善，篁岭古村的旅游资源也得到了保护与利用；同时，将 120 栋原址民居改造成精品度假酒店，又收购散落民间的 20 多栋徽派古建筑在篁岭村进行异地保护重建，打造了商业天街。天街通过休闲度假、旅游会展、民俗体验、文化演艺等综合旅游消费，取得项目收益。2013 年，篁岭景区开放试营业，2014 年 5 月，篁岭景区被评为国家 4A 级旅游景区，先后入选为“中国最美休闲乡村”“中国传统村落”“最佳乡村旅游目的地”“中国乡村旅游模范村”，2019 年获评亚洲旅游“红珊瑚”大奖，篁岭从昔日的贫困空心村变身最赚钱的网红景区。[①]

2. 产业特色

一是旅游观光。篁岭村经过规划建设，形成了由天街访古、索道览胜、花溪水街、梯田花海以及乡风民俗等构成的篁岭景区。尽管如此，为进一步提升吸引力，篁岭景区设计打造出春季看油菜花海，夏季看紫薇、玫瑰，秋季赏枫香红叶，冬季观雪景等的四季观赏类项目。开发了春晒茶叶、夏晒山珍、秋晒果蔬、冬晒熏腊，游客一年四季均可见到的“晒”之景观。

二是文化体验。篁岭村开发了多样乡风民俗项目。除了最为出名的晒秋景观，传统节日期间还会开展民俗活动，非节庆日也会有婚嫁、祭祀、庆丰收等文化场景表演，游客可以参与其中获得体验感。此外，还集聚了一批非遗文化。诸如婺源甲路纸伞制作技艺、婺源徽

① 国家发展改革委：《创造乡村旅游篁岭模式，打造乡村振兴的示范和标杆——江西省上饶市篁岭村》，2020 年 4 月 24 日，见 https://www.thepaper.cn/newsDetail_forward_7118088。

剧、婺源龙尾歙砚、婺源米酒制作技艺、景德镇手工制瓷技艺、苏绣、黄梅戏、越剧等均有展示的舞台，同时非遗作品或作为旅游商品进行售卖，或作为文艺项目向游客展示。[①]

三是特色民宿。篁岭村将民宿定位为“篁岭晒秋美宿”，凭借身处景区的优势，全方面融入婺源民俗文化、篁岭晒秋元素，通过匠心设计与服务创新，一步步发展成为婺源本土化、品牌化、规模化民宿。

2014年篁岭景区开始试营业，2017年游客首次突破百万大关，随后几年年均游客接待量都超过100万人次，2019年超过142万人，年营业收入超2.1亿。2020年仅国庆黄金周，就接待游客超10万人次。

3. 运营管理

一是“生态入股”，返聘村民。篁岭景区的“企业运营”管理模式和“生态入股”的发展理念，打破了以往景区一次性买断乡村资源经营权的传统发展模式，创新性采取“公司＋农户”形式，由景区与农户成立农村经济合作社，将村庄的水口林、古树等生态资源纳入股本，并将农民的山林、果园、梯田等资源要素进行流转，与农户共同开发农业观光体验项目，从而实现了企业与农户“共同入股、共同保护、共同开发、共同受益”的可持续共建模式。

二是通过产权整体置换与收购，实现产权清晰。婺源篁岭文旅股份有限公司经过与婺源县、镇两级政府协商，投资1200万元，在山下交通便利、临近本村农田的乡村公路旁，建设安置房68户，老年、单身公寓36套，并配套基础设施，对篁岭村的320名村民进行整体

① 陈海龙、李松志：《旅游引导传统村落振兴发展研究——基于婺源县篁岭村的分析》，《凯里学院学报》2021年第5期。

搬迁，以山上旧宅置换山下新宅。在解除地址隐患、改善村民居住条件和农业生产条件的基础上，实现了产权清晰、边界清楚，整体盘活了古村旅游开发经营权。

三是不搞门票经济，打造体验型旅游综合体。相较于国内大部分景区的纯观光游的运行模式，篁岭景区以旅游综合体进行运营打造。将整个古村150多栋民居进行修缮改造，在保留原始徽派建筑风韵的同时，打造高端精品度假酒店，给入住游客带来沉浸式体验。

（二）人文资源依托型——嘉兴市乌村

1. 基本情况

乌村位于浙江省嘉兴市桐乡市乌镇国家5A级景区，距乌镇西栅500米，紧靠京杭大运河，总面积450亩。原有60多户、300多名村民。乌村由以陈向宏为首的古镇联盟景区咨询公司规划、设计和管理，由乌镇旅游股份有限公司进行投资，按照“体验式的精品农庄”定位进行开发，强调在对乡村原有肌理进行系统保护的基础上，营造具有典型江南水乡农耕文化传统生活氛围、适应现代人休闲度假的“乌托邦”。围绕江南农耕村特点，导入酒店、餐饮、娱乐、休闲、亲子、农耕活动等配套服务设施，定位为高端乡村旅游度假区，与西栅历史街区联袂互补。2016年荣获浙江省年度乡村旅游示范村。①

2. 产业特色

一是美食。有乡土味中晚餐，采用健康的“一小时蔬菜”，严格按照“当餐到达，当餐使用”的原则，形成“从采摘到上菜一小时”的特色；有红酒和各色鸡尾酒配以牛排、意大利面等纯正西餐；有红

① 中指研究院：《除了学习乌镇，文旅古镇还能如何破局》，2020年6月24日，见https://www.sohu.com/a/403818885120121400。

豆糊、桃胶鸡头米、桂花年糕、鹅头颈、青团、猫耳朵等江南甜品。

二是住宿。乌村将住宿细分为不同组团单元，分别是渔家、磨坊、酒巷、竹屋、米仓、桃园及知青年代，组团的名称与主题定位来源于村庄以前的生产小队。如渔家组团就是以公社化时期当地渔业生产小队的生活元素为主题而命名的。

三是游玩。每日提供蔬菜采摘、农耕深度体验、各类农事活动、童玩天地、手工 DIY 等丰富的休闲体验活动；在新建的活动中心、青墩、乌墩、码头等重点区域定期提供演艺、酒吧休闲、帐篷露营等活动。

3. 运营管理

作为一个大乌镇范围内的创新景区，乌村在景区运营管理方面也进行了新的尝试，这种新的模式主要借鉴国外地中海俱乐部（ClubMed）。作为国际高端度假村运营者，ClubMed 的两大特色就是一价全包和首席礼宾官（CCO）服务模式。①

一是一价全包的套餐式体验模式。颠覆传统经营模式，乌村引入国际领先的一价全包套餐式体验模式，打造了中国首个融“食住行游购娱”活动为一体的一站式的乡村休闲度假项目，即打包食住行和 30 多项免费体验项目集中销售。依托景区独特优势资源，将全村封闭起来，通过高门票限制人流，游客只需一张门票，即能享受全部服务。

二是首席礼宾官特色服务。即为游客提供面对面的近距离综合服务，提升游客的旅游体验，集景区导游和活动指导参与等服务为一身的首席礼宾官。按照现有活动内容，乌村内 CCO 的特色服务是以引

---

① 李姣等：《乌镇旅游开发运营模式研究》，《中国商论》2017 年第 13 期。

导游客体验民俗活动为主。

（三）自然生态康养型——淄博市中郝峪村

1. 基本情况

中郝峪位于山东省淄博市博山区池上镇博山大山深处，距城区40多公里。全村有113户、364人，耕地面积80亩，山林、果林面积2800亩，是纯山区村。2013年，中郝峪村完成集体产权制度改革，实现了资源变资产、现金变股金、村民变股民的转变，将全村山林、土地、房屋、农田承包权等以经营权入股的形式成立了淄博博山幽幽谷旅游开发有限公司。中郝峪村把乡村旅游作为美丽乡村建设的主导产业，农旅融合、旅商融合，从小微起步，步步规范、事事创新，不断探索出山区村庄发展乡村旅游的新路子。2018年，中郝峪村的年人均收入从16年前的不足2000元提升到4.3万元，增长21倍。先后获得首批“全国休闲农业与乡村旅游示范点”“中国乡村旅游模范村”“山东省乡村旅游示范村”“全国森林康养示范基地”等称号。①

2. 产业特色

一是大力发展乡村养生养老产业。中郝峪森林覆盖率96%，夏季平均气温低于26℃。依托天然生态优势，大力发展乡村养生养老产业，改造建设各类康养住宅32户，配套康体休闲、无障碍老年活动中心等设施，发展医疗服务、休养康复、农耕体验等服务，形成“居住—养老—休闲—康复—医疗”等功能完善的新产业。截至2020年年底，外来定居新村民70户，全村年接待康养人数超过3万人次，获得“全国森林康养示范基地”称号。

① 一诺农旅规划：《农村产业振兴的十种模式》，《中国合作经济》2019年第8期。

二是大力发展乡村民宿度假产业。村集体把村内60户180多间闲置房屋有偿收回，重新进行规划设计，外貌力图凸显山村风貌，内部更加注重现代舒适，用来大力发展乡村民宿产业。同时，对全村妇女进行家政服务培训，每户院落配有一名管家服务员，持证上岗。制定《中郝峪幽幽谷民宿管理服务标准》，严格落实民宿标准化服务，让游客感受到家一般的温暖。

三是大力发展高标准农业旅游产业。规范建设农家乐超过100户，其中10家被评为中国乡村旅游金牌农家乐，25家被评为山东省五星级或四星级农家乐。统一农家乐管理标准，制定行业规范，统一配送餐饮用具，达到省级农家乐卫生安全标准。突出家庭接待特色，游客接待户户有“绝活”，在不同的农家感受不同的休闲体验氛围。村民全员进行旅游接待业务培训，旅游接待从户户“游击队”转变为整村“正规军”。

3. 运营管理

“中郝峪模式”以休闲农业和乡村旅游为重点，着力于村容村貌整治、生态修复、特色挖掘以及合作社建设，大力发展乡村养老产业，推动农产品生产、餐饮、医疗等服务有机整合。同时进行集体资产股份制改革，鼓励村民以土地、山林、资金、劳动力入股，创新出“公司运作 + 单体承包 + 全体村民入股”的运营模式。

2012年中郝峪村正式成立了幽幽谷旅游开发有限公司，公司负责全村旅游项目的开发和运营，实行公司化运作，按照统一管理、统一服务、统一收费、统一标准，不断提升农家乐的档次，大大地提高了市场知名度和竞争力，并不断完善各类基础设施。村民以田地、农家乐、餐馆等入股运营公司，与公司利益紧密绑定，形成运营合力。每位村民都以旅游管理、经营农家乐和销售旅游农产品等方式参与到休闲农业发展，成为“产业工人”。除了工资收入，村民还能按照股份份额得到季度分红，并且村集体在2010年就解决了村民的合作医疗和养老保险。2018年6月，中郝峪村还投资200万元建起了村民大食堂，免费三餐，覆盖全村360人，所有村民从此全年不用生火做饭。

二、主要经验与启示

（一）能人带动是关键

火车跑得快，全靠车头带。发挥好能人的带动作用，对于推进乡村产业振兴的工作至关重要。淄博市中郝峪村能够脱贫致富，村委会主任赵东强主动拿出自己的全部积蓄首先入股，并且带动村民入股，起到了良好的带头作用。而乌村的旅游业发展也离不开能人陈向宏。可见，脱贫地区在实现乡村旅游产业振兴的过程中，要发挥能人的中流砥柱作用，坚信人才是核心，树立“能人兴村”的理念，要善于选择能人、大胆任用能人、真正优待能人，通过能人示范带头，将村民组织起来共同发展。

（二）公司化管理是法宝

公司化管理是乡村旅游产业发展的法宝。引入公司化管理可以将分散的农户经济行为进行统一，将分散的农户进行整合，将分散的长期闲置资金进行捆绑，发挥能力互补、资源共享、风险均摊等作用，以规模化效应解决个体农户不易办到、政府部门不能包办的事情，对旅游产业发展发挥了重要的作用。嘉兴市乌村早在1999年就组建乌镇旅游开发有限公司，对景区进行公司化的运营管理，整体开发，统一经营，最大限度地在保留乌村原貌的基础上迅速发展；淄博市中郝峪村成立了幽幽谷旅游开发公司，由开发公司进行统一运营，标准化的管理提升了景区水平，促进了品牌知名度的提升。婺源篁岭村采用“企业运营”管理模式进行标准化管理，带动当地旅游发展。由此可见，在进行“旅游+”模式的乡村产业振兴时，进行公司化管理非常重要。脱贫地区在发展乡村旅游产业时有必要实现公司化管理、市场化运作、专业化发展，只有这样才能做大做强。

（三）资源挖掘是前提

实现乡村旅游产业振兴的关键在于立足乡村实际，深挖旅游资源优势。不同地区资源优势不同，婺源篁岭村具有独特风格的徽派古村，借助于徽派古建筑发展旅游业，受地形限制，村民晒晾农作物只能使用竹簟晒在自家屋顶木架上，又形成了当地独特的晒秋文化，通过对产业、文化资源的挖掘，篁岭村摇身一变成为远近闻名的网红景区。嘉兴市乌村有独特的地理优势，紧邻乌镇西栅以及京杭大运河，又拥有得天独厚的古建筑群落，旅游资源带动了当地乡村产业的发展；淄博市中郝峪自然条件优越，森林覆盖面积大，温度适宜，依托于自然资源大力发展养老产业、旅游产业，逐步实现多元化发展业态。可见脱贫地区在进行产业振兴的进程中，要对当地资源进行挖掘，立足自然资源、生态资源、人文资源等条件并合理转化，巧妙地借用资源构建独特优势。

（四）特色化经营是保障

特色化经营能够促进乡村实现差异化发展，对发展乡村旅游业尤为重要。乌村不断创新高效的产业模式，通过乌村乌镇两景点一价全包的国际消费理念引入、首席礼宾官服务模式创新及运营团队的大面积媒体宣传推广，创造了独特的乌村模式，打造了独一无二的特色旅游模式；淄博市中郝峪在发展旅游产业时，突出家庭接待特色，在不同农家旅客能够感受到不同的休闲体验氛围，吸引了许多游客的眼球。可见，在发展乡村旅游产业时，要进行特色化经营，突出自己的特色，打造出乡村旅游核心竞争力。脱贫地区进行旅游产业开发时，应立足自身特点，创新发展思路，围绕旅游产业规划创新观光、游乐、美食、体验、科普、文化等项目，形成具有个性化的旅游特色。

（五）村民富裕是动力

乡村实现产业振兴，带动当地经济发展，目标是为了实现共同富裕。婺源篁岭村创新性采取“公司＋农户”形式，由景区与农户成立农村经济合作社，实现了企业与农户“共同入股、共同保护、共同开发、共同受益”模式，带动了村民共同富裕；淄博市中郝峪村民以田地、农家乐、餐馆等入股运营公司，除了工资收入，村民还能按照股份份额得到季度分红，在中郝峪发展的同时村民也获得了丰厚的收益。因此，在乡村振兴过程中，产业的发展是基石，村民依据良好的经济发展获得收益才是目标，只有村民获益了，才能推动乡村产业持续发展，形成良性循环，最终实现乡村振兴。

第二节 乡村产业振兴的“电商＋”模式

一、典型案例

（一）特色资源带动型：十堰市下营村

1. 基本情况

湖北省十堰市郧西县，地处鄂西北秦巴山区深处，曾是全国14个集中连片特困地区贫困县，也是国家新阶段扶贫开发工作重点县、全省9个深度贫困县之一。郧西县涧池乡下营村2012年被定为重点贫困村，339户村民中有贫困户179户、617人，贫困发生率超过40%。脱贫攻坚战中，该村挖掘当地绿松石资源，发展电商扶贫，2017年整村提前实现脱贫。截至2020年年底，全村有139户、近700人从事电商，开设网店500余家，网上销售额已突破2亿元。

2. 产业特色

下营村迈上电商之路始于2008年，当地个别村民通过开淘宝店，将十堰绿松石外销到全国各地。到2014年，下营村网络销售绿松石突破3000万元，网店达66家，被称为“湖北淘宝第一村”。电商已经成为当地农业增效、农民增收、产业振兴的新途径。

一直以来，下营“淘宝村”的主营产品为绿松石。但是，绿松石资源毕竟有限。郧西是典型的农业大县，富有特色的种植业和养殖业，为下营村的电商发展提供了新路径。2019年，“淘宝村”2亿元电商收入中，农特产品销售额占比30%以上，带动贫困户62户、245人，人均年增收3000元以上。2018年以来，下营村启动美丽乡村建设，就势造景、就地取材，曾经的猪圈变成金牛广场，以前的臭水塘成为荷塘，泥巴路改造成石板巷。为保护绿水青山，当地已禁止私人开采绿松石矿。村里连续3年举办“七夕荷塘音乐节”“莲藕美食文化节”“旅游年货节”等旅游文化活动，吸引游客超过130余万人次，旅游收入达到6600多万元。①

3. 发展模式

下营村不断强化农村电商网络基础和农村电商人员培训，加快推进电子商务进农村示范工程、农村电商物流配送、地方农特产品品牌

① 李伟：《湖北深山“淘宝村”的脱贫致富路》，2020年11月26日，见http://www.xinhuanet.com/2020-11/26/c1126790919.htm。

培育和网络销售、地方农特产品质量溯源体系建设等。他们打造了农产品网售联盟，采取“农户散养加工，电商统一销售”的模式，将当地土鸡、土猪肉、马头羊、茶叶、蜂蜜、红薯粉等农特产品销往全国各地。下一步还将通过打造电商创业园、淘宝协会、电子商务培训基地等平台，不断延伸产业链条，形成“以电商产业为主导，乡村旅游为辅助，创业孵化为补充”的发展模式。

（二）龙头企业带动型：丽水市北山村

1. 基本情况

北山村位于浙江省丽水市缙云县壶镇镇西北部，有 832 户、2162 人。这个昔日贫穷落后的偏僻小山村，在浙江北山狼户外用品有限公司的带动下，从烧饼村转型为淘宝村，成功打造为中国户外淘宝第一村。2013 年，北山村被评为全国首批 19 个淘宝村之一；2015 年，被评为浙江省电子商务示范村。至今，“北山模式”已 4 次亮相中央电视台，被 100 多家媒体报道，受到社会各界关注。

2. 产业特色

一是龙头带动。2006 年，吕振鸿和弟弟在北山村开起了全村第一家户外用品网店，从 4000 元启动资金起步，一台电脑两个人，从美工、客服到打包，吕振鸿亲力亲为。在摸到网上销售的门道后，吕振鸿通过务实经营和以往积累的从商经验，逐步打开了局面，生意蒸蒸日上。为了实现可持续发展，2008 年北山村的第一个自主品牌“北山狼”诞生。北山狼品牌专业销售帐篷、睡袋、防潮垫、自动充气垫、户外背包等户外用品。2009 年，浙江北山狼户外用品有限公司成立，“北山狼旗舰店”入驻天猫。2018 年，北山狼公司员工达 50 多人，年销售额突破 6000 万元，全国各地分销商 400 多家。北山狼户外睡袋的销量在全网同类产品中排行第一、成交金额排行第一。

二是遍地开花。2007 年，吕振鸿帮助村民开了 5 家淘宝店，2008 年又开了 10 余家。到 2018 年，北山村约有 70 户村民、120 人开淘宝店，总销售额达上亿元。

3. 运作模式

北山村创造了以北山狼户外用品有限公司为龙头，以个人、家庭以及小团队开设的分销店为支点，以户外用品为主打产品，以北山狼为依托的农村电子商务发展模式。[①]“北山模式”以品牌企业“浙江北山狼户外用品有限公司”为龙头，该企业在整个模式中的带动作用明显，几乎所有网商都是其二级分销商，集聚发展的规模效应突出。通过政策扶持、要素集聚，实现了电商龙头企业崛起，形成了梯队效应。

（三）绿色农产品集聚型：公主岭市十家子村

1. 基本情况

十家子村位于吉林省公主岭市范家屯镇东部，临近高速公路和高铁站，交通发达。全村总户数 560 户，人口 2050 人，耕地面积 580 公顷，辖区面积 730 公顷。这里不仅有红山文化等考古文化，气候条件也非常适合葡萄、小米、绿豆等特色水果和杂粮生长。近年来，通过利用亲情、乡情，吸引大学生返乡创业，以电子商务为突破点，创办新发永业电子商务公司、农民合作社等经济实体，推动产业发展，走上了强村富民的小康路，从 2007 年人均收入不足 3000 元的贫困村，一跃成为 2020 年人均收入 1.5 万元、远近闻名的富裕村。他们的经验被列入全国乡村产业高质量发展“十大典型”案例。

① 李祥南、朱淑霞：《北山淘宝村的乡村振兴之路》，《浙江经济》2018 年第 6 期。

2. 产业特色

一是培育产业发展领头雁。十家子村党支部积极号召、扶持大学生返乡创业。2015 年本村大学生王颖响应号召，返乡创立新发永业电子商务公司，注册“村姑进城”品牌，发展葡萄、小米等种植加工，推动当地特色水果和杂粮产业发展。在王颖的影响和村党支部的支持帮助下，先后有 20 多名大学生积极返乡，领办合作社，创办经济实体，积极投身创业富民大潮，成为农村创业创新和助推乡村产业发展的领头雁。

二是发展农村电商。十家子村搭上互联网快车，探索“线上开网店，线下实体店”的创新模式。先后在辽宁朝阳、上海等地开设线下实体体验店，与淘宝等大型平台企业对接，搭建农产品网上销售渠道，形成了“线下体验、网上下单、云仓发货”的电商平台运营机制，打通了农产品进城入市的销售渠道，建立了农产品从生产源头到终端销售的全新产业链模式，为乡村产业发展插上了互联网的翅膀。

三是发展乡村旅游。十家子村依托京沈高铁开通发展乡村旅游，将村里的部分农户家打造成民宿，把东北传统民俗和采摘等乡村旅游特色与朝阳的红山文化、佛教文化有机结合起来，吸引更多游客来十家子村，实现一二三产业融合发展。策划设计了“朝阳格格”旅游产品品牌，这一品牌不仅有着浓郁的地域特色，还蕴含新农人蓬勃的朝气。以“朝阳格格”为载体，打响朝阳的农产品品牌，把朝阳的特色产品销往全国。

3. 运作模式

采取“土地流转 + 农民入股”的方式，全村流转了 1000 亩土地，种植小米、小麦、葵花、葡萄、苹果等绿色农产品，并建设了农产品加工基地，按高标准统一管理，坚持绿色生产。同时，推行了“党支部 + 电子商务 + 合作社 + 基地 + 贫困户”五方共同参与的“五 +”扶贫模式。电商公司充分发挥示范带动作用，为贫困户量身制订了三种扶贫方式：一是“帮带式扶贫”，鼓励贫困户种植热销农产品，无偿提供技术设备，资金不足的，可赊销生产资料；如果产品卖不出去，保底价回收。二是“就业式扶贫”，优先给有劳动能力的贫困户提供就业岗位，鼓励贫困户到公司和合作社打工。三是“入股式扶贫”，对于没有劳动力的贫困户，鼓励以其土地入股的方式参与经营，年终获得分红。①

二、主要经验与启示

（一）注重政策支持

2005 年以来，国家大力发展农村电子商务，到 2020 年先后出台了 40 余项国家级政策引导农村电子商务加快发展。2009—2019 年，中国淘宝村数量从 3 个增加到 4310 个，淘宝村集群增加到 95 个。正是在这一背景下，十堰市下营村、丽水市北山村和公主岭市十家子村及时抓住国家政策，善于利用政策，通过“一台电脑、一根网线”发展农村电商，促进了乡村产业振兴。可见脱贫地区发展产业一定要顺应社会环境的发展，借助政府政策的扶持促进乡村产业振兴。村干部要认真研究产业发展趋势，积极关注政府发布的关于乡村振兴的相关政策，抓住政策机遇，善用政策红利，主动率先而为。一般而言，干

---

① 地道农旅：《看一个 90 后如何为家乡打造电商翅膀，实现乡村振兴的飞跃！》，2021 年 8 月 15 日，见 https://mp.weixin.qq.com/s/cgyXaBJ1206q3YmCh9PlnQ。

在前头能出一定成效的村子更能获得地方政府的关注和重视，从而获得更多的政策倾斜。

（二）注重龙头示范

互联网直到21世纪才逐步进入我国千家万户，对农村地区特别是脱贫地区而言，什么是电子商务？电子商务产业有没有前途？很多农户心里没有把握。在这种情况下，如果有企业带头示范，将会产生很好的效果。缙云县北山村在浙江北山狼户外用品有限公司的带动下，成功发展为户外用品淘宝第一村。十家子村在进行乡村产业振兴之时，也引入人才，创建新发永业电子商务公司，通过示范带动，促进要素的聚集与乡村电子商务进一步发展。因此，在乡村全面振兴的过程中，龙头企业的示范作用不可替代。对照这一模式，脱贫地区发展电子商务时可以通过先引入或创办示范企业，进一步带动其他经营主体和农户参与，共同推动乡村电商产业做大做强。

（三）注重人才引进

人才是乡村振兴的动力源泉，是带动乡村振兴的助推器。为推动乡村电子商务产业发展，下营村不断强化农村电商网络基础以及农村电商人员培训，提升当地村民电商技术和营销技巧；十家子村则利用亲情、乡情，吸引大学生返乡创业，王颖就是十家子村发展的领头雁，带动效果显著。由此可见，乡村产业振兴，人才是关键。对脱贫地区而言，一方面是要挖掘、寻找本地人才，利用亲情、乡情鼓励人才留乡创业或者外出人才返乡参与乡村振兴工作，完善本土培育人才系统，培育更多具有归属感的人才；另一方面是要积极引入外来人才，完善人才引留机制，用好用活激励政策，给予人才优厚待遇，让人才引得来、留得住、干得好。

（四）注重品牌建设

品牌塑造是乡村产业振兴必不可少的一环，在流量为王的互联网时代，品牌是带动电商产业发展的助燃剂，是乡村自己独有的特色资源。“北山模式”从一开始就注重打造自有品牌，采取加工基地、产品分销两头在外的“自主品牌＋生产外包＋网上分销”模式，为“北山模式”的形成和发展注入强大动力，使得户外用品全网销量第一。十家子村注册“村姑进城”品牌，带动农产品进一步发展。脱贫地区在实施乡村产业振兴时，一定要结合本地优势经济产品，努力打造出自己的产品名片，创立属于自己的独一无二的品牌，首先塑造品牌形象，要从传统文化、产业文化、产品文化中提炼乡村品牌内涵、形象或者符号，通过生动形象的LOGO设计加深消费者对品牌的印象。其次注重宣传推广，借助微博、微信、抖音等平台，通过与消费者互动或者广告推送等方式增加品牌影响力。

（五）注重产业定位

发展农村电子商务，首要需要完成的是产业定位。下营村拥有特色资源绿宝石，通过绿宝石的销售带动了地方农特产品的销售，同时发展种植业和养殖业，实现乡村产业可持续发展；十家子村气候条件优越，农产品种类丰富，通过发展绿色农产品来带动其他产业发展，最终实现一二三产业融合发展；北山村是一个落后的偏僻小山村，与其他两个乡村相比没有特色资源，但北山村背靠工业强镇，镇上的支柱产业是带锯条和缝纫机，他们发现了户外用品的巨大市场空间后，结合本地的工业优势选择了生产销售户外用品，通过建立龙头企业带动乡村电商发展。所以，脱贫地区要根据当地的实际情况和发展，精准定位，选择适合本地区的产业发展电子商务。

第三节　乡村产业振兴的特色产业模式

一、典型案例

（一）竹茶之乡——龙岩市培斜村

1. 基本情况

培斜村地处福建省龙岩市新罗区西部，是革命老区基点村和远近闻名的“竹茶之乡”，全村有 3 个自然村、5 个村民小组、235 户 726 人，耕地 860 亩，林地 15758 亩，生态公益林 11566 亩，森林覆盖率达83.7%，平均海拔680米，属低丘陵台地，亚热带季风气候区，夏凉无酷暑，冬暖无严寒。1993 年，培斜村还是省定贫困村，如今已发展成为具有产业支撑的远近闻名的“竹席之乡”和特色工贸乡村旅游景区。2020 年全村社会总产值近 3.5 亿元，竹制品年产值达 1.7 亿元，村民人均可支配收入 2.76 万元，竹制品加工业从业农户达 182 户，辐射带动周边县市及乡镇劳动力就业。近年来培斜村先后获得“全国文明村”“中国特色村”等荣誉称号，是省市区美丽乡村、龙岩市“红土先锋”农村基层党建综合示范点及市区乡村振兴试点村。①

2. 产业特色

一是竹席产业。1993 年，培斜村党支部提出发展竹席产业，村里办起了第一家竹凉席加工厂，当年便产生了效益。随后，一批在外谋生的党员纷纷回村兴办竹凉席加工厂，村民们纷纷跟上。1997 年，培斜村成立竹凉席有限公司，注册了“天然牌”商标。2003 年，

① 中共龙岩市委组织部：《龙岩市新罗区小池镇培斜村：让乡村振兴跑出“加速度”》，2021 年 6 月 25 日，见 https://longyan.loupan.com/html/news/202106/4700270.html。

为了适应消费需求的改变，培斜竹席加工业积极调整产品结构，从麻将席转向竹条席生产，也实现了从纯手工向机械化推进。2008年开始，全村着力于扩大产能，新建标准化厂房2万平方米，竹制品加工企业达到42家。2009年培斜“天然牌”竹凉席商标获得福建省著名商标认定。

二是茶产业。就在竹席产业进行转型升级的关键时刻，2004年培斜村种起了茶叶。村干部外出考察，考虑海拔与气候带来的优势，引进优质铁观音、丹桂等茶苗，引导党员带动村民种植加工无公害高山茶，统一申请注册“小池牌”商标。截至2020年11月，全村有茶叶加工企业10家，种植茶叶面积1500多亩，茶叶年总产值达1500多万元。

三是电子商务。2013年，培斜村成为全省第一个“中国淘宝村”。2020年村里拥有淘宝实体店20家，网店120多家，从业人员200多人，经营范围涉及竹制品、茶叶、虫草花、汽车用品、创意DIY杯子、床上用品、化妆品、服装、竹木工艺品等诸多领域。2019年电商销售额突破亿元。

四是旅游业。伴随村子知名度的不断提升，培斜村又谋划发展旅游业。2014年培斜村生态乡村旅游专业合作社成立。2020年既开发了竹制休闲屋、幸福长廊、水果采摘等传统乡村游项目，还有溪流漫步、漂流、森林飞越等自然观光体验项目。2017年以来，培斜村还瞄准“培训研学”细分市场。2019年成为国家3A级旅游景区，接待游客超过100万人次。

3. 运作模式

对于加工业，村上采取“公司＋农户”形式，如对全村竹席厂实行原材料、规格、质量、办证、销售“五统一”管理，引导村民对竹席产业进行更新换代。对于电子商务，村两委提供村里“淘宝街”的实体店面，并免租金一年。对于休闲旅游业，村上成立专业合作社，实行“村集体收入投入、村民入股、社会经济能人筹资”的三三制共建模式，按照每户每人3000元的标准，村民认购入股，全村超过九成的村民拥有培斜村乡村旅游的股份。通过公司化经营模式，包装开发整个培斜村，打造福海龙乡景区。

（二）粉皮之乡——泰安市南赵庄村

1. 基本情况

南赵庄村位于山东省泰安市宁阳县乡饮乡南部，地处宁阳县、兖州市和曲阜市交界处，村民2520人，总耕地面积4780亩。南赵庄村主导产业为粉皮、粉条等粉制品，生产历史悠久。乡饮粉皮始于清道光二十六年，粉皮薄如蝉翼，晶莹剔透，口感滑韧，在漫长的岁月中，一直深受人们的欢迎。多年来，南赵村以党建促发展、惠民生，特别是引进龙头加工企业和成立淀粉制品合作社以来，南赵村的粉皮、粉条产销量和利润实现了连年翻番增长。南赵庄村680户居民中有470多户从事粉制品加工，占比69%，从业人员达1900人。2020年全村年生产粉皮、粉条等粉制品突破8000万斤，实现销售总收入3.2亿元，占农业经济总收入4.1亿元的78%。在带动村民增收的同时也增加了村集体收入，村集体收入达260万元。2014年被评为山东省“一村一品”示范村，2020年被农业农村部认定为特色产业亿元村。[①]

① 史玉根：《南赵庄村：小粉皮串成大产业》，《中国妇女报》2021年12月3日第006版。

2. 产业特色

一是发展龙头企业。为提高粉制品产量和质量，提升产品的附加价值，增加村民收入，带动南赵庄村乃至县乡粉制品加工业提档升级，南赵庄村积极招商引资，先后引进 2 家规模化龙头企业。2011 年 3 月份引进由济南凤霞商贸中心投资建设的天一食品加工项目，该项目总投资 7000 万元，占地 60 亩。建设有标准化加工车间、包装车间、烘干车间、净化车间、化验室和办公楼等设施 36000 平方米，购置自动净化、分类、烘干及包装设备 230 余套。2012 年成立了宁阳天一农产品有限公司，专营粉皮加工与销售，公司现有员工 150 余人，年销量突破 3500 万斤，销售收入达 1.4 亿元。

二是建立批发市场。为扩大市场销售，在原粉皮交易市场的基础上，依托淀粉制品合作社、宁阳天一农产品有限公司、宁阳国华粉制品加工厂和山东乡汇淀粉制品有限公司，建设有商铺、商户住宅配套区、停车场、物流配货中心、仓储中心等各类配套功能区的南赵粉制品产品交易批发广场，以满足日益增长的粉制品仓储和流通需要。

三是打造绿色品牌。品牌是市场，也是产品的生命力。为提高南赵粉皮、粉条等粉制品的影响力，南赵积极打造绿色无公害的粉制品品牌。在生产加工方面，做好环保文章，保证环保设备高标准正常运转，统一规划全村排水网络，做到集中处理，循环利用，消除污染。在质量和品牌方面，宁阳天一农产品有限公司通过了 QS 食品质量安全认证，2018 年山东乡汇淀粉制品有限公司注册了“乡饮大粉皮”生产专利。南赵淀粉合作社注册了“南赵牌”商标，包装箱申请了专利，生产基地建立了县级科技示范园，通过了绿色食品认证，并研制出 16

种粉制品保健食谱，深受广大消费者的欢迎。

3. 运作模式

南赵庄村坚持党建引领、龙头驱动的思路，采取“公司＋农户＋合作社”的“三位一体”合作模式，以集约化的运作模式、现代化的加工方式，做好原料购置、生产加工、销售服务等全程管理与服务。利用山东农业大学等科研单位的技术扶持，与种植大户签订合作协议，带动乡饮乡及周边地区种植地瓜3万亩，年产地瓜8000万公斤。利用山东乡汇淀粉制品有限公司的淀粉加工项目，每年生产淀粉4000万斤，满足淀粉深加工需求。形成了“地瓜种植—淀粉加工—粉制品加工”的产业链，大大降低了物流成本，保证了原材料的质量，实现农民增收、企业发展的双赢局面。为带动更多农户，2005年8月成立南赵淀粉制品合作社。合作社采用股份制管理形式，产权明晰，机构健全。由于利润分享，风险共担，管理水平和效益大幅提升，2020年吸引入社农户达到380户。

（三）社火文化之乡——许昌市霍庄村

1. 基本情况

霍庄村位于许昌市建安区灵井镇西部，紧邻天兴公路。霍庄村素有“社火戏具村”之美誉，百年社火工艺的传承与发展，让霍庄村享誉十里八村，成为全国最大的社火和戏剧产品加工专业村。全村8个村民小组，535户2477人。村内常年从事舞狮、龙灯、旱船、花灯、戏服等传统社火戏剧道具的生产和销售，至今已有一百多年历史，产品畅销全国各地。2016入选“2016年中国淘宝村”，2019年被农业农村部评为“一村一品”示范村镇，2019年被河南省文化厅评为特色文化示范村，霍庄村社火技艺被许昌市认定为“非物质文化遗产”，

2020年被农业农村部认定为全国乡村特色产业亿元村。[①]

2. 产业特色

一是挖掘文化，推行特色产业。霍庄村社火戏具产品制作文化历史悠久，有大型社火产品生产企业3家，戏具产品加工户300多户、社火产品加工户100多户，2020年全村2400多口人，有80%都在从事社火道具制作，生产社火产品30大类200多个品种，“社火”产品年交易总额达2亿元以上，农民人均纯收入1.6万余元，“社火”产值占村全部收入的70%。

二是健全产业链，提升竞争优势。整个村子围绕“社火”这一个产业，形成了完整的产业链。在村内逐渐形成了原材料的采购、加工，成品制作、销售、物流及售后等一整套完整的产业链条，所有产业链以品质、物流、服务为保障，带动行业整体优势提升。

三是以“互联网+”为纽带，积极吸引年轻人回乡创业。2017年，霍庄村入选“2016年中国淘宝村”。2020年，借助电商销售平台，大力发展线上销售，全村农民网商发展到196户，网店达100多家，电商从业人员千余人，产品远销全国各地，年交易额达2.5亿元。

3. 运作模式

霍庄村紧紧抓住发展“互联网+”的系列政策，走出了一条“农户+网络+公司”“农民自发+政府服务”的农民创业致富新路。村里已经先后筹建了社火产业发展电子商务协会、电子商务培训中心、物流服务中心和社火民俗产品展览室，引导大家在改良老工艺、加强产品研发上下工夫，为促进全村社火产业提档升级、树立品牌打牢基础。

① 吕超峰、王增阳：《亿元村里的红火产业》，《许昌日报》2020年11月19日第004版。

二、主要经验与启示

（一）找准特色产业是成功关键

乡村产业发展要结合当地实际，发展具有自己特色的产业，龙岩市培斜村被称为竹茶之乡，当地竹席产业和茶产业远近闻名；泰安市南赵庄村被称为粉皮之乡，当地粉皮、粉条等粉制品历史悠久；许昌市霍庄村被称为社火文化之乡，具有悠久的社火戏具产品制作文化。三个典型村均围绕自己独特的自然资源或文化资源，发展特色产业并构建全产业链，促进了当地产业振兴。由此可见，乡村产业振兴需要以独具特色的优势资源为支撑发展特色产业。脱贫地区要想实现乡村产业振兴，首先要对自身的自然条件、地理位置、历史文化等影响产业发展的因素进行分析研判，弄清自身的优势与劣势，扬长避短，深入挖掘特色优势资源，进而发展特色产业。

（二）企业化管理是成功的保障

特色产业要实现规模化、标准化生产，必须实行企业化管理。龙岩市培斜村成立竹凉席有限公司，逐渐从纯手工向机械化推进；泰安市南赵庄村先后引进两家规模化龙头企业，促进了南赵村的粉皮、粉条产销量和利润连年增长；许昌市霍庄村拥有大型社火产品生产企业3家，公司化运作进一步促进了当地乡村产业振兴。因此，脱贫地区在发展特色产业的过程中，要大力吸引龙头企业入驻，让企业发挥资金、技术、管理等资源作用，统筹引领乡村产业发展；要进行市场化运作，由专业的团队进行运营，规范管理，提高效率，同时为村民提供就业机会，增加村民收入，提高村民参与乡村建设的积极性。

（三）电子商务是成功的助推器

在当今互联网经济的大潮流之下，电商能够助力乡村特色产业的发展。龙岩市培斜村通过电商实现产品销售，在2013年成为全省第一个“中国淘宝村”，极大地促进了竹茶产业的发展。霍庄村积极发展电商，在2017年入选“中国淘宝村”，通过电商将产品远销全国各地，带动了当地经济发展。由此可见，脱贫地区发展特色产业要善于借助电商平台这一利器，积极开展线上线下销售，线下开实体店推动产品体验和宣传，线上依托电商平台，拓宽销售渠道和销售范围，提高产品销售效率，促进乡村产业快速发展。

（四）品牌化经营是成功的根本

塑造品牌能够提升特色产品的附加值与知名度。龙岩市培斜村培育的“天然牌”竹凉席商标成为福建省著名商标，远近闻名，成为当地的一张独具特色的产业名片；泰安市南赵庄村积极打造绿色品牌，申请“乡饮大粉皮”生产专利以及注册“南赵牌”商标，通过品牌带动当地产业发展。脱贫地区乡村要注重品牌经营，重视品牌宣传，针对不同的渠道，从农户、商户、消费者等不同主体角度出发，使用不同的宣传和传播方式，加深多方群体对品牌的情感印记，整体提升品牌的知名度，促进乡村产业振兴。

第四节　乡村产业振兴的农业主导模式

一、典型案例

（一）水果产业：眉山市果园村

1. 基本情况

果园村位于四川省眉山市彭山区，面积6.09平方公里，下辖11个农业社、2344户，总人口7066人。果园村虽然地处成都平原，但过去的果园村却并不富裕，全村一直以种植水稻、玉米、油菜等传统农业为主，村民收入普遍不高。直到20世纪90年代中后期，果园村党支部开始带头，引领村民发展葡萄产业，村民收入逐步增加。近年来，果园村把壮大产业、致富群众放在突出位置，以“种中国最好的葡萄”为目标，大力培植发展葡萄产业，现种植阳光玫瑰、美人指等20余个葡萄品种，面积7500余亩，亩均产值达3.5万元以上，年产值2.6亿元以上，全村农民人均纯收入3万元以上。先后荣获国家葡萄产业技术体系综合实验站示范点、全国乡村治理示范村、全国乡村特色产业亿元村、四川省乡村振兴示范村等荣誉称号。[①]

2. 产业特色

一是创新驱动提效益。通过品种引进试验、生产管理技术试验，不断推广符合市场需求的优新品种和葡萄提质增效标准化生产管理技术，提升葡萄种植效益。在种植技术上，果园村建立了新品种研发基地，使用智慧化灌溉设备、智慧化监测系统、智能化卷膜系统等科技设备，实现手机APP随时随地掌握葡萄的生长情况，保证正常生产管理，确保葡萄的甜度和口感。借助项目实施，在新品种引进、钢架大棚、水肥一体化、智慧灌溉等方面进行奖补，有序推进产业提档升级，促进增产增收。在技术培训上，为方便农户学习种植技术，节约学习成本，通过开办田间课堂、网上课堂等方式，组织8名高校专家、32名乡土人才，开展“线上＋课堂＋田间”相结合的技术培训模式，有效地提升了农户的种植水平。

二是土地流转控规模。坚持“大园区小业主”生产模式。在引进

① 刘畅：《四川眉山市彭山区果园村：产业兴旺环境美，日子好比葡萄甜》，《经济日报》2020年7月20日第001版。

葡萄产业业主方面，村党支部始终在坚持一般业主30—50亩、企业不超过200亩的原则上进行土地流转，有效规避了种植风险，提高了种植效益。设立土地流转服务代办点，为想种葡萄、要种葡萄的人提供土地租赁流转服务，解决了土地难协调问题。

三是品牌营销拓市场。在2010年之后的几年内，果园村在当地党支部的支持和帮助下，成功协助镇政府举办了七届四川彭山观音美人指葡萄节和推介会，盛况空前，展出了美人指、紫地球、红地球、夏黑无核、巨玫瑰等38个品种，特别是在2013年的葡萄节中，一串109颗的美人指葡萄王现场拍卖出8888元的天价，进一步打响了品牌。

四是延伸产业促发展。2018年村两委还积极引进外资2000万元的葡萄酒庄项目，进一步拓宽了产品销售和深加工渠道，解决了农户后顾之忧，有力地推进了葡萄产业迅速发展。下一步还将围绕葡萄产业发展乡村旅游业。

3. 运作模式

党建引领是果园村产业发展的关键。20世纪90年代中后期，为了蹚出一条致富路，果园村党支部开始带头试种，实行小规模生产，最终找到了适宜当地的葡萄品种和种植办法。在确定葡萄作为果园主导产业后，不断提高种植技术，在取得明显经济效益后，发动、培养其他党员和农户大面积种植，为村民树立起“风向标”。产业发展起来后，村党支部牵头又领办果园村葡萄协会、自强葡萄专业合作社和金果专业合作社，把党的组织优势融入到产业发展中，牵头为农户提供土地流转服务、技术培训、金融贷款服务，为村民提供低价的农用物资、保险服务和多种推介方式的销售服务。

（二）茶产业：杭州市径山村

1. 基本情况

径山村位于杭州余杭区西郊，距离杭州主城区 40 公里，辖 6 个自然村、9 个村民小组，全村有农户 515 户。村子森林覆盖率达 96% 以上，是一个山多田少，以茶竹等农产品、农家乐、乡村旅游为主导产业的小山村。村里有千年古刹“径山万寿禅寺”和径山茶两张“金名片”。2020 年径山村茶园面积 3000 余亩，全村茶叶年产量 5 万余斤，仅茶叶销售额就超过 5000 万元。而以茶为核心的茶餐饮、茶叶衍生产品、茶文化旅游、茶艺培训、茶叶农事体验等产业发展势头非常良好。2019 年 9 月 24 日，径山村入选第九批全国“一村一品”示范村镇名单。①

2. 产业特色

一是发展茶产业。2012 年成立杭州余杭车坑坞茶厂，这是一家集生产、加工、销售、休闲观光、文化传播为一体的企业，占地面积 3300 平方米，主要生产径山茶、径山红茶、径山黄茶等产品，年产各类茶叶 10.5 吨，年产值 1500 万元。多年来，始终秉持用心做好茶的理念，严把质量关，持续扩大“车坑坞”品牌的影响力与竞争力，先后获得了第二届中国国际茶业博览会金奖、2019 年杭州市名优茶金奖等多项荣誉、2020 年“浙茶杯”优质红茶金奖等荣誉。

二是激发农旅融合新动能。注重融合发展，大力发展数字农业、田园综合体、大健康产业等美丽经济，推动区域发展差异化、资源利用最优化和整体功能最大化。依托景区农业自然资源优势，大力发展

① 地道农旅：《从贫困村到亿元村，看她的乡村振兴，禅茶融合之路怎么走？》，2021 年 10 月 31 日，见 https://mp.weixin.qq.com/s/XrDCP5rIVmy7nIIWvHN0Tw。

乡村旅游，加快禅茶产业与旅游产业双向延伸。依托春季玫瑰园、夏季网红浴场、秋季长乐林场、冬季径山寺特色资源，推出四季网红旅游线。举办“玫瑰有约”主题花展、丰收节等系列活动，提升“沐禾前溪”“爱彼利”等本土农产品品牌知名度。打造“陆羽泡的茶”茶饮品牌，开发冷泡茶、茶小酥、茶面膜等旅游伴手礼，加速适应旅游消费新场景。推出径山十大星级喝茶点，依托茶园慢道、观景平台等休憩点，策划采茶、炒茶、品茶、斗茶等各类茶主题体验活动。

3. 运作模式

一是组织村民共同发展。通过充分挖掘村庄资源，盘活固定资产，活用发展资金，培育特色产业，成立专业化合作社、特色化运营公司，采取全民持股、公司化运营的方式，全村拧成一股绳，壮大村集体经济。通过充分挖掘农民自身所具有的资源及潜力，引导其参与专业合作社、担当农业大户、入职村集体运营公司、自营特色业态等方式，获得致富“四块金”。

二是进行乡村资源整合。对乡村资源性、经营性、非经营性资产进行系统摸排，通过设立“乡村资产银行”，与区域公共资源交易中心同步，以市场化方式引导资产入市、集体经营、个体经营等，盘活乡村资产，以此壮大村集体经济，助力村民收入再提高。

三是成立乡村运营公司。2019 年 5 月，为更好地将各类资源转化与利用，进一步提升村集体经济和村民收入，由村股份经济合作社主导，成立了“径山禅村旅游开发有限公司”，由村属公司统筹经营管理。通过运营平台的打造，统筹管理径山村辖区内从事的一切休闲乡村经营活动，实行统一品牌、统一对外宣传、统一框架管理、统一合作经营的发展模式。不仅为游客提供了更优质的旅游咨询与服务，也为村民在农产品销售、经营管理等方面提供了更好的帮助。

（三）果蔬产业：白银市三合村

1. 基本情况

甘肃省白银市靖远县东湾镇三合村是一个辖黄河上游、甘肃中部、白银腹地的村庄，全村下辖 14 个村民小组，总人口约 9620 人，平均耕地面积 1 亩。“干旱高寒”原本是短缺经济时代发展数量型蔬菜的“劣势”，如今已转变成满足人们追求天然有机、特色化、多样化需求的发展绿色高效蔬菜的“优势”。三合村属温带大陆性气候，光照资源充足，昼夜温差大，得天独厚的黄河水资源，是改善农业生产条件，抵御干旱灾害的主要依托，十分有利于发展蔬菜产业。顺应群众通过种植致富的期盼，三合村充分发挥党组织的“领头雁”作用，带领群众不断壮大村支柱产业。并以“农户效益第一”为发展理念，以“绿色产品”为重点，带领群众不断调整种植结构，提高农产品的科技含量和附加值，逐步向高产优质、低耗高效的产业方向发展。近年来，三合科技示范园加快现代信息技术在农业农村领域的推广应用，将新技术、新品种应用在实际生产过程中，极大地促进了基地科技转化，带动农民增收，效益显著。2020 年被评为第十批全国“一村一品”示范村，2021 年 11 月 10 日，被农业农村部授予 2021 年“全国乡村特色产业亿元村”称号。①

2. 产业特色

一是不断提升规模化程度。2015 年就规划土地 3200 亩，建设大棚 1500 座。坐落在三合示范园内的科技示范绿色工厂完成了草莓、

① 陈泳、张强中：《大棚里的智慧农业——白银市靖远县东湾镇三合村见闻》，《甘肃日报》2018 年 1 月 22 日第 06 版。

甜瓜、黄瓜等植物规模化生产能力改造，蔬菜年产量 5400 万公斤、产值 2.4 亿元。

二是不断提升科技化程度。坚持以市场为导向，加大种植结构调整力度，积极引进名、优、特、稀品种，除了草莓、西瓜、甜瓜等水果，近年来三合村还引进了羊角蜜等品种，推进栽培品种的升级换代。与此同时，积极推广自动测温、测湿、通风、水肥一体机、自动卷帘机、杀菌等蔬菜生产新设施新装备，降低了生产成本，提高了菜农的经济收入，取得了良好的经济效益和社会效益。

三是不断提升市场化程度。按照"以销促产"的原则，配套建设蔬菜专营市场和连接县内外的优质农产品信息网络，逐步构建了设备配套、功能齐全、管理规范、城乡一体、内外畅达的市场流通体系。

四是不断提升产品质量标准。已经建成无公害蔬菜生产基地，多个品种先后取得了国家 A 级绿色食品认证。

3. 运作模式

独特的自然条件、完善的水利设施、精良的种植技术、便利的交通网络是三合村发展最具特色的优势。三合村按照"公司 + 合作社 + 农户"的产业化经营模式，以政府为引导，农户为主体，依托农业院校和科研院所，融合一二三产业发展多元化的产业模式，开发种植在市场上具有竞争优势的农产品，着力打造集农业新技术、新品种示范推广、科普教育、旅游休闲于一体的现代高效农业示范基地。为确保蔬菜产业健康有序发展，带动农民增收致富，积极培育、发展壮大龙头企业，充分发挥人才、资金、技术、市场等方面的优势，大力推行"订单蔬菜""合同种植""公司（合作社）+ 基地 + 农户"等多种经营模式，有效提升了农业产业化经营水平，极大增强了广大农户依靠蔬菜产业实现增收的信心和积极性。[①]

二、主要经验与启示

（一）要以市场需求为导向，优化品种品类

发展任何产业的前提是必须有市场。以市场需求为导向，选择适合本地发展的农产品至关重要。眉山市果园村最开始以种植传统的玉米、水稻等传统农作物为主，但收入不高，后期依据市场需求开始种植葡萄，并不断引入技术优化品种，带动了当地经济快速发展；靖远市三合村在进行水果种植时，不断引进更优、更好的产品，近年来引进羊角蜜，促进产品品种升级，带来良好的经济效益。可见，在农业为主导的乡村产业振兴模式中，随着经济社会发展和人民生活水平提高以及社会需求结构的变化，要对产品作出相应的调整，不断通过反复试错推动农业产品品种优化及产业结构的更新升级。脱贫地区在发展以农业为主导的产业振兴模式时，要科学确定主要农产品品种品类，依据市场需求合理安排农业产业发展优先顺序，为产业发展拓展更大空间，为农民增收发掘更多途径。

（二）要以现代化生产为目标，降低生产成本

农业的高效发展离不开现代化的生产技术，生产体系现代化是农业建设的动力支撑。眉山市果园村在建设果园时，不断引入先进现代化技术，如智慧化灌溉设备、智慧化监测系统、智能化卷膜系统等科技设备，不断提高标准化管理水平，促进生产体系现代化；杭州市径山村引入数字化技术，大力发展数字化农业，助力当地农业发展；靖

① 吴秀娟：《靖远三合村：特色种植融合发展 奏响绿色致富凯歌》，2019 年 12 月 30 日，见 http://gansu.gscn.com.cn/system/2019/12/30/012295927.shtml。

远市三合村积极推广多项新技术及新设备，如自动卷帘机、杀菌等蔬菜生产新设施等，大大促进了当地农业高效发展。可见，依靠科技优势，积极主动推进农业现代化，建设现代化生产体系，能够降低农业生产成本，使经济效益成倍增长，促进乡村产业振兴。脱贫地区在采取农业主导模式实现乡村产业振兴时，要利用好土地资源，积极引入先进生产技术，推进设施化、机械化、绿色化和数字化，用现代科技装备农业，用现代科学技术改造提升农业，不断改善农业生产条件，提升农业生产效率、降低农产品生产成本、保障农产品安全和品质。

（三）要以品牌化战略为路径，提升产品竞争力

农产品品牌是消费者在产品同质条件下识别产品质量的重要标志，塑造农产品的差异化是建设农产品品牌的重要路径。眉山市果园村注重品牌建设，先后举办葡萄节和推介会，不断提高品牌的影响力；杭州市径山村创建“车坑坞”品牌，成为当地一张独有的名片。采用农业主导模式的脱贫地区乡村，要在自然禀赋、地域和生产方式之外，通过文化植入、生产标准、技术创新等手段，强化农产品差异性，塑造农业品牌，提升产品竞争力。具有农产品资源优势的脱贫地区，要建设和使用好农产品区域公用品牌。

（四）要以多元化经营为手段，延伸产业链条

经营体系多元化包含经营主体多元化和经营产业多元化。眉山市果园村在进行以农业为主导的乡村产业振兴时，村党委书记带头试种葡萄，在取得经济效益后带动其他党员和农户，后期又成立合作社，促进了经营主体的多元化，丰富了经营体系；杭州市径山村在进行茶产业经营时，不仅成立了专业化合作社和特色化运营公司，还在发展茶产业的同时积极发展农旅产业，多元化的经营体系促进了乡村产业

振兴的可持续化发展；靖远市三合村的经营主体包括公司、合作社和农户，也实现了多元化的经营体系。依托于多元化的经营体系，能够为乡村产业振兴提供更大发展活力。脱贫地区要积极培育多种新型经营主体，吸引多元化的专业经营企业入驻，同时围绕农业推动乡村三产融合，全方位提供旅游、文化、服务、康养、研学等多元业态和产品，为乡村产业发展带来更多的资金、资源和人气。

（五）要以尊重自然规律为根本，实现绿色发展

不同的空间单元，承载着不同的功能，如果违背自然规律，对空间进行不适宜的开发，就会遭到大自然的惩罚。在发展乡村产业时，无论是本书所提及的优秀乡村振兴案例，还是其他成功的典型乡村，在发展乡村产业时无不注重对生态环境的保护，遵循“绿水青山就是金山银山”的发展理念。因此，脱贫地区要实现产业的可持续发展，也要将生态保护放在第一位，在尊重自然规律的基础上发展乡村产业，不可急功近利、竭泽而渔，搞掠夺式开发。

第十章 脱贫地区乡村产业振兴实践

事实上，自国家扶贫攻坚战略实施以来，脱贫地区一直在对如何发展产业进行着不断地探索，也形成了很多成功的案例。总结这些地区的成功做法和主要经验对其他脱贫地区具有重要的启发作用，为此，本章对陕南地区柞水县、平利县两个县级乡村的产业振兴典型，以及留坝县中西沟村、石泉县中坝村两个自然村的产业振兴典型进行了案例分析。

第一节 柞水县乡村产业振兴实践

柞水县位于陕西南部，地处秦岭南坡，与西安直线距离70公里。全县辖十镇六乡，域内“九山半水半分田”，2020年全县常住人口13.77万人，实现生产总值76.54亿元，三次产业占比为10:49:41。全面脱贫以前柞水县是国家级扶贫开发重点县、陕西省11个深度贫困县之一。国家乡村振兴战略实施以来，柞水县始终把培育壮大优势主导产业作为乡村振兴的首要任务，聚焦传统产业规模较小、链条较短、效益较低、带动较弱等瓶颈制约，立足自然禀赋、产业基础和县域优势，抢抓国家创新型县市建设和科技部定点帮扶机遇，深入开展市场调研，广泛邀请专家把脉，明确将“柞水木耳、乡村旅游、林下经济”作为乡村振兴的“一主两优”主导产业，全力以赴扩总量、提质量、兴规模、创品牌，走出一条产业振兴、脱贫致富之路。

截至2020年年底，围绕构建集研发、生产、加工、销售、储运为一体的木耳产业链，加强与吉林农业大学、陕西微生物研究所等高校院所合作，先后建成李玉院士工作站、木耳研发中心，木耳产业“1153”工程（1万亩、1亿袋、5000吨、3亿元）稳步推进，将4000余脱贫农户紧紧镶嵌在产业链上；围绕创建国家全域旅游示范县，相继建成4A级景区3个、3A级景区4个、乡村游示范村18个，旅游接待人数突破900万人次，综合收入突破50亿元，旅游产业占GDP比重达到21.95%，带动2500余户贫困群众通过服务旅游产业发展创业就业；围绕建设国家休闲农业乡村游示范县，积极探索出林菌、林药、林养等立体高效发展模式，全力打造“百里药谷”，累计发展经济林33万亩、林下经济20万亩、订单中药材3.2万亩、畜禽养殖280万头（只），带动贫困群众2000余户，下梁镇入选“全国农业产业强镇”、西川村被评为全国“一村一品”示范村。特别是木耳产业，被习近平总书记称赞为“小木耳，大产业”。① 全县不仅顺利实现整县脱贫摘帽，并被确立为陕西省乡村振兴先行区。2020年全国乡村振兴百佳示范县排名第29位，全省第2位。

---

① 2020年4月，习近平总书记到陕西考察调研时探访贫困山区，实地检验脱贫攻坚战的进展和成效。在商洛市柞水县金米村，习近平总书记为“小木耳”点赞：“这里的木耳很出名，要靠木耳脱贫致富，小木耳大产业。”

一、木耳产业

（一）主要做法

1. 建基地，扩规模

按照“县抓菌包生产线建设，镇办抓产业基地建设，村组抓产业园建设”的思路，以实现镇办有基地、村有园区、户有产业为目标，柞水县先后制定实施了《木耳产业发展总体规划》《木耳产业发展指导意见》《木耳产业奖励扶持办法》《关于完善脱贫产业利益联结机制带动贫困户增收的意见》《全面推进木耳产业高质量发展的决定》《发展小木耳构建大产业的决定》《乡村振兴木耳发展战略实施规划》等19项木耳产业政策，依托规模大、辐射效应明显的示范基地建设集中连片木耳产业带，聚力提升木耳产业的组织化、规模化和集约化程度。

2. 聚人才，强保障

多措并举招贤引智、育才选能，不断深化与高校、科研院所的交流合作，相继建成院士工作站、科技资源统筹中心、食用菌研发中心、木耳大数据中心等“一站三中心”人才创业孵化平台，2016年以来累计引进院士、“三区”人才等380余名，以“1+5”模式（1名科技特派员主抓1个示范点、创建1个培训机构、推广1项新技术、指导企业或示范区域申报1项专利、撰写1篇调研文章）推动科技特派员工作实现制度化、规范化、信息化和常态化，组建技术精湛、作风优良的技术队伍定期入村入户开展一对一帮扶指导，广泛培养熟练掌握木耳栽植技术的职业农民，为发展木耳产业提供强劲有力的科技支撑和人才保障。

3. 重研发，延链条

坚持科技与生产结合、生产与消费并重，探索形成了“三点一线”

（科技与产业的契合点、着力点和落脚点，以及科技驱动脱贫产业发展主线）科技驱动脱贫产业发展的创新机制，握拳聚力在攻克菌种培育滞后、生产管理粗放、深加工产品匮乏、市场销售不畅等产业发展瓶颈方面进行科研攻关和成果转化，先后完成地方特色菌种对比实验27个，制定生产种植技术规程4项，促进木耳由食品向休闲品、保健品、化妆品等精深加工领域和高端产品发展，大幅提升木耳产业的科技含量和木耳产品的附加值，积极构建集研发生产、加工包装、储备销售、观光体验于一体的全链条木耳产业体系。

4. 提质量，树品牌

牢固树立“质量就是生命”的理念，按照生产有记录、流向可追踪、信息可查询、质量可追溯、责任可界定的原则，建立了高于国家标准的木耳分级标准与追溯体系、质量标准与检测体系、生产标准与诚信体系。深入挖掘木耳文化的历史积淀和丰富内涵，大力实施“柞水木耳”公用品牌和“秦岭天下”“秋雷”“新田地”“野森林”等企业品牌相融合的“母子”品牌战略，积极开展“三品一标”认证，先后被国家农业部、工商总局认定为农产品地理标志保护产品和地理标志证明商标。

5. 扩渠道，促营销

遵循市场和木耳产业发展规律，充分发挥市场在资源配置中的决定性作用，建立了“政府＋合作社＋农民＋电商＋网红”五方联动营销机制，充分利用电视、广播、平面广告、两微一端等现代媒体平台和丝博会、农高会、农交会、苏陕协作推介会等重大节会活动，进行广视角、全方位的宣传推介，大力发展现代物流配送和储运，建设全国性的线上木耳交易所和线下木耳集散市场，加大与阿里巴巴、京东、天猫、拼多多等大型营销企业的合作联营，倾力打造线上线下系统化的营销渠道和网络，努力实现“产销两旺”。

（二）主要成效

1. 带动了群众增收

按照“政府主导、企业参与、三变引领、三级推进”的思路，探索形成了“支部 + 三变 + 集体经济 + 贫困户”和“公司 + 基地 + 贫困户”发展模式，以及“六型联结、三七分配”利益联结机制和“借袋还耳”“借棚还耳”带贫益贫机制。截至 2020 年 9 月，累计带动 6944 户贫困户稳定脱贫，户均增收 5000 元以上，占全县产业扶持户总数的 67.7%，全县农民一半以上的收入来自木耳产业，全县贫困发生率由 2014 年的 44.04% 降至 0.91%，曾经不起眼的小木耳变成了群众增收致富的“金耳朵”，并入选“全国十大产业扶贫经典案例”。

2. 壮大了集体经济

村级集体经济的强弱关系到全面小康社会的质量成色，关系到乡村振兴战略的历史进程。柞水木耳从秦岭野生到家庭作坊种植再到大规模产业化，突破了原始积累薄弱、专业人才匮乏、制约因素叠加三重短板，已成为脱贫致富的重要支柱和集体经济的重要引擎。截至 2020 年 9 月，全县 9 个镇办建设 100 万袋规模的木耳示范基地 30 个，累计建成木耳专业村 44 个，培育木耳龙头企业 9 家和种植大户 2000 多户，产销木耳 2.52 亿袋，产出干木耳 1.21 万吨，实现总产值 13.26 亿元，所有村级集体经济收入均超过 5 万元，实现了全县村级集体经济从破土萌芽到全面开花的裂变。

3. 实现了产业兴旺

在木耳产业从小到大、从有到优、从弱到强的转变中，成功培育金木耳、玉木耳、羊肚菌、竹荪、灵芝等7种珍稀食用菌和神人、青卷等5个木耳新菌种，开发木耳露、木耳脆片、木耳冰激凌等休闲食品以及木耳脯、木耳茶、木耳粉、木耳醋、木耳益生菌等系列保健产品共计16类82种，构建了从菌种研发、菌包生产、精深加工、销售终端、仓储物流、废弃菌包处理到信息服务的多元化产业矩阵，以及“赏木耳景、看木耳戏、听木耳歌、吃木耳宴、品木耳情”的综合业态，形成了区域特色鲜明、比较优势突出、产业体系完备的“一县一业”大格局。①

二、旅游产业

（一）主要做法

1. 定位明思路，规划绘蓝图

坚持以打造西安第二生活区和大都市慢生活圈、建设全国旅游强县为目标，抢抓商洛市打造秦岭国家中央森林公园核心区机遇，根据“秦岭最美是商洛、生态宜居到商洛、山地农产在商洛”的要求，围绕“景天洞地看柞水”品牌，明确了以游憩怡情、购物消费、休闲度假、康体养老为主题的功能定位，建立了不同区域、不同规模、不同特色、不同模式、不同功能的乡村旅游线路板块，以满足不同群体的消费需求，打造柞水乡村休闲游品牌，初步形成了“穿长隧、登牛背、上九天、探溶洞、走古道、逛古镇、访农家、赏渔鼓”的乡村旅游线路。

按照全域旅游理念，精心编制了《柞水县旅游发展总体规划》《西安第二生活区规划》《柞水县休闲农业与乡村旅游总体规划》等十多

① 孙昉：《发展特色产业 助推乡村振兴——柞水县“小木耳、大产业”的探索与启示》，《新西部》2020年第12期。

个旅游专项规划，确保旅游产业发展的方向、结构、速度、质量和效益，为促进旅游资源整合、优化产品结构、提升旅游产业发展质量和水平奠定了基础。按照“重点突出、梯次合理、特色鲜明、相互衔接”的原则，兼顾村情特色和人口分布等情况，把乡村旅游发展规划与村庄布局、土地利用、产业发展、移民搬迁等专项规划统筹衔接，把全县当作一个大乡村来规划，把每个村当作一个景点来设计，把每户人家当作一个小品来改造，按照差异化、多元化的要求，推进环境、空间、产业和文明相互支撑，一二三产整体联动，城乡一体有机链接，促进全县村村美丽、户户发展。

2. 规格促发展，服务优环境

坚持以旅游为主导的县域产业结构。县财政每年设立3000多万元旅游产业发展专项基金，其中乡村旅游发展基金1000万元，保障乡村旅游发展投入，对一些经营特色明显、带动力强、可持续发展能力足、运作规范的乡村经营户给予扶持奖励，推动乡村旅游持续快速发展。全县形成了“结构围绕旅游调、环境围绕旅游创、城乡围绕旅游建、文化围绕旅游兴、全县围绕旅游动”的全民参与发展格局。

围绕游憩颐情、购物消费、康体养生、异地养老功能，柞水不断完善旅游设施。多方筹资近40亿元，建成锦苑盘谷山庄、麓苑国际大酒店、禹龙晨昇大酒店、翠屏宫大酒店和县旅游咨询服务中心、柞水溶洞游客服务中心及地质博物馆等40多个旅游配套项目，打造农家乐集群点6个，评定星级农家乐217家。全县旅游日接待能力达5万人（次）以上，乡村游发展质量和水平全面提升。

为提升旅游服务质量，成立了县旅游服务标准化工作领导小组，制订了《创建商洛市旅游服务标准化示范县实施方案》，明确了各相关单位创建职责和标准，实行一级抓一级、层层抓落实的工作机制。聘请了专业人员对景区旅游服务从业人员进行培训，主要讲授中式菜肴拼盘规则、操作流程、制作要领，并进行现场示范操作，同时对礼仪接待、经营理念、农家乐发展前景等知识进行了详细讲解。

3. 挖掘创特色，营销塑品牌

深入挖掘与西安、关中地区有别的楚文化、原生态文化，将地方特色文化与乡村旅游发展相结合。"柞水渔鼓"被列入省级非物质文化遗产名录，大型渔鼓情景歌舞剧《竹风清音·渔鼓情》先后在陕西民俗文化博览会等节会中演出，获得好评。推出柞水八大件、十三花等特色饮食，备受游客青睐，柞水核桃、木耳、腊肉、豆腐干等农特产品获得国家无公害产地认定和产品认证。先后开发旅游纪念品 200 余种，初步实现小物品代表大形象、小工艺展示大文化、小产品推进大产业的目标。全县各类旅游商品年销量达 600 多万件，销售额近 4 亿元，旅游购物已成为柞水县乡村旅游经济新的增长点。

树立"大宣传"意识，采取"一分资源、二分策划、三分打造、四分营销"的策略，建立"天天有宣传、周周有亮点、月月有活动、季季有节庆"的旅游宣传体系，对全县旅游实行整体策划、包装、推介，打造柞水特色生态旅游宣传名片。

加强跨区域旅游交流，不断开拓宝鸡、渭南、延安及甘肃、宁夏、青海等西北市场，抓好客源地市场开发对接，先后与 200 余家旅游销售商签订合作协议，加入了"大关天环线旅游联盟"，开辟了陕西省（柞水）南线精品游线路，增加组团游规模，实现游客数量、综合效益、旅游知名度的大幅提升。

（二）发展成效

截至2020年年底，柞水县已建成西川休闲农业观光园“木耳小镇”、金米农业产业园、花锦苑新型农业综合体等一批休闲农业旅游项目；打造了阳坡院子等一批享誉省内外的柞水民宿集群式品牌。朱家湾村、石翁村成为以旅游主导乡村振兴的典型范例，先后荣获中国最美休闲乡村、全国美丽宜居村庄、国家级生态文明村、省级乡村旅游示范村、秦岭美丽乡村等称号。旅游产业发展经验得到了国务院扶贫办的高度认可，并作为陕西省“十三五”旅游扶贫样板在全国推广。

据统计，2015年至2019年，全县旅游接待人数从548万人次增长至1015万人次，旅游综合收入从28.51亿元增长至58.88亿元，旅游业增加值占全县GDP的33.5%，旅游税收占地方财政税收30%，旅游业从业人数占本地就业总人数的比重达36.4%以上，全县旅游产业已带动3500多农户1.1万多人实现稳定增收，成为柞水县高质量发展的支柱产业和主导产业。柞水先后被有关机构评为2013年度最具人气旅游县和魅力陕西年度旅游风尚县，实现了从“养在深闺人未识”到“中国最佳魅力旅游县”“中华最佳绿色生态旅游目的地”“陕西旅游名县”的华丽转身，全县乡村旅游产业走出了一条从无到有、从小到大、从弱到强的转型跨越发展之路。

三、中药产业

（一）主要做法

1. 抓科技研发，提升药材种植水平

围绕国家重点研发计划《秦巴山区高品质中药材规模化生产示范研究》项目，进行野生科管补植，已完成野生科管连翘1200多亩，规范化种植连翘600多亩。积极与高等院校和科研单位建立产学研合作关系，建立科研基地和研发团队，共同选育适合当地生产需要的优良品种，推广中药材大田标准化种植与技术，提高柞水中药材产品质量。

2. 抓订单种植，提升药材种植规模

加强与县中药加工企业沟通对接，完善药材种植回收合同，优于市场价收购，与铭浩、秦茂、世纪等企业签订4000亩订单，彻底解除药农的后顾之忧。同时，围绕品种引进、规模种植、精深加工、订单销售、品牌打造等环节，逐步扩大中药产业基地规模。

3. 抓龙头培育，提升中药企业带动能力

鼓励支持中药材经营主体与农户以土地租赁、产品回收、股份合作、产品捆绑等方式，建立起“风险共担、互利共赢”的利益联结关系，按照“公司+基地+农户”的发展模式，由龙头企业公司流转土地统一种植、管理、加工和销售，农户通过收取土地租金、劳务报酬、收益分红、参与生产、参与种植等方式，实现稳定增收。

4. 抓品牌打造，提升中药产业知名度

抢抓科技部定点帮扶和省内外大专院校、中医药科研院所资源优势的机遇，加快中药产业研发中心建设，成立盘龙医药研究所和秦岭特效药材研究所，引进了陕南唯一的骨伤及肿瘤工程研究中心和企业技术中心项目。鼓励企业争创知名品牌，先后培育南五味子、金银花、盘龙七、重楼等主导品种，保护红豆杉、铁棒锤、银杏、林麝等濒危品种，开发了一批具有自主知识产权、市场前景广阔的中药新药。

（二）发展成效

近年来，全县依托优势、因地制宜，按照“建园区、抓龙头，建基地、抓示范”的思路，深入实施名企、名药、名科、名医“四名战略”，不断完善中药生产、加工、流通、科研“四大体系”，累计发展中药材种植48万余亩，建成千亩规范化示范种植基地和万亩中药材规模化种植基地4个，建设连翘、丹参等中药材标准化种植基地15.85万亩。全县10231户产业扶持户户均有1—2个中长期产业项目，中药材年吞吐量达5000吨，实现销售收入6000万元，医药产业总产值达到20.4亿元，实现销售收入18.5亿元，上缴税金6100万元，中药产业已成为促进农民稳定增收致富的支柱产业。2017年盘龙药业依托IPO绿色通道成功上市，开创了深度贫困地区企业上市的“四个第一”，年产值达16亿元、上缴利税4880万元，带动当地500户中药材种植贫困户实现增收，获得全国“万企帮万村”精准扶贫行动先进民营企业称号。

四、经验启示

在培育壮大乡村产业艰辛而火热的实践中，柞水县以资源为依托、市场为导向、科技为支撑、规模为引领、效益为中心，通过一系列深入探索和大胆实践，稳健地开创出一条群众高度认可、综合成效显著、本地特色鲜明的兴业富民之路，可谓开对了产业发展的“药方子”，充实了广大群众的“钱袋子”、找准了乡村振兴的“新路子”，积累了可资借鉴的经验。

（一）规划引领，方向明确

乡村振兴，规划先行，柞水县多个乡村产业的发展成功离不开产业规划。脱贫地区发展水平各不相同，各地各部门应结合当地资源禀赋与乡村发展演变趋势，因县、因镇、因村施策，纵向拓展农业增值增效空间，横向拓展农业功能价值，精准编制各级产业规划，打造农业全产业链，把产业链主体留在县域，让农民更多分享产业增值收益，为乡村全面振兴和农业农村现代化提供有力支撑。在乡村产业规划编制过程中，科学合理地谋划各地产业布局，要有跳出农业看农村的发展眼光，着力推动农村一二三产业融合发展，既突出当地特色，又要避免重复建设，实现“一村有一品”“一县有一业”的产业发展布局。

（二）上下联动，干部带头

“村看村户看户，群众看干部。”柞水县在发展乡村产业过程中，领导干部发挥了很好的带头作用。所以，发展产业必须有效发挥党委政府的引导作用和党员干部特别是村级组织负责人的示范效应，只有上级领着干、干部带头干，才能实现群众跟着干，只有给群众吃下一颗“定心丸”，才能吸引其深度参与产业发展，进而形成脱贫攻坚、乡村振兴的生动实践和磅礴力量。

（三）龙头带动，产业开花

龙头企业往往是产业链的组织者，农业品牌质量的引领者，是推进农业产业化和乡村产业化的中间力量，可以成为家庭农场、农民合作社转型的加速器，柞水县的乡村产业发展也证明了这一点。因此，在发展现代农业，推进农业农村现代化、乡村全面振兴的过程中，龙头企业的作用不可替代。坚持把培育壮大农业产业化龙头企业作为促进农民增收、助力乡村振兴的重要举措，积极提升农业产业化龙头企业的质量与数量，不断夯实乡村振兴的产业基石。

（四）因地制宜，多元发展

榨水能结合本地实际，明确将“柞水木耳、乡村旅游、林下经济”

作为乡村振兴的“一主两优”主导产业，并通过延长木耳产业链，小木耳发展成大产业，值得学习。我国地域辽阔，各地情况千差万别，发展产业不能千篇一律，必须结合当地实际选准路径和模式，实施错位发展，不能搞生搬硬套和简单复制，以防“水土不服”。同时，还应通过“一产接二连三”延长产业链、丰富新业态，实现多元发展，避免把“鸡蛋”放到一个“篮子”里，力求最大限度地降低和防范产业风险。

（五）科技支撑，创新赋能

科技是第一生产力，脱贫地区乡村产业要实现华丽转身，成为乡村振兴的重要基础，离不开科技的有力支撑。柞水在发展木耳产业和中药材产业时高度重视技术研发也证明了这一点。当前我国农业农村经济发展的基础条件、目标任务等都发生了深刻变化，农业发展已由增产导向转向提质导向，亟须科技赋能引领现代乡村产业发展。唯有坚持用先进科技为特色产业赋能，不断推动产品创新和技术创新，通过提升科技创新供给能力，促进科技与产业深度融合，加速农业科技成果转化，才能确保产业拥有持久旺盛的生命力。

（六）注重品牌，强化营销

柞水在发展乡村产业过程中，十分注重品牌建设，实践证明这是一条低投入高产出的发展路径。随着经济发展和社会进步，互联网、电商平台、网红主播等新媒体的出现，大力宣传推介产品，可迅速抢占市场，形成极强的广告效应，带动消费经济发展。在推进乡村振兴过程中，脱贫地区要与时俱进，要积极适应互联网时代带来的机遇，充分发挥好网络平台、网红元素等宣传推介作用，让酒香飘出去，让资金流进来。要发挥资源和区位优势，实施农产品品牌战略，强化品牌意识，开展品牌宣传，加大农业品牌建设力度，助力乡村产业振兴。

第二节　平利县乡村产业振兴实践

平利县位于陕西省东南部、陕渝鄂三省市交界处，地处秦巴连片特困地区、国家主体功能示范区、南水北调重要水源涵养区。全县下辖11个镇、137个行政村、6个城市社区，2020年全县常住人口23万人，实现生产总值89.10亿元，三次产业占比为15∶55∶30。在2020年之前的省市脱贫攻坚成效考核中，平利县连续六次位居全省第一，连续三年荣获省市“双优秀”。2020年2月27日，经陕西省人民政府批复同意，平利县正式退出贫困县序列。

为认真贯彻落实习近平总书记2020年4月在平利考察重要指示精神，[①]巩固产业脱贫成果同乡村振兴有效衔接，平利县突出特色布产业、打造品牌促营销、狠抓主体强带动、推广模式建机制，形成“一县、一业、一模式”典型经验，获省市肯定，其中茶饮、中药材、生态旅游产业以及电子商务、社区工厂带动乡村振兴成效显著。2021年被省委农办（省委实施乡村振兴战略领导小组办公室）正式确定为全省乡村振兴“十百千”示范工程10个示范县（区）之一，明确两镇29个村为示范镇村创建样板。

一、茶饮产业

平利县种茶始于唐代，盛于明清，清朝时“三里垭贡茶”享誉朝

① 2020年4月21日，习近平总书记来到陕西省安康市平利县老县镇，在锦屏社区、镇卫生院、中心小学和茶园考察当地脱贫攻坚等情况。

野，享有“贡茶之乡”的美誉。为了盘活茶饮产业，自2003年以来，平利县历届县委、县政府以打造“西北名茶大县”和“全国绞股蓝第一县”为目标，坚持把茶叶作为农业主导产业，大力实施一业率先突破战略，取得了显著成效，为乡村振兴奠定了坚实的产业基础。

（一）强化政策支持

平利县先后出台了《加快实施茶叶主导产业建设的决定》和《加快名茶大县建设的实施意见》等一系列政策文件，坚持常设县茶饮产业发展领导小组，持续将茶饮产业发展纳入各镇和部门年度目标责任考核中，从体制机制上强化了茶饮产业的主导地位。同时，每年出台《茶饮产业建设奖扶办法》，整合项目资金，加大奖扶力度，有力保障了产业快速发展。10年来，累计投入产业发展资金6亿元，撬动社会资金20亿元。

（二）注重营销推广

积极开展营销推广活动，构建市场营销网络。2015年，组织县内茶饮龙头企业23家，在西安市长安国际茶城建成占地1400平方米的平利茶产品展销中心。积极实施“百企百店”工程，支持茶企业在全国大中城市开设了茶叶专卖店300余家，全县共建设销售网点达到250家以上，初步形成了以西安为中心辐射其他大中城市的市场营销网络，进一步拓展了销售领域，提高了平利茶产品的市场影响力。

（三）坚持融合发展

平利县坚持“茶旅结合、茶旅并进”的发展思路，以茶兴旅、以旅促茶、茶旅融合，围绕“游女娲故里、品平利绿茶、赏美丽乡村”发展定位，坚持把茶园作为美丽乡村建设的重要景观来打造，进行高标准规划建设，推进茶叶基地园林化、工厂茶楼景点化，实现山、水、茶、人的共生互融，建成了首个中国（平利）绞股蓝博览馆，长安硒茶小镇被命名国家级特色小镇、省级文化旅游名镇，形成了融“登茶山、游茶园、采茶叶、购茶品、赏茶艺”为一体的特色产业模式。

（四）加强品牌建设

坚持“质量优先、安全至上”原则打造区域公用品牌。对接国内国际茶叶市场质量标准和要求，扎实推进地理标志保护产品工程，积极开展“两品一标”认证，严格管控农用物品投入，强化标准执行力度，确保茶产品源头安全。指导茶企规范使用“安康富硒茶”品牌，增强品牌保护意识，扩大品牌推介宣传力度，组织茶企利用展会平台开展推介活动10余场次，利用网络、新媒体等平台多角度宣传，平利茶品牌知名度和影响力显著提升，2021年平利茶业全国百强县排名第61位，较2020年提升18位。“平利女娲茶”被认定为国家地理标志保护产品，荣登中国品牌榜，品牌价值22.58亿元 。“平利绞股蓝”在人民网评选中获最受网民喜爱产品奖，“平利女娲茶”“平利绞股蓝”成功注册国家地理证明商标，平利绞股蓝成功入选由国家质检总局主编的《中国地理标志产品大典》（陕西卷）。

（五）推进农业科技创新

支持重点龙头企业聘请国内获得高级职称的知名茶专家“坐诊”指导，吸纳本科及本科以上大学生稳定就业，解决企业创新能力不强、人才队伍不稳定、内生动力不足等问题。支持企事业单位积极研发新产品、新技术、新品种，转化利用新科技。利用好阳光工程、实训基地、田间学校，培育一批高素质农民、乡土人才、能工巧匠、农村经纪人，推动产业健康持续发展。

二、中药材

平利县种植中药材历史悠久，药用植物种类近千种，素有“巴山药乡”之称。中药材品质上乘，特别是八仙党参曾漂洋过海，远销东南亚，闻名世界。近年来，平利县因地制宜，科学规划，集中连片，规模发展，使中药材成为乡村振兴的主导产业之一。

（一）培育龙头带动发展

培育省市级农业产业化龙头企业，构建以新型农业经营主体为骨干、龙头企业为引领的现代农业经营体系。2019年制定出台了《平利县新型经营主体带动贫困户脱贫考核奖励办法》，鼓励企业充分发挥职能带动群众增收。坚持大企业引领，不断补齐农业发展的产业链、供应链、价值链，让产业增产达实效，强化龙头企业的带动作用。截至2020年底，全县共培育重点龙头企业50家，其中国家级1家、省级13家、市级36家；培育现代农业园区173个，创建市级以上农民专业合作社示范社27个，先后有222家市场主体帮扶脱贫户1.12万余户。引进了安康正大制药有限公司等龙头企业，采取“党支部宣传引导＋企业辐射带动＋基地典型示范＋农户积极参与”的运营模式，引导农户或流转土地从事劳务创收，或将传统作物种植改为高效中药材种植。

（二）成立协会规范发展

为促进全县中药材产业健康发展，2021年1月平利县中药材产业发展协会、中药材专业技术协会成立。协会积极发挥政府与企业、企业与企业、企业与大户“三个桥梁”的作用，构建交流平台、合作平台、服务平台，实现信息共享、资源共享、利益共享。协会把会场搬到了建设工地和田间地头，采取实地踏查、现场观摩、总结交流的方式，共同探讨、规划平利县中药材产业的发展和未来。彻底改变县内中药材企业“小、散、乱、弱”无序发展的局面，引领中药材产业遵循市场发展规律，走向规模、集约化发展阶段，淘汰落后的，实现资源的市场优化配置。

（三）建设基地规模发展

平利县将中药材基地建设作为巩固拓展脱贫攻坚成果与乡村振兴有机衔接的重点内容，县财政每年拿出不低于500万元资金扶持中药材产业发展，农业局落实专业技术人员“点对点”做好包抓指导服务。依靠科技支撑和政策扶持，努力推动资源优势向经济优势转变，以创建全省中药材种养基地示范县为目标，坚持建管并重、产销同步，一手抓基地规模扩张，一手抓成园管理提升。逐步引导群众走上了规模种植的路子，中药材产业的发展成效日益凸显。截至2021年年底，全县中药材种植面积稳定在11万亩，总产3.8万吨，产值2亿元以上；培育万亩以上中药材基地镇3个、2000亩以上的基地村10个、1000亩以上的专业大户8户、50亩以上种植户500余户，建成500亩以上连片中药材种植示范基地14个。

（四）技术培训科学发展

为保证中药材产业“落地开花”，县、镇农技站干部通过实地查看、走访交流等方式，在中药材种植重点区域，查看中药材长势情况，积极同中药材种植合作社业主和种植大户交流，了解药农发展意愿，叮嘱后期管理要点，提供技术指导服务，统一技术规程、统一病虫害防治方案，保障种植技术规范化和药园管理标准化，引导药农正确认识科学管理的重要性、必要性、可行性。通过抓跟踪服务，对田间管理、病虫害绿色防治等关键环节进行技术讲解和全程指导，进一步增强药农发展产业的积极性。

三、生态旅游

依托优质的森林生态资源，一手抓全域生态旅游发展，一手抓康养项目布局，因地制宜推动生物医药、休闲旅居、田园观光、亲水体验、森林探险、特色民宿以及研学旅游等文旅康养经济，闯出了一条生态旅游助力乡村振兴的好路子。

（一）打造全域生态旅游

近年来，平利县以建设“中国最美乡村”为总揽，以“游女娲故里、品平利香茗、赏美丽乡村”为定位，以人文景观游、茶乡风情游、秦巴风光游为主线的乡村生态旅游景区建设成效明显。以全域化大景区发展战略布局精美县城、特色小镇、魅力村庄，推进田园综合体、景区景点、乡村民宿协调发展，打造“道路是风景线、乡村是小公园、全县是大景区”的中国最美乡村。精美县城，重点建设“一轴、两山、三区”，即以月湖“十里水景”为中轴；以马盘山和五峰山建设为重点，打造集生态观光、休闲娱乐、养生度假于一体的“南北两山”；坝河两岸打造生态风光区、文明文化展示区和美丽乡村观光区。特色小镇，突出精而美、特而优，挖掘11个镇的文化、旅游、民俗资源，重点打造长安硒茶小镇、正阳康养小镇、西河田园小镇、八仙森林古镇。魅力村庄，科学把握乡村个性差异，因村制宜、精准施策，抓点成线、串珠相连，打造各具特色的现代版“富春山居图”。截至2020年年底，平利全域生态旅游发展模式已基本形成，发展活力竞相迸发，吸引越来越多的游客前来打卡。

（二）发挥生态康养优势

平利独特的自然环境和气候条件，造就平利有了陕西的“天然氧吧”“巴山药乡”“养生天堂”的美誉。平利充分发挥生态康养优势，积极开发生态康养项目。龙洞河村太阳坪的正阳大草甸，在海拔 1800 米至 2500 米，总面积 2 万余公顷，绿海绵延，满目滴翠，盛夏的草甸风光正好，是游客休闲度假、汽车露营、户外摄影、避暑纳凉的好去处。冬季，这里便成为冰雪童话世界。平利充分发挥这一优势，开发建设了“巴山 1 号”露营地，设有固定租赁帐篷 18 顶、露营房车 3 辆，还有洗漱区、公共厨房、小吃餐车、烧烤区、儿童营区、露营区、户外 KTV、露天电影、篝火台等生活游乐设施，可为游客提供自搭帐篷露营位 100 个。西河镇建设的民宿东方上居周围生态优良，植被丰茂，空气清新，胜似“天然氧吧”。房屋外墙或原始的土墙风貌，或古色古香的仿古建筑，斑驳的印记、老旧的屋瓦，与自然浑然一体。游客在这里不仅可以享受舒适怡然的生活，还可以走进有机蔬菜基地、果园采摘，体验劳动的乐趣。

（三）注重文旅融合发展

平利注重文旅融合，将茶文化、地方民俗文化等贯穿于旅游项目建设、产业发展的全过程，使文化成为美丽乡村的亮点和休闲旅游的卖点。平利坚持茶旅结合、茶旅并进的发展思路，以茶兴旅、以旅促茶、茶旅融合，把茶园作为美丽乡村建设的重要景观来打造，进行高标准规划建设，推进茶叶基地园林化、工厂茶楼景点化，实现山、水、茶、人的共生互融，形成了融“登茶山、游茶园、采茶叶、购茶品、赏茶艺”为一体的特色旅游。积极开发民族文化、农耕文化，大力发展研学旅游。在平利漆工艺品加工体验馆，研学旅游的学生可了解到漆工艺品的价值和独特工艺；在帝景南山茶业国学研学教育基地，学生走进田间地头，亲近大自然，了解一片嫩叶如何经过复杂的工序和手艺焙制，最终成为清香四溢的佳茗；在蟠桃园家庭农场，体验采摘、科普的乐趣；在千亩牡丹园区，可以了解牡丹的种植技术、管理过程，以及牡丹源远流长的文化；进入十里桃花景区，可以用诗咏的方式礼赞桃花，培养学生的家国情怀。

四、电子商务

2016年，平利县正式被确定为国家电子商务进农村综合示范县，获得了1500万元的项目扶持基金。此后，平利县快速走上了鼓励电商创业、发展电商的道路。为推动电子商务发展，平利县设立了电商发展专项基金500万元，整合部门资金500万元，全部用于奖补电商体系建设、基础配套、主体培育、品牌打造、电商扶贫、人才培养“六项工程”，并制定出台电商发展“两免一补”政策。加快已有的信息基础设施互联互通，建成了县电商服务中心、创业孵化中心、展示运营中心、技术保障中心，以及镇村电商服务站点。县电商中心内设电商体验、产品展示、众创空间、洽谈服务、技术指导、培训会务、物流统筹、综合协调等功能区，招募各类电商专业人才30多人，常年开展知识普及、基本技能、微信营销、创业讲坛、电商沙龙等培训，每年培训电商人才3000多人，推动各类网商抱团发展。启动供销在线县级服务中心和县农产品检验监测中心建设。加快推进宽带下乡、提速降费，100%的集镇实现了光网覆盖，90%的行政村实现了网络覆盖。加快建设电商物流配送体系，引进物流快递企业25家，14家快递企业覆盖全县11个镇，初步解决了“山货进城、网货下乡”双向流通“最后一公里”问题，基础设施建设为电商的发展奠定了坚实基础。县里和阿里巴巴、京东、苏宁等国内电商领军企业建立合作关系，改造和发展电商企业42家，培育淘宝网店390家。2017年平利网络销售额达到2.8亿元，在网上销售的平利农产品达270多款，有效解决了农产品“卖难”问题。2021年，陕西省数字经济研究院发布“2021年陕西省县域数字经济发展热度指数”榜单，平利县排名全省第三。

五、社区工厂

自2011年起，全县累计搬迁28555户83307人。在推进移民搬迁过程中，贫困群众以前住在山上仅能维持温饱，如今搬到社区集中居住，远离了赖以生存的土地山林，如果找不到稳定的工作，生活来源就没有保障，而摘掉“贫困”帽子以后，很有可能成为新的“住在楼房里的贫困户”。平利县委、县政府大力实施移民搬迁工程，让数万贫困户的住房难题得以解决。脱贫攻坚催生的新社区工厂解决了脱贫攻坚派生的后续难题。这样的新社区工厂，在平利随处可见，分布在平利搬迁扶贫的各个安置社区。积极探索“社区＋工厂”精准扶贫路子，鼓励和支持在移民搬迁安置社区发展劳动密集型企业，带动贫困群众在家门口就业，实现“一人进厂、全家脱贫”。借助苏陕扶贫协作平台，县委书记、县长分别带队外出招商，采取亲自上门、亲自洽谈、亲自协调、亲自督办，成功引进了杭州合力电子、香港嘉鸿手套、江苏阳光制衣、上海嘉麟杰服装等一批龙头企业落户工业园区，带动11个镇发展新社区工厂83家，形成了毛绒玩具、服装手套、电子元件、手工艺品四大产业集群。2020年4月21日，习近平总书记到平利县视察调研，对“山上兴产业、山下建社区、社区办工厂”的做法给予了肯定。

六、发展启示

（一）高点规划

高起点规划，按照“一村一品、一户两三业、长中短结合”的原则，抓住“5个10万”产业发展目标不动摇，坚持镇党政主要领导抓点示范，集中力量建设了一批高水平的特色产业园，做到短期抓绞股蓝、畜牧、富硒粮油，中期抓中药材，长期抓茶叶，形成了当下能脱贫、中期稳增收、长期能致富的产业格局。制定了“一城十镇百村百社百工厂”的社区工厂扶贫规划，严格遵循靠近城市社区、园区、农业园区、旅游景区“四靠近”原则，统一建设农村社区112个，其中大型安置区25个。

（二）加强领导

平利县从探索新机制入手，建立了上下贯通、一抓到底的领导体制，真正扛牢了“五级书记抓乡村振兴”的政治责任。纵向上，平利县成立由县委书记任组长的领导小组和办公室，选调干部集中办公，各镇比照成立组织机构，工作力量较脱贫攻坚有增无减。所有县级领导和镇、部门“一把手”下沉到村督导指导，村村覆盖。横向上，平利县出台创建全省乡村振兴示范县方案，组建专班，明确职责任务，全面实行“红黄绿”挂图作战，未落实的“红色”预警、有欠账的“黄色”提醒、已完成的“绿色”标注，真正把建设陕西乡村振兴示范县各项任务落实落细落在实处。

（三）保持定力

20年前，平利就喊出“打造西北名茶大县”和“全国绞股蓝第一县”的口号，历届领导班子坚持茶饮产业率先突破，一任接着一任抓，一届接着一届干，保持着强大的战略定力。对脱贫地区而言，乡村产业发展只能成功不能失败。乡村产业发展有其客观规律，不可能一蹴而就。如果急于求成，难免会出现片面追求规模、产业发展后劲不足等问题。只有保持定力，久久为功，一张蓝图干到底，才能让乡村产业持续健康发展。

（四）创新模式

平利县首创的新社区工厂模式不仅解决了移民搬迁户的生计问题，推动了乡村振兴，还为陕南乃至全国众多脱贫山区实现乡村振兴打造了新模式。建设新社区工厂，既为发达地区“腾笼换鸟”，又增强了边远贫困地区的“造血”功能，促进各自的错位发展，实现互利双赢。既充分发挥了市场在资源配置中的决定性作用，也督促地方政府更好地发挥自身应有的引导与协调作用。

第三节　留坝县中西沟村乡村产业振兴实践

一、基本情况

中西沟村位于汉中市留坝县火烧店镇集镇中心，距县城 23 公里，距 316 国道 8 公里，辖 4 个村民小组，有 232 户、817 人，现有耕地 650 亩、山林 11711.5 亩。以前，横流的污水散发着阵阵恶臭、乱倒的垃圾引来蚊蝇成群、散养的猪鸡乱拉乱排，凋敝穷困的村子让看不到希望的年轻人纷纷外出打工，村两委不得不为中西沟村的发展找出路。2016 年将农村人居环境整治作为实施乡村振兴战略的突破口，“清、拆、建、管”四措并举，大力发展旅游业和特色农业，美了环境面子，赢了文明里子，引来游人无数，鼓了村民的“钱袋子”，群众的获得感、幸福感、自豪感大幅提升。中西沟村先后被评为省级“文明村”“卫生村”“绿色村庄”。2020 年，由农业农村部、国家发展改革委会等单位编写的《乡村振兴战略规划实施报告（2018—2019 年）》出版发布，中西沟村成功入选，这也是陕西省唯一入选的村级典型范例。①

二、产业特色②

（一）农业产业

中西沟村在推进乡村振兴规划产业项目实施中，抢抓机遇，依托山林资源，大面积改良板栗品种，提升板栗品质，建成 4000 亩标准化板栗种植区。2019 年，实施规划项目 9 个，投资 321 万元。组织农民专业技术培训 120 余人次，种植山药、猪苓各 50 亩，栽种天麻 20 亩，改良板栗 1100 亩，建香菇大棚 64 个，养殖中蜂 100 桶。2020 年，实施规划项目 9 个，争取投资 808 万元。组织农民专业技术培训 200 余人次，启动建设污水处理站，种植山药 60 亩，改良板栗品种 2000 亩，种植中药材 100 亩，建香菇大棚 69 个，养殖中蜂 150 桶。2019 年，仅板栗一项，就增加村集体积累 6 万元，村民户均增收 500 元。

（二）旅游产业

中西沟村是留坝县确定的 16 个旅游中心村之一，村里按景区标准进行打造规划，道路阡陌纵横，村庄整齐有序美观。随处可见一些小景观、小节点，蓝天白云、潺潺溪流的乡愁成为中西沟最显著的特点，为乡村旅游发展奠定了坚实基础。电视剧《寻找北极星》取景地

① 姚远：《留坝县火烧店镇中西沟村成功入选国家级乡村振兴典型范例》，2020 年 7 月 7 日，见 https://www.sxncb.com/2020-07/07/%20content_8602028.html。

② 主要根据网上公开的官方文件资料和课题组调研收集资料整理而成。

也选中了中西沟村，并亮相于“全国优秀电视剧百日展播”。依托良好的生态资源优势和田园风光，中西沟村上打造了集观光休闲、采摘体验、科普教育等功能于一体的生态农业教育科普基地。稻草人主题公园、月亮河天然浴场等一批受游客青睐的爆点，一个接一个的旅游产品引来了游人如织。老房子客栈、马家小院、山水云居、田园农家等一批特色民宿及农家乐开办营业，民宿阿凌客栈成了“网红”打卡点，以前卖不出去的土鸡蛋、土鸡、腊肉、板栗、核桃全都成了抢手货。

（三）农旅融合

坚定农旅融合方向，推行“政府＋龙头企业＋扶贫社＋农户”订单农业模式，推出了留坝棒棒蜜、留坝土鸡等一批优质商品，形成了“以销定产”完整的产业链，“四养一林”特色产业，丰富的生态资源鼓起了群众的“钱袋子”，实现“绿水青山”就是“金山银山”。“板栗采摘节”“高山寻蜜节”和农耕体验采摘园等特色活动引来游人不断，每年3万多人蜂拥而来，带火了村里28家农家乐。蔬菜、土鸡蛋、腊肉、板栗、核桃都成了抢手货。①

三、主要做法

（一）加强组织领导，高标准规划产业发展

镇党委成立由党委书记任组长，其他班子成员和村主要负责人为成员的乡村振兴试点工作领导小组，制定具体工作方案，细化工作任务，压实工作责任。采取党建引领、扶贫社运营、村户参与的模式，围绕“四养一林一旅游”，制定了《中西沟村发展规划》和《年度产

① 刘心：《美了环境面子 赢了文明里子》，《农民日报》2020年10月29日第001版。

业发展计划》。同时聘请陕西亿光年农业发展有限公司，制定了《中西沟村乡村振兴三年规划（2019—2022年）》，结合村情实际，建立了项目清单，分年度规划实施项目17个。通过推进乡村振兴，基础设施不断完善，主导产业不断壮大，村域环境干净整洁，群众的幸福感和获得感全面提升。

（二）推进项目实施，完善产业发展基础设施

2019—2022年重点规划项目共计17个，计划总投资7210万元，2020年已投资3750万元，完成河道景观打造提升、游客服务中心建设、稻草人主题公园建设、农家乐民宿、村庄基础设施提升污水处理站、旅游厕所、停车场、信息标牌导视系统、职业农民培训9个主要项目，涵盖旅游产业、文化产业、人才振兴等重要方面，村域基础设施大幅提升。

（三）坚持农旅融合，促进产业特色发展

坚持高标准抓规划，围绕主题抓配套，突出特色抓产业，围绕“四养一林一旅游”，采取党建引领、扶贫社运营、农户参与的模式，建成20万食用菌基地1个，发展食用菌30余万筒，改造高产板栗林1300亩，特色产业发展势头强劲。先后打造建成融观光、娱乐、休闲与体验为一体的火烧店稻草人主题公园1处、万家沟板栗采摘园1个、草莓采摘项目1个，推出云溪·阿凌客栈、老房子客栈、马家小院、山水云居、田园农家等一批特色民宿及农家乐，逐渐形成了富有地方特色的旅游品牌。

（四）优化村庄环境，促进产业与生态良性互动

结合“主题党日+”“三有三亮两评议”等活动，充分发挥党员干部的示范引领作用。扎实开展“厕所革命”，全村卫生厕所使用率

达 100%；垃圾分类回收试点先行，以实际行动带动农户向“脏、乱、差”宣战。同时，围绕城乡环境综合整治，组织实施了“花开万家·庭院美化”工程，扎实开展无职党员生态环境保护监督联系岗、“清洁卫生家庭”“美在农家”“最美养花人”等评比创建活动。制定《农村环境卫生管理制度》《美丽乡村》等一系列规章制度，并组建了环境维护督促队，落实了保洁人员。打造示范点 1 个，新建花草门—中西沟环境整治带 1 公里，安装路灯 150 余盏，硬化通户道路 1 公里，村容村貌大为改观。[①]

（五）增强民生福祉，吸引人才返乡创业

近年来，围绕“两不愁三保障”多方面推动民生实事，把脱贫攻坚、产业发展、危房改造、人居环境改造提升、医疗教育等政策落实到位，引导贫困户融入产业链，带入大发展。乡村景美人更美，产业也发展起来了，让很多外出务工人员看到了回乡发展的希望。3 年来，吸引 100 余名年轻人回乡创业。如今，村上 85% 的年轻人留在了家乡。

四、主要启示

（一）产业选择是前提

中西沟村山林和水资源丰富，植被良好，风光优美，气候温暖湿润。同时，还有河流、瀑布等自然景观和板栗、香菇、木耳、蜂蜜等多种土特产品，非常适宜发展展现独特田园风光、着重游客农事参与的乡村旅游产业，加上距离汉中市 68 公里，距离县城 23 公里，具有发展乡村旅游的多种优势。通过研究分析，中西沟村确定了将休闲农

① 高炳：《大山深处好光景》，《人民日报》2020 年 10 月 19 日第 006 版。

业与乡村旅游相融合的发展路子，确定了“田园风光、休闲生活、养老家园”的发展思路。

（二）环境改善是基础

发展乡村旅游产业，人居环境改善是乡村第一场硬仗。中西沟村按景区标准分三步走改造人居环境：第一步，建好以主干道、辅道和联户步道为主的乡村道路骨架，方便群众生产生活，保持村庄整齐有序美观。第二步，建好卫生厕所和村庄上水、排水系统，让自来水有来路、污水集中排、雨污分流走。第三步，因势利导建设一些小景观、小节点，植树种花，对村庄旁、住宅旁、道路旁、沟渠旁进行美化，让缕缕炊烟、蓝天白云、潺潺溪流的乡愁成为中西沟最显著的特点，为乡村旅游发展奠定坚实基础。

（三）抱团发展是动力

中西沟发展乡村产业时，通过抱团发展极大地调动了村民的积极性。一是成立工程队。县镇村经反复商量，决定组织村民成立工程队，村民在美化自己环境的同时还能增加收入，积极性大大提高。二是建立扶贫社。县里依托村委会创新建立扶贫社，由村书记担任理事长，建立了支部、村委会、扶贫社合一的新型村级组织，负责组织群众发展产业、运营集体资产壮大集体经济、管理村级事务。三是推行代建制。为了调动村民的积极性，还大力推行项目代建制，把30万元以下、技术含量不高的小型工程交给村扶贫社，由扶贫社出面组织农民自己干，农民可打工挣钱，村集体也能增加积累。

（四）重视人才是保障

为了把乡村建好，不仅引进了国内一流旅游品牌团队设计打造，还组织县镇村干部、农村实用人才赴浙江等先进地区学习考察美丽乡村建设，解放思想、开阔眼界。通过建立紫柏工匠协会，培训本地人才创业，吸引本地人才返乡，解决了山区乡村振兴的人才支撑问题。

第四节　石泉县中坝村乡村产业振兴实践

一、基本情况

中坝村位于安康市石泉县城东南方向29公里处，后柳镇西部，302乡道穿境而过，东至后柳镇区，西至中坝大峡谷景区，交通便利。从旅游线路上看，中坝村西连中坝大峡谷景区，东通后柳水乡，南达熨斗镇燕翔洞，属于旅游轴线上的重要节点，可作为良好的旅游服务基地。中坝村平均海拔950米，属后柳镇最偏远的高山村之一。全村辖3个村民小组，225户、843人，耕地面积1380亩，其中水田面积400亩，旱地面积980亩。中坝村地处亚热带边缘，属于亚热带湿润季风气候区，雨量充沛、四季分明，冬、春季雨量少，气候温和。全村地势西高东低，中坝河自西向东横穿全村，形成“两山夹一河”的地势。整个村庄环山绕水，风光秀丽，自然环境优美，山体、川道、沟谷、台原、水系等自然环境要素构成了一幅自然山水画卷。

2020年，中坝村作坊小镇项目入选世界旅游联盟旅游减贫百大案例，同年入选全国乡村旅游重点村名录。2021年入选第十一批全国“一村一品”示范村镇。[①]

---

① 李卫：《中坝村作坊小镇入选世界旅游联盟旅游减贫案例》，《陕西日报》2020年10月29日第004版。

二、取得的成效

（一）壮大了集体经济

在作坊小镇的带动下，成立了乡村旅游合作社，采取闲置资源入股、人才技术占股、集体经济注资、群众带资入社、订单农业生产等方式形成利益联结机制，村集体一年可增加20万元收入，入股社员按股分红。集体经济的壮大，将村级组织、企业和贫困群众有效融为一体，形成了"社区建景区、周边建园区、产品供作坊、作坊连市场"的乡村融合发展格局，既促进了"三变"改革，又壮大了集体经济，还推动了企业发展。

（二）增加了群众收入

建立"支部+合作社+企业+贫困户（搬迁户）"产业精准扶贫模式，使有劳动能力、缺经营头脑，有手工技艺、无展示平台，有创业能力、缺创业资金的脱贫户都实现了稳定创业就业。累计与300余户签订订单种养协议，使农产品在家门口就变成商品；流转土地1500亩建设农业园区，年支付土地流转费用及劳务工资100余万元；据调查统计，作坊小镇共带动8个贫困村168户贫困户发展产业，户均增收3000元以上；吸纳41户贫困户带资入企，年均分红5000元，实现了贫困人口稳定增收。

（三）带动了旅游发展

小镇已建成为3A景区，成为该县全域旅游的一个重要节点，有效丰富了县域旅游要素，也探索形成了农旅融合、乡村旅游发展样板。自2017年9月开园以来，累计接待游客70万人次，实现综合收入1800余万元。尤其是2019年成功举办了第七届汉水庖汤会，被新华社等28家主流媒体报道，进一步扩大了"秦巴水乡·石泉十美"

旅游品牌的知名度。下一步将争取创建国家4A级景区，使其在助推乡村振兴中发挥更大作用。

（四）强化了社会治理

村党支部将社会治理和旅游产业发展有效融合，结合新民风建设，完善“一约四会”，开展文明礼仪培训、家规家训征集、培树先进典型、志愿服务及文化活动，群众的思想观念、文明习惯、生活方式进一步向善向好。发展内生动力持续增强，社会治安、乡风民俗、村容村貌得到明显改观，实现了经济发展与村域治理共进双赢。

三、主要做法

（一）科学规划，高点定位

按照宜游、宜业、宜居发展理念，高水平编制了《中坝作坊小镇建设规划》，明晰了建设内容和总体布局。一是明确目标。按照4A景区标准，建成“本土特色产业鲜明、记忆文化产品丰富”的游客集聚地，集休闲旅游、亲子体验、田园风光、秦巴文化于一体，兼具社区功能的特色小镇，打造全国一流乡村旅游示范村。二是合理规划。确立了“1112345”的总体布局，“111”就是修建“一湖”（中坝湖）、“一心”（游客服务中心）、“一点”（搬迁安置点）；“2”就是“两场”（文化娱乐广场和生态停车场）；“3”就是“三园”（农业示范体验园、荷花鉴赏观光园和休闲亲子林果园）；“4”就是“四条街”（美食街、作坊街、客栈街、特产街）；“5”就是“五化”（绿化、净化、美化、亮化、文化）。三是融合要素。按照产业定位“准”、承载功能“全”、建设风貌“美”、运行体制“新”的建设目标，推进文旅、农旅融合，配套完善的旅游服务要素和创新发展的政策机制，打造富有地域特点、建筑风貌和生态优势的“高颜值”小镇，形成创新创业的共享众创空间。

（二）高标建设，体现特色

按照“高起点规划、高标准建设”的要求，着力建设品质为先、特色为要、服务为优的特色小镇。一是挖掘资源。中坝村将眼光聚焦在非物质文化遗产手工艺项目上，准确挖掘出手工作坊这一文化资源；并统一租赁社区门店，吸收当地村民作为作坊员工，引进周边乃至省外优秀非物质文化遗产项目传承人和优秀手工艺人进驻中坝作坊小镇，形成非遗集群，从而扩大中坝作坊小镇的影响力。二是彰显特色。坚持体现陕南农耕文化、展现陕南民居风貌这一主线，对现有建筑风貌及周边环境仿“驷马水乡”风格进行改造提升，在各个主题巷道设置徽派马头墙式入口，并对建筑立面墙体以3D壁画为元素打造浮雕文化景墙，形成鲜明景观特色。三是提升品质。坚持以细节提升品位。对建筑用材、门窗样式、外墙风貌、特色构件、建筑色调进行严格把关，并将传统文化、历史文化、作坊文化融入其中，建成四条“原生态、高品质、个性化”的主题街巷，成为最具吸引力、影响力的核心景观。四是完善配套。先后建成了游客集散及咨询中心、生态停车场、景观步道、摄影平台、污水处理站、旅游公厕、给排水、通讯电力消防设施，健全完善了旅游服务功能。

（三）多业并举，丰富业态

按照“做特产业、做精业态”的理念，重点开发五大特色业态。一是“非遗”主题农耕体验。结合陕南民间传统技艺，将72家店铺打造成酿酒、草编、做豆腐、搨辣子等不同业态的“非遗”手工作坊，吸引游客参与，体验农耕文化、感悟工匠精神。二是研（游）学及体育休闲。建设千米水街、亲子农场，开发水上娱乐、网球健身、山寨射猎、瞭望悬棺等项目，打造一流学生研学游学基地、机关团体拓展训练基地和美术院校写生基地。三是养生旅居民宿。围绕养心、养生、养老等健康旅游新需求，开发民宿旅居、荷塘野舍、休闲山居、房车营地、巴少山寨、乡村酒店等业态，满足不同的游客需求。四是文化引领。建成高建群、章长青等一批文化名人工作室，根据高建群所著《相忘于江湖》编导一部电影，一台展示巴人风情的晚会，一套“非遗”画册。五是“旅游＋电商”。建立作坊小镇电商平台，将七十二作坊作为游客线下体验馆，引导游客通过免费体验进入线上采购，带动近百种原生态农产品通过线上销售。

（四）创业带动，融合发展

按照“孵化培育、扶持创业、引导就业、带动产业”的思路，以小镇联动周边区域发展。一是培育居民创业。对有创业经营能力的，按照统一规划业态自主经营；对不完全具备经营能力的，由小镇投资主体指导孵化，创业成功后自愿选择经营模式。二是引导大学生创业。免费提供店面，并负担基本工资，吸引大学生来小镇创业，已成功创办“活字印刷”“扎染工坊”“汉江石画”等文创工坊。三是扶持贫困群众创业就业。利用小镇游客集散平台功能，与周边农户签订订单种养协议，促进农产品销售；同时流转土地建设产业园区，吸纳群众务工，增加工资性收入。

（五）政府主导，市场主体

按照“政府主导、市场主体、群众参与”的原则，多方联动，统筹投入。一是引进经营主体。为保障小镇建设运营持续健康推进，后柳镇动员当地能人陈国胜回乡注册陕西巴人文化旅游发展公司，计划投资 3 亿元，分两期开发建设。二是捆绑项目投入。政府相关部门抢抓特色小镇、美丽乡村、乡村振兴战略政策机遇，累计争取到4000万元项目资金，投入河道治理、环境美化及服务设施提升建设。三是撬动金融资本。强化银企对接，邀请金融机构到小镇调研指导，融资到位2000万元用于基础设施建设。

四、主要启示

（一）发动群众是前提，必须充分调动群众参与积极性

发展为了群众，发展必须依靠群众。群众是乡村振兴的主体，必须充分贯彻好党的群众路线，发挥好群众在乡村振兴中的主体作用。特色小镇建设作为推动乡村振兴的重要举措，绝不能把群众当成“局外人”，必须充分发动群众参与，让群众在乡村振兴战略中获得利益。中坝村在小镇建设和经营管理中，始终把“尊重群众意愿、发动群众参与”贯穿于全过程，采取租赁或者农户入股的方式，把农户闲置的一层房屋利用起来，并对四条街道进行统一改造，充分调动了群众的参与积极性。

（二）解决投入是关键，必须引进有实力的市场主体

特色小镇建设必须要有承载主体，要引进有实力、有创意的企业投资开发。中坝村作坊小镇引进投资运营主体负责服务设施配套、文态开发和业态创新，政府负责指导编制规划、保障建设环境、配套公共项目，进一步厘清了政府和市场的边界，也充分赋予了企业经营自主权。其自主创新培育业态和经营管理模式，吸引了一批文化名人建立工作室、知名媒体建立实践基地以及高校毕业生创业就业。

（三）选准路径是核心，必须培育特色产业强化支撑

特色小镇必须是产业特色明显，自然资源丰富，集产业、文化、

旅游和社区功能为一体的发展载体。培育产业要做到差异定位，错位发展，彰显特色。中坝村确立了“立足非遗，文旅融合，共促共建”的发展思路，探索建立“景区景点带动，乡村旅游拉动，旅游商品推动”发展模式，推进旅游业与农业产业、文化产业的融合发展，帮助引导群众增强自我发展能力，全力大力发展休闲农业、品牌农业。围绕“吃住行游购娱、商养学闲情奇”要素，将小镇建设与乡村旅游结合起来，将田园风光与休闲体验结合起来，开发研学旅游、亲子旅游、摄影写生、探秘“非遗”、养心康养等新兴业态以及“汉水庖汤会”“篝火晚会”等系列文化体验活动。

（四）汇聚人才是基础，必须有一批“领头雁”带动

人才是乡村振兴第一资源，必须破解乡村人才瓶颈制约。要完善吸引人才投身乡村的工作机制，引导各类人才服务乡村振兴事业，同时大力培养有文化、懂技术、会经营的新型职业农民。中坝村按照县委“能人兴村”战略部署，大力培养发展引路人、致富带头人，通过吸引回乡一批（小镇投资人陈国盛）、发现培育一批（小镇自主经营户）、外地招引一批（文化名人和大学生），示范引领当地群众创业就业，增收致富。

（五）建强班子是保障，必须打造坚强的基层战斗堡垒

村党支部是群众的“主心骨”，要始终把党的力量挺在最前沿，充分发挥党支部的战斗堡垒作用。在小镇建设中，中坝村按照“支部引领、村委监管、群众自愿”的原则，积极发动群众投身参与，与小镇形成利益共同体，既增加了群众收入，又提高了文明素质，还更新了思想观念。村级组织的组织力和统筹力得到充分发挥，成为了推动脱贫攻坚和乡村振兴的中坚力量。

参考文献

白丽、赵邦宏：《产业化扶贫模式选择与利益联结机制研究——以河北省易县食用菌产业发展为例》，《河北学刊》2015 年第 4 期。

卜晓颖：《新型城镇化背景下我国农村集体产权制度改革研究》，《农业经济》2021 年第 10 期。

陈海龙、李松志：《旅游引导传统村落振兴发展研究——基于婺源县篁岭村的分析》，《凯里学院学报》2021 年第 5 期。

陈洪钧、张超：《"空壳村"变成富裕村》，《西部法制报》2021 年 8 月 21 日。

陈明：《正当基准与规划体制：深化土地制度改革的若干基础性认识》，《农业农村部管理干部学院学报》2021 年第 1 期。

陈兴平：《陕南三市农户对农业科技服务需求的调查研究》，《湖南农业科学》2014 年第 9 期。

陈宇、王莉、田国强：《日本农户变迁及其对粮食生产的影响》，《世界农业》2013 年第 12 期。

程晓兵：《西乡："一核多元"产业党建保障稳定脱贫》，《汉中日报》2018 年 11 月 14 日。

崔健、王丹：《乡村振兴背景下农村绿色发展问题研究》，《农业经济》2021 年第 2 期。

崔鲜花、朴英爱:《韩国农村产业融合发展模式、动力及其对中国的镜鉴》,《当代经济研究》2019 年第 11 期。

[英]大卫·李嘉图:《政治经济学及赋税原理》,劳英富译,金城出版社 2020 年版。

董蓓:《我国将加快健全农村物流体系》,《光明日报》2021 年 7 月 27 日第 010 版。

董鹏美、周莉荔:《国家级贫困县农民再参加科技培训意愿实证分析——以新疆托里县为例》,《中国农学通报》2016 年第 20 期。

鄂昱州:《农村土地产权制度运行中的问题及解决途径》,《学术交流》2017 年第 2 期。

高炳:《大山深处好光景》,《人民日报》2020 年 10 月 19 日。

桂华:《当前农村宅基地制度改革的思路探析》,《人民论坛》2021 年第 16 期。

郭鑫:《农村宅基地制度改革的动力、现实困境与破解路径》,《新经济》2021 年第 11 期。

郭振海:《印度巴西农村金融发展启示》,《中国金融》2016 年第 8 期。

国胜铁、姚育成:《新时代金融支持农业高质量发展研究》,《经济纵横》2021 年第 4 期。

韩斌、孔继君、王婧:《我国集中连片特困地区精准脱贫的难点及对策研究——以乌蒙山区为例》,《江苏农业科学》2018 年第 15 期。

韩广富、叶光宇:《从脱贫攻坚到乡村振兴:乡村特色优势产业的战略思考》,《西南民族大学学报》(人文社会科学版)2021 年第

10期。

韩俊：《扎实做好乡村振兴这篇大文章——深入学习贯彻习近平总书记关于实施乡村振兴战略重要讲话精神》，《党建》2020年第10期。

何龙斌：《脱贫地区从产业扶贫到产业兴旺：现实难点与实现机制》，《青海社会科学》2020年第4期。

何龙斌：《乡村振兴战略下农村产业兴旺的评价标准与实施路径》，《陕西理工大学学报》(社会科学版)2020年第2期。

侯琳良：《加快构建现代农业经营体系》，《人民日报》2021年4月18日第001版。

胡鲜、张军：《乡村特色产业引领乡村全面振兴的实践模式分析——以安徽省怀宁县独秀乡村振兴示范区为例》，《农村经济与科技》2021年第17期。

黄承伟、覃志敏：《统筹城乡发展：农业产业扶贫机制创新的契机——基于重庆市涪陵区产业扶贫实践分析》，《农村经济》2013年第2期。

黄杰、陈香玉、郑亚明、罗长寿：《"双百对接"新型农业科技服务模式构建与应用》，《中国农技推广》2021年第2期。

黄延廷：《现阶段我国农地规模化经营的最优模式：家庭农场经营》，《理论学刊》2013年第10期。

黄祖辉、俞宁：《新型农业经营主体：现状、约束与发展思路——以浙江省为例的分析》，《中国农村经济》2010年第10期。

纪永茂、陈永贵：《专业大户应该成为建设现代农业的主力军》，《中国农村经济》2007年第S1期。

［日］今村奈良臣：《農業の6次産業化の理論と実践：特集農業

の6次産業化の今とこれから》,《技術と普及》2010年第9期。

姜长云:《后小康社会推进农业农村服务业高质量发展的思路与对策》,《开放导报》2020年第5期。

姜长云:《日本的“六次产业化”与我国推进农村一二三产业融合发展》,《农业经济与管理》2015年第3期。

姜长云:《推进农村一二三产业融合发展的路径和着力点》,《中州学刊》2016年第5期。

姜长云等:《乡村振兴战略:理论、政策和规划研究》,中国财经经济出版社2018年版。

蒋和平、郭超然、蒋黎:《乡村振兴背景下农业产业的发展思路与政策建议》,《农业经济与管理》2020年第1期。

金三林:《以消费引领和数据驱动 推进乡村产业绿色发展》,《发展研究》2021年第1期。

金书秦、牛坤玉、韩冬梅:《农业绿色发展路径及其“十四五”取向》,《改革》2020年第2期。

金婷、刘波、刘强、刘帅、徐定成:《粮食最低收购价政策对我国小麦种植面积的影响机理分析》,《南方农业学报》2018年第2期。

鞠川江、赵向阳:《烟台:小葡萄里的大产业》,《中国日报》2009年1月8日第A01版。

匡远配、曾福生:《经营主体创新与提高农业国际竞争力》,《小城镇建设》2005年第6期。

郎秀云:家庭农场:《国际经验与启示——以法国、日本发展家庭农场为例》,《毛泽东邓小平理论研究》2013年第10期。

李红松:《乡村振兴视野下农业生产性服务业的发展策略研究》,

《农业经济》2020年第1期。

李慧：《我国农产品及加工副产物综合利用率亟待提高》，《光明日报》2017年6月3日。

李健、阮建雯、郭兴昱：《美国农业合作社的研究》，《世界农业》2013年第12期。

李姣等：《乌镇旅游开发运营模式研究》，《中国商论》2017年第13期。

李瑾、曹冰雪、阮荣平：《社会带动作用对新型农业经营主体盈利能力的影响研究——基于对全国3360个家庭农场与种养大户的调查》，《经济纵横》2019年第2期。

李玲：《食品、家电、服装、建材……消费绿风扑面来》，《广西质量监督导报》1999年第4期。

李龙：《湖南农民科技需求调查报告》，《科技信息》2012年第32期。

李思林：《构建适应集体建设用地产权改革的基层治理新模式》，《农业经济》2021年第7期。

李铜山、盛阳阳：《中国乡村新型服务业高质量发展研究》，《河南农业大学学报》2021年第4期。

李卫：《中坝村作坊小镇入选世界旅游联盟旅游减贫案例》，《陕西日报》2020年10月29日。

李祥南、朱淑霞：《北山淘宝村的乡村振兴之路》，《浙江经济》2018年第6期。

李晓曦、徐敬红：《乡村振兴视角下现代农业和服务业融合发展研究》，《河南农业》2021年第29期。

李新生、谢元态:《美国农村金融体制、运作及启示》,《江西财经大学学报》2003 年第 3 期。

李玉清、雷颖、陈荣荣、刘晓光:《乡村振兴背景下农业科技服务模式的探索与实践——以南京农业大学“双线共推”服务模式为例》,《高等农业教育》2021 年第 1 期。

刘畅:《四川眉山市彭山区果园村:产业兴旺环境美,日子好比葡萄甜》,《经济日报》2020 年 7 月 20 日。

刘春生:《西乡产业扶贫拓宽贫困群众致富路》,《汉中日报》2020 年 9 月 30 日。

刘冬梅、郑小玉:《构建社会化服务体系满足农业发展新阶段的科技需求》,《科技日报》2020 年 11 月 24 日。

刘刚:《农业绿色发展的制度逻辑与实践路径》,《当代经济管理》2020 年第 5 期。

刘璐琳:《集中连片特困地区产业扶贫问题研究》,人民出版社 2016 年版。

刘玟利、赵强:《基于体系构建视角的国外农村金融借鉴及对我国农村金融的启示》,《调研世界》2009 年第 10 期。

刘明、王燕飞:《农户行为特征与农业科技需求——基于对重庆市农户的调查》,《统计与信息论坛》2013 年第 10 期。

刘强、胡旭、李晓:《贫困地区农业科技需求影响因素分析——基于四川省贫困地区农户的调查数据》,《中国农业资源与区划》2020 年第 9 期。

刘锐萍:《平利脱贫攻坚连续三年荣获省市“双优秀”》,《安康日报》2020 年 5 月 21 日。

刘爽、牛增辉、孙正：《家庭农场经营体制下的“适度规模”经营问题》,《农业经济》2014年第1期。

刘心：《美了环境面子 赢了文明里子》,《农民日报》2020年10月29日。

刘旭、梅旭荣、杨世琦、杨正礼、邢磊、刘宏元：《秦巴山脉区域农业经济绿色发展战略》,《中国工程科学》2020年第1期。

卢新：《乡村产业振兴：困境与突破》,《科技视界》2021年第30期。

鲁明月：《乡村振兴视角下乡村产业振兴路径探索》,《山西农经》2021年第9期。

骆高远：《发展乡村旅游的意义与思路》,《乡村振兴》2021年第10期。

骆高远：《休闲农业与乡村旅游发展丛书》，浙江大学出版社2016年版。

吕超峰、王增阳：《亿元村里的红火产业》,《许昌日报》2020年11月19日。

吕开宇等：《新中国70年产业扶贫政策：演变路径、经验教训及前景展望》,《农业经济问题》2020年第2期。

马少贞：《农业绿色技术在乡村产业振兴中应用》,《大众标准化》2021年第9期。

马晓河、余涛：《农村产业融合发展阶段分析及其启示》,《中国物价》2020年第9期。

牟秋菊：《贵州省“农家乐”经济发展探析》,《贵州农业科学》2008年第5期。

年猛:《中国农村创新创业进展及政策建议》,《重庆理工大学学报》(社会科学版)2018年第8期。

欧鲲、张红鹰:《构建我国农村金融体系研究:日本的经验与启示》,《未来与发展》2009年第9期。

潘东旭:《宅基地制度改革引领精准脱贫——基于安徽省金寨县的改革经验》,《中国土地》2017年第11期。

潘伟光、徐晖、郑靖吉:《韩国农业现代化进程中农业经营主体的发展及启示》,《世界农业》2013年第9期。

钱忠好、牟燕:《乡村振兴与农村土地制度改革》,《农业经济问题》2020年第4期。

全国扶贫宣传教育中心:《产业扶贫脱贫概览》,中国农业出版社2018年版。

史惠文:《新发展理念下绿色金融支持乡村产业绿色发展研究——以内蒙古地区为例》,《北方金融》2021年第3期。

史立英、焦翠影、宋玉瑞:《承德市农业科技需求及推广现状调查报告》,《承德石油高等专科学校学报》2015年第6期。

史玉根:《南赵庄村:小粉皮串成大产业》,《中国妇女报》2021年12月3日。

宋洪远:《产业兴村要紧盯市场》,《人民周刊》2020年第17期。

苏畅:《产销对接需健全完善长效机制》,《农村金融时报》2019年4月15日。

苏美蕊、刘洁:《乡村旅游发展优化路径探析——以中国美丽休闲乡村振兴小镇为例》,《现代商业》2021年第27期。

唐建兵:《集中连片特困地区资源产业精准扶贫机制研究——以

四川藏区为例》,《四川民族学院学报》2016年第2期。

田桂山:《美国家庭农场的形成及其收入比较》,《世界农业》2013年第10期。

汪艳涛、高强、金炜博:《新型农业经营主体产业化的运作模式》,《重庆社会科学》2015年第5期。

王乐君、寇广增:《促进农村一二三产业融合发展的若干思考》,《农业经济问题》2017年第6期。

王月修:《工商管理对提高企业管理水平的作用探讨》,《企业改革与管理》2021年第15期。

王志宏、周伟:《休闲农业和乡村旅游业将迎万亿级市场》,《中国食品报》2021年9月14日第006版。

卫添天、许立志、赵芳:《乡村振兴背景下的乡村产业振兴》,《现代农业研究》2021年第4期。

毋靖雨:《乡村振兴战略背景下大学生返乡创业的社会支持体系构建》,《教育与职业》2019年第15期。

吴晓燕:《动能转换:农村土地产权制度改革与乡村振兴》,《社会科学研究》2020年第3期。

夏毓斌:《乡村振兴背景下的农村土地制度改革思考》,《南方农业》2019年第8期。

肖卫东、杜志雄:《农村一二三产业融合：内涵要解、发展现状与未来思路》,《西北农林科技大学学报》(社会科学版)2019年第6期。

邢成举、周思聪:《乡村振兴与宅基地制度改革》,《燕山大学学报》(哲学社会科学版)2021年第5期。

邢鹏:《科技扶贫的历史演进、阶段特征与未来展望》,《地方财政研究》2020年第5期。

熊爱华、张涵:《农村一二三产业融合:发展模式、条件分析及政策建议》,《理论学刊》2019年第1期。

熊小林:《聚焦乡村振兴战略,探究农业农村现代化方略:“乡村振兴战略研讨会”会议综述》,《中国农村经济》2018年第1期。

徐德姬:《推广农业绿色发展 推动乡村产业振兴》,《基层农技推广》2021年第9期。

徐翔、刘尔思:《产业扶贫融资模式创新研究》,《经济纵横》2011年第7期。

徐振宇、李冰倩、王跃:《论“全产业链”战略对企业绩效的影响——以中粮集团为例》,《商业时代》2014年第9期。

许振华、廖冬如、聂纪萍:《浅析农民专业合作经济组织发展问题与对策》,《安徽农业科学》2008年第22期。

杨建利、周茂同:《我国发展家庭农场的障碍及对策》,《经济纵横》2014年第2期。

杨耀弟:《脱贫摘帽后农村产业发展现状及存在问题探究》,《世界家苑》2019年第9期。

杨英法:《中国农村宅基地产权制度研究》,《社会科学家》2016年第2期。

杨再东:《乡村产业振兴的实践与思考》,《今日海南》2020年第11期。

一诺农旅规划:《乡村产业振兴的十种模式》,《中国合作经济》2019年第8期。

尹昌斌、李福夺、王术、郝艾波:《中国农业绿色发展的概念、内涵与原则》,《中国农业资源与区划》2021年第1期。

于法稳:《新时代农业绿色发展动因、核心及对策研究》,《中国农村经济》2018年第5期。

[德]约翰·冯·杜能:《孤立国同农业和国民经济的关系》,吴衡康译,商务印书馆1986年版。

张百茵:《以绿色低碳为动力 高质量构建绿色标准体系》,《中国工业和信息化》2021年第6期。

张红宇:《乡村产业发展的国内实践与国际经验》,《中国发展观察》2021年第2期。

张怀英:《农村创业助推乡村振兴的模式选择及其实现机制》,《吉首大学学报(社会科学版)》2018年第3期。

张伟:《农产品加工业的内容和分类标准》,《农产品加工》2004年第2期。

张义珍:《我国农业经营主体的现状与发展趋势》,《新疆农垦经济》1998年第5期。

张照新、赵海:《新型农业经营主体的困境摆脱及其体制机制创新》,《改革》2013年第2期。

赵超:《乡村产业振兴的困境与实现路径》,《当代县域经济》2021年第11期。

郑少红、刘淑枝:《农民专业合作社运营绩效评价——以福建省为例》,《技术经济》2012年第9期。

郑雁玲、田宇:《乡村振兴背景下农村创业面临的问题与对策》,《宏观经济管理》2021年第7期。

周保吉等:《产业选择、利益机制与精准扶贫》,《江苏农业科学》

2019 年第 23 期。

周应恒、李强、耿献辉:《日本农协发展的新动向》,《世界农业》2013 年第 9 期。

朱善利:《产业组织理论》,北京大学出版社 2021 年版。

祝捷、黄佩佩、蔡雪雄:《法国、日本农村产业融合发展的启示与借鉴》,《亚太经济》2017 年第 5 期。

卓娜、柴智慧:《农村集体产权制度改革的实践探索及启示——来自试点典型地区的案例证据》,《当代经济管理》2021 年第 12 期。

祖赤:《高效农业对农村经济的影响》,《农村经济与科技》2021 年第 8 期。

Simon Smith Kuznets, *Economic Growth of Nations Total Output and Production Structure*, Cambridge, Belknap Press of Harvard University, 1971.

World Bank, *Inclusive Green Growth*: *The Pathway to Sustainable Development*, The World Bank, Washington D.C., 2012.